AF452689

ENCYCLOPÉDIE DU DROIT

OU

RÉPERTOIRE RAISONNÉ

DE LÉGISLATION ET DE JURISPRUDENCE,

EN MATIÈRES

CIVILE, ADMINISTRATIVE, CRIMINELLE ET COMMERCIALE :

PUBLIÉ SOUS LA DIRECTION

DE

MM. SEBIRE ET CARTERET,

Avocats à la cour royale de Paris.

Extrait du cinquième volume (**13**ᵉ livraison).

<table>
<tr><td>

COMMUNE (1). Ce mot s'applique indistinctement aujourd'hui, dans le langage administratif, à toute agrégation d'habitants, ville, bourg, ou simple village, qui a reçu de la loi l'institution municipale.

Historique.
CHAP. 1ᵉʳ. — *Des réunions, divisions et formations des communes.*
§ 1ᵉʳ. — *Aperçu général.*
§ 2. — *Formes à suivre.*
§ 3. — *Effets de la réunion ou de la distraction.*
CHAP. 2. — *De l'organisation municipale.*
SECT. 1ʳᵉ. — *De la composition du corps municipal.*
SECT. 2. — *Du maire et des adjoints.*
§ 1ᵉʳ. — *Des nominations et remplacements.*
§ 2. — *Des incompatibilités.*
SECT. 3. — *Des conseils municipaux.*
§ 1ᵉʳ. — *De la composition des conseils municipaux.*
§ 2. — *De l'élection des conseils municipaux.*
§ 3. — *Du renouvellement triennal des conseils municipaux. — Des vacances et des remplacements.*

</td><td>

§ 4. — *Des assemblées des conseils municipaux.*
§ 5. — *De la dissolution des conseils municipaux.*
CHAP. 3. — *Des fonctions et de la compétence du maire.*
CHAP. 4. — *Des attributions des conseils municipaux.*
CHAP. 5. — *Des biens des communes sous le rapport de la propriété.*
SECT. 1ʳᵉ. — *De la propriété communale sous le droit ancien.*
§ 1ᵉʳ. *Origine de la propriété communale.*
§ 2. — *Sort de la propriété communale jusqu'en 1789.*
SECT. 2. — *Lois révolutionnaires relatives aux biens communaux.*
§ 1ᵉʳ. — *Réintégration des communes dans les biens usurpés sur elles par abus de la puissance féodale.*
§ 2. — *Attribution aux communes des terres vaines et vagues, landes, etc.*
§ 3. — *De la faculté de rachat consacrée en faveur des communes par la loi du 10 juin 1793.*
SECT. 3. — *Atteintes portées à la propriété communale depuis 1789 jusqu'à nos jours.*
§ 1ᵉʳ. — *Aperçu général.*
§ 2. — *Main-mise par l'état sur les biens*

</td></tr>
</table>

---

(1) Article de M. Davenne, chef de division au ministère de l'intérieur.

Historique.

1. Dans notre droit public actuel, la grande unité administrative du royaume comprend quatre subdivisions principales, à savoir : le département, l'arrondissement, le canton et la commune. — V. Territoire (division du).

Les trois premières, il faut le remarquer, sont de création moderne, et ne constituent guère qu'une agrégation plus ou moins considérable de territoires dont l'étendue et les limites furent arbitrairement fixées par le législateur, selon des intérêts et des besoins dont il se faisait le juge. La commune seule subsistait, en droit comme en fait, depuis des siècles, et la législation nouvelle n'a fait qu'en reconnaître et en consacrer l'existence. Cet élément primordial de toute organisation politique naît, en quelque sorte, de lui-même dans tout état social qui s'assoit et tend à se fixer. Après la famille vient la commune, dans l'ordre des intérêts sociaux. « La commune, dit un de nos plus savants légistes, est un élément nécessaire de toute société civile ; elle a une individualité qui a sa source dans la nature elle-même. » (M. Macarel, *Dr. adm.*, t. 1, p. 187.)

2. Hâtons-nous toutefois d'ajouter que ce qui donne à la commune son caractère propre, en même temps que son importance réelle dans l'état, ce n'est pas tant l'agglomération d'habitants dont elle se compose, que l'institution qu'elle reçoit, comme corps moral, des lois générales du pays. De là vient que, dans les premiers siècles de la féodalité, l'individualité communale avait été, pour ainsi dire, complétement anéantie en France, bien qu'on y comptât un grand nombre de villes plus ou moins importantes, qui, soit comme anciennes colonies, soit comme *villes alliées*, *vectigales* ou *municipes*, avaient joui, sous la domination romaine et même sous les premiers rois francs, des droits, privilèges et franchises attachés à l'état de cité, et que le régime féodal avait eu pour effet d'abolir.

Tout ce qui n'était pas réputé noble était devenu serf dans ces temps de confusion et de désordre où la force tenait lieu de droit. Tel était le résultat de la conquête, tel était surtout l'effet absorbant de l'établissement féodal que toute liberté avait disparu du sol, la liberté d'association, comme toutes les autres; partant, point de corporations, point de communautés. La bourgeoisie ou classe moyenne n'était pas née encore, ou pour mieux dire, il n'existait réellement alors en France que deux classes: celle des vainqueurs et celle des opprimés.

3. Toutefois, asservie ou indépendante, la commune prise à son origine, c'est-à-dire considérée comme simple agrégation d'individus, et suivie à travers tous nos bouleversements politiques, ne s'en montre pas moins de tout temps comme une des bases les plus solides de l'édifice social, et le germe peut-être le plus fécond de civilisation et de liberté. Isolée des pouvoirs politiques et souvent en lutte avec eux, cette commune primitive a fondé, pour ainsi dire, au milieu des troubles qui bouleversaient le pays autour d'elle, le droit de propriété, la puissance de l'association, l'élection des magistrats locaux, l'imposition libre des taxes, c'est-à-dire les grands principes dont l'application générale devait être le fruit tardif d'un gouvernement régulier.

4. On sait que ce ne fut que vers le douzième siècle, sous le règne de Louis le Gros, que commença l'affranchissement des villes ou corps d'habitants. Ce prince, ou plutôt Suger, son ministre, voulant opposer une digue aux envahissements de la tyrannie féodale et s'assurer un point d'appui pour mieux la combattre, accorda à quelques villes des chartes d'émancipation, c'est-à-dire leur restitua leurs anciennes immunités, et particulièrement le droit de s'administrer elles-mêmes.

De leur côté, les villes, fatiguées du joug d'une si longue oppression, s'empressèrent de s'associer aux vues du souverain en se rachetant, moyennant rançon au profit des seigneurs, de l'état de servitude dans lequel elles gémissaient. Ce fut alors, sous une forme en quelque sorte synallagmatique, que l'affranchissement se propagea. Un pacte était conclu entre les nobles et les habitants ou manants, sous la garantie du clergé, et soumis à la sanction royale, en vertu de cet axiome du vieux droit français, qu'*au royaume de France, nul ne peut faire ville de commune, sinon le roi ou avec le consentement du roi.* (Beaumanoir, *Cout. de Beauvoisis*, chap. 50.)

5. Dans ces sortes de pactes comme dans les chartes qui en prononçaient l'approbation, la ville affranchie était en effet qualifiée *communio* ou *communia*: telle fut l'origine du mot *commune*.

6. De ce rapide aperçu ressortent, comme on voit, deux faits principaux; à savoir: 1° que les chartes d'émancipation accordées par nos rois ne furent que la restitution de libertés et priviléges anciennement possédés par les communes; 2° qu'en se réservant l'octroi de ces chartes, l'autorité royale exerçait dès lors, à leur égard, un droit de tutelle, qui était dans la nature des choses et dont elle ne s'est jamais dessaisie. « Les communes sont toujours mineures; le roi en est le tuteur légal.» (Henrion de Pansey, *Du pouvoir municipal*, p. 330, édit. de 1822.)

7. Le même acte qui instituait la commune réglait aussi, outre l'action du pouvoir municipal et sa juridiction, les coutumes ou lois civiles et pénales, les franchises et priviléges de la cité, parmi lesquels figurait le droit de se défendre et de se garder elle-même; l'obligation du service militaire envers le seigneur ou le suzerain, ainsi que les autres charges communales; enfin, les redevances qui étaient le prix de l'affranchissement (1).

8. Mais la situation que les pactes et les chartes d'émancipation avaient faite aux communes, quant à leur administration et à leur régime, ne tarda pas à subir d'assez graves altérations. La création de juridictions spéciales pour le jugement des affaires civiles, criminelles et de police, et, plus tard, l'institution des parlements, furent pour le nouveau pouvoir municipal une cause notable d'affaiblissement, qu'une politique prévoyante avait habilement calculée.

« Ces municipalités, dit Henrion de Pansey, étant enfin parvenues à dépouiller la puissance féodale de ce qu'elle avait de menaçant pour l'ordre public et de plus oppressif pour les citoyens, l'autorité royale, qui, pendant toute la durée de cette lutte, les avait puissamment secondées, leur retira son appui et fit rentrer le pouvoir municipal dans ses limites naturelles

» Dès le commencement du quatorzième

---

(1) (V. Bréquigny, *Recueil des ord. du Louvre*, c. 11; Fabvier, *Recherches sur les municipalités*; Leber, *Hist. crit. du pouvoir municipal*.)

siècle, il perdit le droit de paix et de guerre par l'abolition des guerres privées. En 1563, il fut dépouillé de la connaissance des affaires commerciales par l'établissement des tribunaux consulaires. En 1579, l'ordonnance de Blois lui enleva la juridiction criminelle ; et depuis, toutes les branches de la juridiction civile dont il était investi, ont été successivement replacées dans la compétence des tribunaux ordinaires. » (*Du pouvoir municipal*, p. 12.)

9. Toutefois, bien que restreints dans un cercle plus étroit, les droits essentiels dont les communes avaient reconquis la jouissance se maintinrent jusqu'à la fin du siècle dernier. Elles conservèrent notamment, ce qui est digne de remarque, le droit de choisir leurs magistrats, qui étaient nommés par voie d'élection.

D'un autre côté, le droit de former, comme communauté d'habitants, une corporation s'administrant elle-même, droit qui, dans l'origine, semblait appartenir aux seules villes qui avaient reçu des chartes, fut, à la longue, étendu indistinctement à tous les corps d'habitants réunis en population agglomérée. Longtemps avant 1789, bien qu'il ne fût pas permis d'établir dans le royaume aucune communauté sans lettres patentes, il était reconnu que les habitants de chaque ville, bourg ou paroisse, formaient entre eux une communauté ayant une existence légale, quand même ils n'auraient pas de charte de commune. Toutes les *communautés d'habitants* jouissaient donc, à l'époque de la révolution, du droit de s'assembler pour délibérer de leurs affaires communes, et par suite, de celui de nommer des maires, échevins, consuls et syndics, ou autres officiers, suivant l'usage du lieu, pour administrer leurs biens ; des assesseurs et collecteurs dans les lieux taillables pour l'assiette et le recouvrement de la taille ; des messiers et autres préposés pour la garde des moissons, des vignes et autres fruits, etc.

Mais, du reste, à part ce droit d'élection, qui est le principe dominant de toute institution communale, il n'y avait aucune règle uniforme dans l'organisation et dans le mode d'administration des communes. La différence des coutumes et des priviléges accordés à des époques et sous des conditions également diverses, explique suffisamment ce défaut d'uniformité.

10. Il serait superflu de retracer ici les règles si variables de l'ancienne législation communale. Il nous suffira de rappeler succinctement les modifications que la nouvelle organisation des communes a subies jusqu'à la loi du 21 mars 1831, qui leur a rendu, par le principe de l'élection appliqué à la nomination de leurs fonctionnaires, la plus précieuse de leurs libertés, ou plutôt la condition essentielle de leur existence (1).

11. D'abord, l'assemblée constituante, en supprimant les anciens corps municipaux, avait décidé que « toutes les municipalités du royaume, soit de ville, soit de campagne, étant de même nature et sur la même ligne dans l'ordre de la constitution, porteraient le titre commun de *municipalités*. (Décret du 14-18 décembre 1789 ; instruction annexée à cette loi.) C'était reconnaître et consacrer en droit l'individualité communale, telle qu'elle existait au moment de la réorganisation générale des pouvoirs publics ; mais cette disposition ne fut que transitoire, et, dans la constitution dont la convention eut bientôt à s'occuper, malgré un respect affecté pour le principe (2), on en modifia l'application de telle sorte que c'était, en réalité, l'anéantir. D'une part, on voulait éviter les abus du régime antérieur à 1789, et surtout, une diversité de conditions qui choquait les idées d'égalité absolue poussées alors jusqu'aux plus extrêmes conséquences ; de l'autre, on considéra que, parmi les quarante mille communes

____

(1) « Si le pouvoir municipal est de l'essence de toutes les corporations d'habitants, dit encore le savant auteur que nous venons de citer (Henrion de Pausey, p. 22), les lois ne pouvant rien contre la nature des choses, il faut dire qu'elles ne peuvent ni supprimer les corps municipaux, ni priver les communes du droit de les élire.

» Cependant toutes les fois qu'un gouvernement inquiet et jaloux évoque à lui le pouvoir municipal, et l'exerce en administrant les communes par des fonctionnaires de son choix et qu'il révoque à sa volonté, quelque dénomination qu'il donne à ces commissaires, il n'y a plus d'officiers municipaux.»

Il ne faut pas oublier que celui qui tenait un tel langage était le premier magistrat d'une cour souveraine, et que c'est en 1822 qu'il parlait ainsi.

(2) « Pouvons-nous, disait Hérault de Séchelles, rédacteur de la constitution de l'an III, ne pas conserver les municipalités? Ce serait une ingratitude envers la révolution, un crime contre la liberté, etc. »

que l'assemblée constituante avait reconnues, un grand nombre ne renfermaient pas en elles-mêmes les éléments d'une administration particulière. On chercha un remède à ces inconvénients, et l'on crut l'avoir trouvé dans une combinaison qui consistait à dépouiller du pouvoir municipal toutes les communes dont la population était inférieure à cinq mille habitants, pour les réunir dans une administration collective concentrée au chef-lieu du canton.

12. Mais si l'organisation cantonale favorisait des intérêts locaux auxquels les communes isolément ne pouvaient pas toujours satisfaire, l'expérience ne tarda pas à prouver qu'on avait dépassé le but qu'il s'agissait d'atteindre, et qu'au fond, cette combinaison n'avait amené d'autre résultat que d'asservir les communes ainsi forcément réunies à la commune chef-lieu, et de détruire l'unité communale au profit de celle du canton (1).

Or ce déplacement d'autorité, cette confusion d'intérêts aussi essentiellement distincts, froissaient inévitablement, non-seulement des amours-propres de localité et de longues habitudes, mais des sentiments naturels et des droits légitimes.

Aussi la loi du 28 pluviôse an VIII, qui rétablit les municipalités telles qu'elles avaient été constituées en 1789, bien qu'elle supprimât l'élection des officiers municipaux et abolît ainsi la plus vitale des libertés communales, fut-elle accueillie généralement avec faveur.

13. Sous le régime du consulat et de l'empire, les fonctionnaires municipaux des villes de cinq mille habitants et au-dessus étaient nommés par le chef de l'état, sur la présentation du préfet. C'était le préfet qui nommait ceux des autres communes.

(1) C'est ce que la chambre des députés a reconnu elle-même lors de la discussion de la loi sur l'administration municipale, du 18 juillet 1837, en repoussant la proposition de la commission tendant à créer des assemblées cantonales annuelles pour délibérer sur les intérêts collectifs des communes du canton (séances des 11 et 13 février 1837; V. Moniteur des 12 et 14 du même mois). La question, au surplus, ne laisse pas d'être des plus graves, et les meilleurs esprits s'accordent à reconnaître qu'entre l'*arrondissement* et la *commune*, un lien administratif, quel qu'il soit, est peut-être nécessaire. — V. Département.

Le gouvernement de la restauration trouva cet état de choses établi, et se borna à le confirmer (ordonn. du 30 déc. 1814) (1). Il s'est maintenu ainsi jusqu'à la loi du 20 mars 1831, qui a créé un droit nouveau, ou pour parler plus exactement, qui a rétabli l'ancien droit public en cette matière.

14. Nous prendrons cette dernière loi pour point de départ dans l'exposé des règles de l'organisation des communes, de même que la loi de 1837 sur l'organisation municipale, servira de base à la partie de notre travail qui traitera des attributions.

CHAP. 1er. — *Des réunions, divisions et formations de communes.*

§ 1er. — *Aperçu général.*

15. Dans notre organisation administrative actuelle, la commune, ainsi qu'on a pu s'en faire une idée par l'exposé qui précède, se présente avec un double caractère, savoir : 1" comme expression de l'association d'intérêts et de droits qui se forme naturellement entre tous les individus réunis sur le même territoire; 2" comme constituant un corps politique qui, dans l'état dont il forme une fraction, a son individualité distincte et séparée, et une part d'autorité, qui lui est propre, sur les personnes et sur les choses comprises dans sa circonscription; c'est ce que l'on désigne plus particulièrement sous le nom de municipalité. (V. Cormenin, *Exposé des principes de législation qui président à l'administration des communes.*)

16. Considérées sous le premier point de vue, les communes ont des droits qui leur sont exclusivement propres et qui, complétement indépendants de leur circonscription municipale, ne sauraient appartenir qu'à ceux qui occupent leur territoire : tels sont, par exemple, les droits que les habitants de ce territoire

(1) Rappelons toutefois que plus tard, sous la restauration, on sentit le besoin de satisfaire, sur ce point, aux légitimes exigences de l'intérêt local. La présentation, en 1828, d'une loi d'organisation départementale fondée sur le principe de l'élection, en est la preuve.

C'était aussi dans la même pensée que, pendant les cent jours, un décret impérial, du 30 av. 1815, avait rétabli le système électif pour la nomination des maires et adjoints, et faisait revivre, à cet égard, les dispositions du décret de l'assemblée constituante, du 14 décembre 1789, ainsi que celles de l'instruction législative qui y fait suite.

possèdent sur l'ensemble des biens dont se compose la fortune communale. En effet, soit que ces droits proviennent de l'association primitive des familles dont la commune s'est formée, soit que les habitants les aient depuis acquis en commun, ils dérivent incontestablement du droit de propriété, et sont, à ce titre, à l'abri de toute atteinte.

Dans cet ordre d'idées, la formation des communes est un fait social dont aucun pouvoir ne saurait modifier les effets légaux.

Le gouvernement n'a plus en conséquence à intervenir, en tout ce qui touche à l'exercice des droits de propriété appartenant aux communes, que dans les limites de son pouvoir de tuteur et de surveillant de leurs intérêts.

17. Mais, au point de vue municipal, il en est tout autrement. Comme corps politique, la commune, nous l'avons déjà dit, ne peut tirer son existence que de la constitution politique du pays ; comme fraction de l'état, son étendue et sa circonscription se rattachent à une division territoriale préexistante et à une organisation administrative supérieure ; enfin, comme dépositaire d'une part d'autorité sur les personnes et sur les choses, son pouvoir est subordonné à la division générale des pouvoirs publics.

18. Sous tous ces différents points de vue, la formation et la circonscription des communes sont donc des mesures administratives ou gouvernementales, qu'on ne saurait abandonner au hasard des circonstances, ni remettre au libre arbitre des communes elles-mêmes, sans exposer le pays à tomber dans l'anarchie, et qui néanmoins sont susceptibles d'être incessamment modifiées, suivant les nécessités qu'amène le temps ou que révèle l'expérience.

19. Dans l'intérêt de l'état comme dans celui des communes, des règles fixes et précises étaient nécessaires ; aussi le premier objet dont se soit occupée la loi du 18 juillet 1837, sur l'administration municipale, a été de régler les mesures relatives aux réunions, divisions et formations des communes. Bien qu'il ne s'agisse point ici d'actes d'administration proprement dits, néanmoins la corrélation qui existe entre ces deux ordres de faits et de principes, ne permettait pas de les séparer dans une loi d'attributions. L'acte qui supprime une commune, comme l'a fait remarquer le savant rapporteur de la loi à la chambre des députés (M. Vivien), équivaut à une sentence de mort civile ; l'érection d'une commune

nouvelle est la création d'un être public appelé à faire tous les actes de la vie administrative. Avant de s'occuper de l'administration de la commune, le législateur devait donc logiquement tracer les règles à suivre dans des opérations qui intéressent aussi essentiellement son existence.

§ 2. — *Formes à suivre.*

20. C'est d'abord par la voie d'une enquête dans les communes intéressées que le préfet doit s'éclairer sur la convenance et l'opportunité soit de la réunion, soit de la division. Cette enquête doit porter tant sur le projet en lui-même que sur ses conditions (L. 1837, art. 2).

21. Les conseils municipaux sont naturellement appelés à donner leur avis sur des projets qui touchent aussi directement à l'existence de l'agrégation communale et à son individualité. Mais le législateur a pensé qu'il était utile, en outre, que les plus imposés y fussent adjoints. Le conseil municipal peut être entraîné par des considérations personnelles : l'adjonction des plus imposés est ordonnée pour que les intérêts de la propriété soient défendus (Rapport de M. Vivien, présenté à la chambre des députés au nom de la commission, p. 34). C'est un principe nouveau introduit en cette matière par la loi du 18 juillet 1837. Jusqu'alors, les plus imposés n'avaient été appelés à se réunir aux conseils municipaux que dans les cas d'impositions extraordinaires en vertu de la loi de finances du 15 mai 1818 (art. 40). Nous indiquerons ailleurs les formes dans lesquelles il doit être procédé à cet appel.

L'avis préalable du conseil d'arrondissement et celui du conseil général sont également exigés (art. 2 de la loi du 18 juill. 1837).

22. La création d'une commission syndicale (art. 3), pour le cas où le projet intéresse une section de commune, c'est-à-dire une fraction de territoire habitée, est encore une innovation de la loi de 1837.

L'ancienne législation n'admettait les syndicats de section qu'en cas de procès ou de contestation entre diverses parties d'une même commune, dont les intérêts pouvaient se trouver opposés.

Suivant un arrêté du gouvernement, du 24 germinal an XI, ces commissions devaient toujours être composées de cinq membres. D'après la loi nouvelle, le nombre des membres est déterminé par un arrêté du préfet.

Ils sont élus par les électeurs municipaux domiciliés dans la section, et si le nombre des électeurs n'est pas double de celui des conseillers à élire, la commission est composée des plus imposés de la section. Elle nomme son président et donne son avis sur le projet (art. 3).

23. L'instruction législative des 12-24 août 1790 exigeait, § 3, pour toute translation de territoire tendant à modifier la circonscription des départements, des arrondissements ou des cantons, l'intervention d'une loi. Du reste, elle se bornait aux prescriptions suivantes :

« Il peut être à la convenance de plusieurs communes de se réunir en une seule municipalité. Il est dans l'esprit de l'assemblée nationale de favoriser ces réunions, et les corps administratifs doivent tendre à les provoquer et à les multiplier par tous les moyens qui sont en leur pouvoir. »

Depuis la constitution de l'an VIII, les réunions, séparations ou changements de limites de communes, qui n'intéressent point la circonscription du département, de l'arrondissement ou du canton, ont toujours été prononcés par le gouvernement, bien qu'aucune loi ne lui en ait formellement attribué le pouvoir.

La loi de 1837 consacre à cet égard le droit ou plutôt la jurisprudence établie, sauf néanmoins quelques réserves en cas de résistance de la part des conseils municipaux : ainsi, les réunions et distractions de communes qui modifient la composition territoriale d'un département, d'un arrondissement ou d'un canton, ne peuvent être prononcées que par une loi (art. 4).

Pour les autres réunions et distractions, il est statué par une ordonnance du roi, s'il y a consentement des conseils municipaux assistés des plus imposés, et, à défaut de ce consentement, pour les communes qui n'ont pas trois cents habitants, sur l'avis affirmatif du conseil général (id.).

Dans tous les autres cas, il ne peut être statué que par une loi (id.).

24. Il ne faut pas confondre la réunion, division ou formation des communes avec leurs délimitations : ce sont là de simples rectifications de territoire, qui se font à la suite les opérations du cadastre. Ces opérations sont purement administratives ; elles ne blessent en rien l'individualité communale (1).

______

(1) Nous croyons devoir donner in extenso une circulaire du ministre de l'intérieur, du 30 avril

§ 3. — *Effets de la réunion ou de la distraction.*

25. Nous avons établi, *suprà*, n° 16, qu'au point de vue de la propriété et des droits ac-

______

1838, portant instruction sur l'application des mesures indiquées par le titre 1er de la loi du 18 juillet 1837 :

« Monsieur le préfet, plusieurs questions m'ont été soumises à l'effet de savoir de quelle manière il doit être procédé aux diverses rectifications de limites entreprises par suite des opérations du cadastre, depuis la promulgation de la loi du 18 juillet 1837 sur l'administration municipale. Afin de prévenir les doutes auxquels pourrait donner lieu l'application des formalités prescrites par le titre 1er de cette loi, je crois devoir, monsieur le préfet, vous tracer d'une manière spéciale les règles à suivre pour instruire toutes les affaires de circonscription territoriale, conformément à l'esprit comme à la lettre de la loi. Je dois d'abord vous faire connaître que, d'après un avis du Conseil d'état, en date du 28 février dernier, bien que la loi du 18 juillet ait statué en termes généraux pour tous les cas de fractionnement de communes, elle n'a pas eu pour but de modifier les formes précédemment suivies pour la suppression des enclaves et terrains prolongés, ou pour les simples rectifications de limites qui ont lieu chaque jour, par suite des opérations cadastrales. Il vous suffira donc, monsieur le préfet, pour les projets de cette nature, de suivre les formes qui vous étaient indiquées par la circulaire ministérielle du 7 avril 1828. Vous aurez, en conséquence, à produire :

» 1° Les délibérations des conseils municipaux; 2° l'avis du géomètre en chef du cadastre ; 3° celui du directeur des contributions directes; 4° deux expéditions du plan des lieux; 5° un tableau indiquant l'étendue, la population, les revenus et les dépenses ordinaires des communes, ainsi que l'étendue des terrains à distraire ou à échanger, le nombre des habitants qu'ils renferment, et le revenu communal qu'ils produisent en centimes additionnels ; 6° les renseignements relatifs aux biens et aux droits communaux; 7° enfin votre avis motivé en forme d'arrêté.

» Mais lorsqu'il s'agira d'une section de commune ou bien d'une portion de territoire qui, sans porter ce nom, serait cependant assez considérable et assez peuplée pour que la distraction n'en puisse être opérée sans altérer sensiblement l'existence et la constitution de la commune, vous aurez soin, alors même que cette portion serait enclavée, de n'omettre aucune des formalités exigées par le titre 1er de la loi du 18 juillet. Vous devrez en conséquence :

» 1° Faire procéder à une enquête, au sein des

quis, les communes ont des droits propres, complétement indépendants de leur circonscription municipale, et qui ne peuvent appartenir qu'aux habitants établis sur leur territoire. De là, une conséquence : c'est que les mesures qui changent la circonscription d'une commune, soit en lui donnant une délimitation différente de celle qu'elle aurait eue jusqu'alors, soit en la réunissant à une autre, soit en distrayant une partie de son territoire pour en former une commune nouvelle, ne doivent porter aucune atteinte aux droits réels acquis à ses habitants, au moment du changement. Ce principe, que nous avons vu

commune intéressées, en choisissant, autant que possible, le juge de paix du canton pour présider à cette enquête; 2° former une commission syndicale dans cette section ou portion de territoire; 3° appeler les conseils municipaux à délibérer, avec adjonction des plus imposés; 4° et soumettre l'affaire à l'examen du conseil d'arrondissement et du conseil général.

» A toutes les pièces qui résulteront de l'accomplissement de ces formalités, vous aurez à joindre celles indiquées ci-dessus dans la première catégorie, sous les n°s 2, 3, 4, 5, 6 et 7, en ayant soin de ne pas oublier, dans les renseignements relatifs aux biens communaux, la désignation des édifices servant à usage public, qui pourront se trouver sur les portions de territoire à échanger ou à distraire.

» Lorsque les propositions que vous aurez à me soumettre auront pour effet de modifier la circonscription d'un département, d'un arrondissement ou d'un canton, elles exigeront le concours du pouvoir législatif. Toutefois, vous pourrez, selon que l'opération sera minime ou importante, suivre l'une ou l'autre des deux manières de procéder que je viens de vous indiquer; mais vous devrez, dans tous les cas, soumettre l'affaire au conseil d'arrondissement et au conseil général.

» Enfin, dans ces circonstances, comme dans toutes celles où, par suite des dispositions du second paragraphe de l'article 4 de la loi, il deviendra nécessaire de porter l'affaire devant les chambres, vous aurez soin de produire, en double expédition, toutes les pièces dont se composeront les dossiers; le plan des lieux devra alors être fourni en triple expédition. Une quatrième copie de ce plan sera même indispensable, s'il s'agit d'opérer entre deux départements. »

(Une autre circulaire du même ministre, en date du 1er octobre 1839, renferme, sur la rédaction des plans à produire à l'appui des propositions, des instructions de détail que nous nous dispensons de rapporter ici.)

rappelé dans la loi du 10 juin 1793, a été consacré depuis par de nombreux arrêts. (V. notamment Cass. 28 fév. et 13 mai 1828, S.-V. 28. 1. 375; J. P. 3e édit.; D. P. 28. 1. 245; — décr. du 17 janv. 1813 [hameau des Soupois]; ord. des 27 mai 1816 [commune de Trevesay], 17 mars 1835 [Carpentier], 18 nov. 1838 [commune de Ploumilliau], 4 sept. 1840 [commune de Fons].)

26. Mais, lorsque les conditions d'existence d'une commune sont ainsi changées, deux choses sont à considérer : 1° que parmi les biens qui peuvent lui appartenir, il en est qu'elle possède seulement *ut universitas*, et qui, destinés par leur nature à un usage public, ne peuvent, au cas de distraction, continuer d'être possédés par indivis entre les habitants des localités précédemment réunies et désormais séparées, ni, au cas de réunion à une autre commune, rester la propriété exclusive d'une fraction seulement de la nouvelle municipalité. Tels sont généralement les biens qui composent ce qu'on appelle le domaine public municipal : les églises, les cimetières, les établissements publics, les rues, places, chemins, etc.; 2° que si, à l'égard des biens que la commune possède à titre privatif, un partage, au cas de distraction, est toujours possible entre les deux localités disjointes, quelques-uns seulement peuvent, au cas de réunion, rester affectés à la jouissance exclusive des habitants d'une des fractions de la nouvelle commune : ce sont ceux dont ils jouissent en nature. (V. Communaux et *infrà*, n° 27.) A l'égard de tous autres biens et droits, les nécessités de l'administration entraînent, on le comprend facilement, une confusion inévitable; car, autrement, il faudrait à la nouvelle commune deux administrations distinctes, deux budgets séparés, et la réunion ne serait, en quelque sorte, que nominale. (V. Leber et de Puibusque, *Code munic. ann.*, p. 344.)

Le droit, sous ces deux rapports, doit donc, sinon céder, du moins se plier au fait. C'est une transaction qui s'opère, une nouvelle société qu'il s'agit de former. Les principes une fois posés, leur application se modifie nécessairement suivant les circonstances.

27. Voici, sur ces divers points, le système établi par la loi du 18 juillet 1837.

Elle décide d'abord (art. 5), que les habitants de la commune réunie à une autre commune, conservent la jouissance exclusive des

biens dont *les fruits se perçoivent en nature.*
C'est surtout aux pâturages et aux bois soumis
à l'affouage que s'applique cette disposition.
Ainsi les habitants de la section continuent à
jouir *ut singuli*, comme par le passé, des droits
de dépaissance, d'affouage ou autres de même
nature qui leur appartenaient avant la réunion ; rien n'est changé sous ce rapport à
l'état de possession. Mais ceci ne s'applique
qu'aux biens en jouissance commune ; quant
aux autres propriétés productives, c'est-à-
dire à celles qui procurent un revenu en argent, il y a confusion nécessaire et d'ailleurs
réciproque, du moins quant au produit, entre
les biens de la section réunie et ceux de la
commune à laquelle est faite la réunion. En
effet, la commune ou section réunie n'a ni
ne peut avoir d'administration particulière,
de comptabilité spéciale : ses revenus ne peuvent donc qu'être versés dans la caisse municipale, et, dès lors, confondus avec les fonds
affectés aux dépenses générales de la communauté. En un mot, si le droit de propriété demeure à la commune ou section
réunie, le droit d'usufruit appartient désormais à la commune entière : l'unité communale le veut ainsi.

Que si la section propriétaire, pour satisfaire à ses besoins particuliers, a vendu tout
ou partie de ses biens, et qu'une fraction du
prix reste sans emploi, la commune a le droit
d'en disposer pour l'usage général. Cette faculté dérive non-seulement du principe de
l'unité communale, mais de la règle administrative qui veut que lorsqu'un besoin se
révèle, si la commune a des fonds libres en
caisse, quelle qu'en soit l'origine, elle en fasse
emploi, plutôt que de recourir à des ressources extraordinaires, à des moyens extrêmes,
tels que l'établissement d'un impôt additionnel, l'élévation des taxes locales, etc. (Décisions du ministre de l'intérieur du 1er fév. 1837
[Jura] et du 16 juillet 1842 [Creuse].)

Il y a plus, c'est que si l'intérêt bien entendu de la commune l'exigeait, la vente d'un
bien appartenant privativement à une section
pourrait être autorisée au profit de la commune entière, soit pour acquitter une dette
exigible, soit, en cas de dépense urgente à
faire, pour éviter le recours à une perception
de centimes additionnels, qui surchargerait
trop fortement les contribuables.

Toutefois, si la section avait des besoins particuliers, le produit de cette vente devrait,

autant qu'il se pourrait, y être appliqué de
préférence : tel serait le cas où il s'agirait de
dépense concernant l'érection d'une chapelle,
la construction d'une fontaine, d'un lavoir, etc. (Décisions du ministre de l'intérieur, 1er février 1837 [Jura]; 28 juin 1844
[Calvados], et autres espèces.)

Quant à l'abus que pourraient faire de leur
mandat des conseils municipaux, dont les
membres seraient intéressés à grever une section pour décharger d'autant celles auxquelles
ils appartiennent, c'est au préfet à surveiller
ces sortes d'injustices et à y mettre ordre en
refusant de donner suite aux délibérations qui
en seraient entachées (*id.*).

De semblables contestations ne peuvent jamais, dans tous les cas, ressortir à l'autorité
judiciaire, puisqu'elles portent uniquement
sur la répartition des charges communales,
qui est de la compétence exclusive de l'administration (*id.*).

28. Quant aux édifices et autres immeubles
servant à usage public, ils deviennent la propriété de la commune à laquelle est faite la
réunion (art. 5 de la loi du 18 juill. 1837).

29. C'est en conformité des mêmes principes
que la loi décide (art. 6), que la section de
commune érigée en commune séparée ou réunie à une autre commune, emporte la propriété des biens qui lui appartiennent exclusivement ; que les immeubles servant à usage
public, et situés sur son territoire, deviennent
la propriété de la nouvelle commune ou de la
commune à laquelle est faite la réunion.

30. La question s'est élevée de savoir si,
lorsque la séparation a eu lieu antérieurement à la loi du 18 juillet 1837, la commune
de formation nouvelle a droit à une indemnité pour les immeubles servant à usage public qu'elle délaisse sur le territoire de l'autre
commune, et quelle est, dans le cas de l'affirmative, l'autorité qui doit être appelée à régler l'indemnité.

Le ministre de l'intérieur a pensé que le
principe général de la non rétroactivité des
lois s'opposait, dans ce cas, à l'application des
dispositions de celle du 18 juillet 1837.

Antérieurement à cette loi, il n'existait pas
de règle précise touchant le partage des biens
indivis entre des communes qui viendraient
à se séparer, et le droit commun était donc
applicable ; en sorte que s'il survenait une
contestation à ce sujet, le débat était porté,
soit devant les tribunaux civils, s'il s'agissait

de la propriété même ou de l'étendue des droits respectifs de propriété, soit devant le conseil de préfecture, s'il était seulement question du mode de partage : d'où cette conséquence qu'au fond et pour les séparations antérieures à la loi municipale de 1837, les communes nouvellement érigées peuvent prétendre à une indemnité pour l'abandon des édifices publics qu'elles délaissent.

31. Quant à la compétence, s'il s'élève aujourd'hui des contestations entre les parties, soit sur le principe de l'indemnité, soit sur sa quotité, l'attribution du droit de propriété n'étant plus en question, c'est, conformément à la règle posée par la loi nouvelle, à l'autorité administrative proprement dite qu'il appartient de prononcer, et non aux conseils de préfecture, ni au Conseil d'état par la voie contentieuse. (Ord. du 25 août 1841 [communes de Saint-Aybert et de Crespin, Nord].)

La loi du 18 juillet 1837 veut, en effet (art. 7), que les conditions de la réunion ou de la distraction soient fixées par l'acte qui la prononce, c'est-à-dire par une ordonnance du roi rendue en la forme administrative, le comité de l'intérieur entendu, sur le rapport du ministre de ce département ; et qu'alors même que la réunion ou la distraction ne pourrait être opérée que par la puissance de la loi, une ordonnance du roi intervienne ultérieurement pour régler au besoin ces conditions ; sauf réserve, dans tous les cas, des questions de propriété.

Les conséquences de la mesure devaient être, autant que possible, déterminées par la loi elle-même, afin que les communes fussent averties à l'avance des résultats qu'elle devait entraîner. Mais il était impossible de prévoir tous les cas et de les soumettre à une règle invariable ; aussi une très-grande latitude est-elle laissée à l'administration sous ce rapport.

Parmi les conditions que le législateur a permis au pouvoir administratif de régler, en raison des intérêts particuliers et des circonstances locales dont lui seul peut être juge, il faut ranger spécialement le droit de partage sur les biens communaux, celui des dettes, aussi bien que des fonds en caisse, c'est-à-dire de l'actif et du passif. L'ordonnance royale qui intervient doit donc statuer sur les prétentions réciproques des parties à cet égard.

32. Dans tous les cas de réunion ou de fractionnement de communes, les conseils municipaux sont dissous, et il est procédé immédiatement à des élections nouvelles (art. 8 de la loi). Ceci est une conséquence forcée de la mesure et n'a pas besoin de commentaire.

Chap. 2. — *De l'organisation municipale.*

Sect. 1re. — *De la composition du corps municipal.*

33. Le corps municipal de chaque commune se compose du maire, de ses adjoints et des conseillers municipaux. Les fonctions des maires, des adjoints et des conseillers municipaux sont essentiellement gratuites, et ne peuvent donner lieu à aucune indemnité ni frais de représentation (L. du 21 mars 1831, art. 1er).

Sect. 2. — *Du maire et des adjoints.*

§ 1er. — *Des nominations et remplacements.*

34. Les maires et les adjoints doivent être âgés de vingt-cinq ans accomplis ; ils sont choisis parmi les membres du conseil municipal ayant leur domicile réel (1) dans la commune. Le roi nomme ceux des communes qui comptent trois mille habitants, et ceux de tous les chefs-lieux d'arrondissement, quelle qu'en soit la population. Ils peuvent être suspendus par un arrêté du préfet, mais ils ne peuvent être révoqués que par une ordonnance du roi (art. 3 et 4 de la loi du 21 mars 1831).

35. Il y a un seul adjoint dans les communes de deux mille cinq cents habitants et au-dessous, deux dans celles de deux mille cinq cents à dix mille, et dans les communes d'une population supérieure, un adjoint de plus par chaque excédant de vingt mille habitants (art. 12 de la loi du 28 pluv. an VIII; art. 2 de la loi du 21 mars 1831).

Lorsque la mer ou quelque autre obstacle rend difficiles, dangereuses ou momentanément impossibles, les communications entre

---

(1) Il est arrivé que des notaires ont été appelés aux fonctions de maire ou d'adjoint dans une commune où ils avaient un logement, mais qui n'était pas celle de leur résidence. Le garde des sceaux s'est opposé à ces nominations, attendu que tout notaire doit résider dans le lieu fixé par le gouvernement, sous peine d'être considéré comme démissionnaire, aux termes de l'art. 4 de la loi du 25 ventôse an XI.

le chef-lieu et une portion de la commune, un adjoint spécial, pris parmi les habitants de cette fraction, est nommé en sus du nombre ordinaire, et remplit les fonctions d'officier de l'état civil dans cette partie détachée de la commune (l. du 21 mars 1831, art. 2).

36. En cas d'absence ou d'empêchement, le maire est remplacé par l'adjoint disponible, le premier dans l'ordre des nominations (*ibid.*, art. 5).

Cet ordre est celui de l'ancienneté : ainsi l'adjoint le plus anciennement nommé est toujours le premier adjoint, et si deux ou plusieurs adjoints sont nommés par un même acte, l'ordre dans lequel sont placés leurs noms détermine leurs rangs respectifs (circulaire du min. de l'int. du 22 mars 1832).

En cas d'absence ou d'empêchement du maire et des adjoints, le maire est remplacé par le conseiller municipal le premier dans l'ordre du tableau, lequel est dressé suivant le nombre de suffrages obtenus (art. 5 de la loi du 21 mars 1831).

Dans tous les cas, les conseillers municipaux prennent rang entre eux selon le nombre réel des suffrages qu'ils ont obtenus à l'élection en vertu de laquelle ils siégent dans le conseil, et non selon l'ancienneté (quand il y a eu élections partielles ou renouvellement par moitié). Ainsi chaque fois qu'il y a une élection nouvelle, le tableau des conseillers municipaux doit être dressé de nouveau, de manière que chacun des membres y prenne rang d'après le nombre réel des suffrages qui l'y ont appelé. (Avis du comité de l'intérieur du 22 février 1832; circulaire du 22 mars de la même année.)

37. Dans le cas où le maire et les adjoints cesseraient leurs fonctions par une cause quelconque avant la réélection du corps municipal, le roi, ou le préfet en son nom, peut désigner, sur la liste des électeurs de la commune, les citoyens qui exerceront provisoirement les fonctions de maire et d'adjoints (art. 27 de la loi du 21 mars 1831).

38. Bien que l'art. 5 ne mentionne point d'exception pour les conseillers revêtus de fonctions incompatibles avec celles de maire, il serait cependant contraire aux principes établis par la loi de les appeler, même temporairement, à l'exercice des places de maire et d'adjoint : ils doivent donc, à cet égard, être considérés comme en dehors du tableau (circ. du 22 mars 1832).

39. En cas de refus de la part des conseillers appelés, à défaut de maire et d'adjoint, à prendre l'administration de la commune, l'autorité supérieure peut admettre des motifs légitimes d'excuse; mais elle doit insister quand elle juge ces excuses inadmissibles; et même on pourrait induire des dispositions de la loi (art. 26), qu'il y a lieu de déclarer démissionnaire le conseiller municipal qui refuse d'accomplir une obligation attachée aux fonctions qu'il remplit, sauf, dans ce cas, à le mettre en demeure de se désister de son refus.

Que si tous les membres d'un conseil municipal se refusaient à l'accomplissement de ce devoir, il y aurait lieu à prononcer la dissolution de ce conseil, et le préfet devrait la proposer (circ. du 22 mars 1832).

40. Pour les places de maire et d'adjoint à la nomination du roi, le préfet adresse au ministre de l'intérieur une liste de trois candidats pris, comme il a été dit (n° 34), parmi les membres du conseil municipal ayant leur domicile réel dans la commune. Il attribue à chaque commune le nombre d'adjoints qu'elle doit avoir d'après l'art. 2 de la loi du 21 mars 1831.

41. Si, à l'époque de l'installation de la portion renouvelée du conseil municipal, les nouveaux maire et adjoints ont été nommés, il est procédé à leur installation après celle des conseillers. Dans le cas contraire, l'administration municipale reste entre les mains de celui ou de ceux des anciens maire et adjoints qui ont été réélus membres du conseil, sauf à les compléter parmi les conseillers municipaux dans l'ordre du tableau, comme il a été dit n° 36.

L'installation des nouveaux maire et adjoints et leur prestation de serment ont lieu dans une séance du conseil municipal, et le procès-verbal en est transmis au préfet (circ. du 18 sept. 1831 et du 10 juin 1840).

42. Il est du reste entendu que, dans le cas de révocation des maires et des adjoints, qui sont toujours pris, comme nous l'avons dit tout à l'heure (n° 34), dans le conseil municipal, c'est la seule qualité de maire ou d'adjoint que leur enlève l'ordonnance royale de révocation, et qu'ils redeviennent ce qu'ils étaient auparavant, c'est-à-dire conseillers municipaux, caractère qu'ils tiennent de l'élection et qu'ils ne pourraient perdre par un acte émané d'un autre pouvoir.

§ 2. — *Des incompatibilités.*

43. Il y a incompatibilité entre les fonctions de maire ou d'adjoint et celles :

1° Des membres des cours et tribunaux de première instance et des justices de paix (les juges suppléants de première instance et les suppléants de juges de paix sont exceptés) (1);

2° Des ministres des cultes (2);

3° Des militaires et employés des armées de terre et de mer en activité de service ou en disponibilité (3);

4° Des ingénieurs des ponts et chaussées et des mines en activité de service;

5° Des agents et employés des administrations financières et des forêts (4);

6° Des fonctionnaires et employés des colléges communaux et des institutions primaires;

7° Des commissaires et agents de police.

Les fonctions de maire et d'adjoint sont également incompatibles avec le service de la garde nationale.

Enfin les agents salariés du maire ne peuvent être ses adjoints (art. 6, 7 et 8, de la loi du 21 mars 1831).

44. Outre ces dispositions expresses de la loi, il est des considérations qui, sans former des empêchements absolus, peuvent écarter en général des fonctions de maire et d'adjoint des citoyens que n'atteignent pas des exclusions formelles. Ainsi, par exemple, un degré de parenté trop rapproché avec le percepteur de la commune ou avec le garde champêtre, la nature de certaines professions qui placent ceux qui les exercent dans une dépendance habituelle du public, qui appellent dans leur domicile la surveillance de l'autorité municipale ou qui les obligent à voyager fréquemment (circul. des 18 sept. 1831 et 10 juin 1840).

De même, bien que la loi ait permis, afin de ne pas trop restreindre les éléments du choix, surtout dans les petites communes, de confier les fonctions de maire et d'adjoint aux juges suppléants et aux suppléants de juge de paix, il y a des inconvénients à ce que ces derniers magistrats soient chargés de l'administration municipale, en ce qu'ils peuvent se trouver juges de délits qu'ils auraient constatés ou dénoncés en qualité de maire ou d'adjoint.

C'est une considération à laquelle il faut avoir égard, mais qui doit céder cependant à l'avantage évident du choix, et quelquefois à l'impossibilité d'en faire un autre (circul. des 18 sept. 1831 et 10 juin 1840).

Sect. 3. — *Des conseils municipaux.*

§ 1er. — *De la composition des conseils municipaux.*

45. Le conseil municipal se compose, y compris les maire et adjoints qui continuent d'en faire partie, savoir : De dix membres, dans les communes de cinq cents habitants et au-dessous; de douze, dans celles de cinq cents à quinze cents; de seize, dans celles de quinze cents à deux mille cinq cents; de vingt-et-un, dans celles de deux mille cinq cents à trois mille cinq cents; de vingt-trois, dans celles de trois mille cinq cents à dix mille; de vingt-sept, dans celles de dix mille à trente mille; et de trente-six, dans celles d'une population de trente mille âmes et au-dessus.

46. C'est au préfet qu'il appartient de déterminer, d'après le recensement officiel, le nombre de membres dont un conseil municipal doit être composé (ordonn. des 24 oct. 1832, 19 juin 1835, 5 déc. 1837, 11 janv., 28 mai et 1 juillet 1838).

47. Dans les communes où il y a plus de trois adjoints, le conseil municipal est augmenté d'un nombre de membres égal à celui des adjoints au-dessus de trois.

Dans celles où il a été nommé un ou plusieurs adjoints spéciaux ou supplémentaires en vertu de l'art. 2 de la loi du 21 mars 1831,

---

(1) Les greffiers sont compris parmi les membres des cours et tribunaux de première instance et des justices de paix (circ. du 18 sept. 1831).

(2) L'art. 6 de la loi a eu en vue les personnes qui sont revêtues d'un caractère sacerdotal, soit qu'elles exercent ou non leur ministère dans la commune (circul. du 18 sept. 1831).

(3) On doit regarder comme étant encore en disponibilité les militaires et employés portés sur un cadre de remplacement, comme celui de l'intendance militaire créé par l'ordonnance du 11 décembre 1830. L'incompatibilité s'étend aux agens commissionnés des vivres, des hôpitaux, des transports, aux commis de la marine, etc. (circul. du 18 sept. 1831).

(4) Le principal objet de la loi paraît avoir été de comprendre, dans cette exclusion, les gardes forestiers des communes et des établissements publics qui ont besoin, pour plusieurs actes relatifs à la poursuite des délits et contraventions, de recourir à l'assistance du maire ou de l'adjoint (circul. du 18 sept. 1831).

le conseil municipal est également augmenté d'un nombre égal à celui de ces adjoints (L. du 21 mars 1831, art. 9).

48. Les membres du conseil municipal sont tous choisis sur la liste des électeurs communaux, et les trois quarts au moins parmi les électeurs domiciliés dans la commune.

Les deux tiers sont nécessairement choisis parmi les électeurs censitaires, l'autre tiers parmi les électeurs adjoints (L. du 21 mars 1831, art. 15 et 16).

49. Les conseillers municipaux doivent être âgés de vingt-cinq ans accomplis. Ils sont élus pour six ans et toujours rééligibles (*ibid.*, art. 17).

50. Les préfets, sous-préfets, secrétaires généraux et conseillers de préfecture, les ministres des divers cultes en exercice dans la commune, les comptables des revenus communaux et tout agent salarié par la commune, ne peuvent faire partie du conseil municipal.

Nul ne peut être membre de deux conseils municipaux (*ibid.*, art. 17 et 18).

51. Dans les communes de cinq cents âmes et au-dessus, les parents au degré de père, de fils, de frère, et les alliés au même degré, ne peuvent être en même temps membres du même conseil municipal.

Telles sont aujourd'hui les seules incompatibilités que la loi admette dans la composition des conseils municipaux, toutes dispositions antérieures à cet égard étant abrogées (*ibid.*, art. 20 et 21).

52. La qualité de conseiller municipal se perd par la privation des droits civiques, par l'absence à trois convocations consécutives, sans motifs légitimes d'excuses (L. 21 mars 1831, art. 26) (1), par les empêchements et incompatibilités que la loi a prévus ; enfin par le refus de serment (2). Le préfet doit prendre

des arrêtés à l'effet d'exclure les membres qui se trouvent dans ces différentes positions (circul. des 30 nov. 1831, 10 septembre 1834, 21 avril 1840 ; ordonn. du 30 avril 1832).

53. Mais la perte, par un conseiller municipal, du titre en vertu duquel il était électeur à l'époque où il a été appelé au conseil, ne l'empêche pas de continuer d'y siéger jusqu'à l'expiration du terme légal de ses fonctions. — V. *infrà*, n° 59.

§ 2. — *De l'élection des conseillers municipaux.*

V. Élections municipales.

§ 3. — *Du renouvellement triennal des conseils municipaux.* — *Des vacances et des remplacements.*

54. Les conseils municipaux sont renouvelés par moitié tous les trois ans (art. 17 de la loi du 21 mars 1831), et par la voie du sort. Quand le nombre des conseillers est impair, la moitié sortant doit être la fraction la plus forte (art. 53).

Dans les communes qui comptent deux mille cinq cents habitants et au-dessus, ces renouvellements s'opèrent par section, afin d'assurer à chacune des sections, tous les trois ans, le droit de concourir à la formation du conseil municipal.

Quand le nombre des conseillers n'est pas exactement divisible par celui des sections, chaque section conserve pendant trois ans le nombre de conseillers qui lui a été attribué à la dernière élection triennale (circul. du 22 juill. 1834; ord. du 9 sept. suivant).

55. L'accroissement ou la diminution de population résultant d'un nouveau recensement ne donne pas lieu immédiatement à l'accroissement ou à la diminution du nombre des conseillers municipaux, fixé par l'art. 9 de la loi du 21 mars. En cas de diminution, il faut laisser au temps à réduire le conseil dans ses nouvelles limites. En cas d'augmentation (ce qui arrive plus fréquemment), il n'y a lieu à augmenter le nombre des conseillers que quand il est réduit aux trois

---

(1) Il a été reconnu que par *convocations consécutives*, on ne doit pas entendre les séances consécutives d'une même session, mais trois *sessions consécutives*, soit ordinaires, soit extraordinaires (circul. du 21 août 1840).

(2) Sont considérés comme démissionnaires, ceux qui, dans les quinze jours après l'installation, ou dans la quinzaine après une mise en demeure, négligeraient de prêter le serment de fidélité au roi des Français, et d'obéissance à la charte constitutionnelle et aux lois du royaume. Remarquons toutefois que la loi du 21 mars 1831 n'exige le serment que des électeurs (art. 47) ;

mais il est prescrit à tous les fonctionnaires publics par l'art. 1er de la loi du 31 août 1830, et cette obligation est toujours subsistante, puisque cette loi ne stipulait pas pour les seuls fonctionnaires alors en exercice. Le ministre de l'intérieur était donc fondé à en faire l'application aux conseillers municipaux.

quarts (circul. des 30 déc. 1831 et 10 sept. 1834).

56. S'il existe des places vacantes dans le conseil municipal au moment de la réélection, ces vacances comptent en déduction du contingent qui doit sortir, soit du conseil entier, soit de chaque section, selon le mode d'après lequel on procède. Si ces vacances excèdent le contingent qui doit sortir, l'excédant donne lieu à un remplacement qui s'opère conformément à l'art. 22 de la loi, et les conseillers ainsi élus appartiennent à l'ancienne moitié qui doit cesser ses fonctions.

Quand une section a perdu par décès ou par démission plus de la moitié de son contingent, elle doit être complétée par deux élections successives : une pour la moitié à nommer actuellement, et l'autre pour la moitié sortant (1).

57. Les opérations du tirage au sort se font dans une réunion publique des membres du conseil municipal, soit pendant une session ordinaire, soit dans une réunion spéciale que le préfet autorise à cet effet (circul. du 22 juillet 1834).

Cette opération doit avoir lieu huit jours au moins avant les élections, ou avant la réunion de la première section, si la commune en compte plusieurs (circul. du 10 sept. 1834) (2).

58. Une ordonnance du roi fixe l'époque du renouvellement triennal des conseils municipaux, qui s'opère simultanément dans toutes les communes, sauf : 1° celles où il y a été procédé dans l'intervalle (comme il est dit au n° 56 ci-dessus); 2° celles de formation nouvelle, et celles où la circonscription ayant été modifiée, il est nécessaire de dresser de nouvelles listes avant de procéder aux réélections.

59. Le conseiller municipal qui a perdu le titre en vertu duquel il était électeur à l'époque où il a été appelé au conseil, et qui par conséquent ne figure plus sur les listes, n'est pas pour cela compris de droit dans la moitié sortant; il doit accomplir, jusqu'à l'expiration du terme légal, le mandat dont il a été investi, et subir la chance du sort comme les autres conseillers, s'il n'y a pas à son égard d'autres causes d'exclusion.

60. L'installation des nouveaux membres a lieu dans une séance tenue, de plein droit, par le conseil municipal. Cette séance est présidée par le maire ou par un adjoint en fonctions lors du renouvellement, ou, à leur défaut, par le premier des anciens conseillers municipaux, selon l'ordre du tableau. Ce fonctionnaire reçoit le serment des nouveaux conseillers (circul. du 10 sept. 1834).

61. Les vacances qui ont d'autres causes qu'une élection annulée par arrêté du conseil de préfecture (comme nous le dirons plus loin), ne donnent pas lieu à un remplacement immédiat, lorsque seules ou avec les vacances pour élections annulées, elles laissent au conseil les trois quarts de ses membres. Ainsi le décès ou la démission d'un conseiller élu survenant à la suite de l'élection et avant l'installation du conseil, rentre dans la classe des vacances qui ont lieu dans l'intervalle des élections triennales, et reçoivent l'application de l'art. 22 de la loi. Mais si les vacances, soit par décès, démission, soit par toute autre cause, excèdent le quart du nombre total des conseillers municipaux, alors il y a lieu de compléter le conseil et de pour-

---

(1) C'est dans cet esprit et suivant ces principes, qu'ont statué les ordonnances royales des 25 mars et 10 septembre 1834, 12 février 1837, 18 janvier et 20 avril 1840, relatives aux réélections de l'année.

Enfin, l'ordonnance du 21 janvier 1843 dispose que les conseils municipaux qui seraient élus intégralement après le 1er février, soit pour insuffisance du nombre, soit par suite de dissolution, soit pour cause de changement de circonscription territoriale, ne seront point renouvelés par moitié avant 1846, et que, si le nombre des places vacantes exige le complétement d'un conseil avant l'époque fixée pour le renouvellement triennal de 1843, suivant ce que prescrit l'art. 22 de la loi du 21 mars 1831, il sera procédé sur-le-champ au renouvellement de la moitié sortant, puis à la nomination aux places vacantes dans l'autre moitié.

(2) Le tirage au sort est une opération purement administrative qui doit s'effectuer selon les instructions du préfet. Les difficultés auxquelles elle peut donner lieu sont de nature à être jugées

par le préfet, sauf réformation par le ministre de l'intérieur; le conseil de préfecture n'a point à en connaître. Ce n'est qu'après décision du ministre que les réclamants peuvent se pourvoir en Conseil d'état. Ainsi jugé par ordonnance du roi des 12 juin 1835 (Luines, Ardennes) et 10 septembre de la même année (Rouchin, Nord.)

voir à toutes les places vacantes (circul. du 30 nov. 1831).

62. Lorsqu'en exécution du même art. 22, il y a lieu à remplacer des conseillers municipaux dans les communes dont le corps électoral se divise en sections, ces remplacements sont faits par les sections qui avaient élu ces conseillers (loi 21 mars 1831, art. 46).

63. Si, dans l'intervalle compris entre les élections triennales, une ordonnance du roi a autorisé la création d'un adjoint en sus du nombre légal, il y a lieu à nommer immédiatement un nouveau conseiller municipal. En effet, le droit de nommer ce conseiller supplémentaire n'a pas encore été exercé, et la vacance de la place qu'il doit occuper n'est pas du nombre de celles que régit l'art. 22 de la loi (1).

En cas de difficulté sur l'exécution de cette disposition, comme en général sur le classement des conseillers surnuméraires, lorsque l'assemblée est divisée en plusieurs sections par exemple, chaque conseil municipal règle, sauf l'approbation de l'autorité supérieure, le mode de classement (circul. du 30 nov. 1831).

64. Lorsque l'élection d'un conseiller municipal a été annulée, les électeurs de la commune ou de la section doivent être convoqués dans la quinzaine pour procéder à son remplacement (art. 52 de la loi).

Cette disposition n'est point en contradiction avec celle de l'art. 22, qui prescrit de ne convoquer les électeurs que lorsque le conseil municipal est réduit aux trois quarts de ses membres. Il a été reconnu que ce dernier article ne s'oppose pas, d'une manière absolue, à ce que l'on complète un conseil qui conserve encore plus des trois quarts de ses membres (circul. du 25 avril 1840).

65. Des explications qui précèdent, en les appliquant à la circonstance d'une élection générale ou triennale, on peut déduire les règles suivantes, quant au remplacement des vacances :

1° Si des places deviennent vacantes par annulation d'élection, il y a nécessité de convoquer les électeurs dans la quinzaine, en vertu de l'art. 52 ;

2° S'il y a des places vacantes par annulation et d'autres par décès ou démissions, il faut pourvoir en même temps aux unes et aux autres par une convocation faite conformément au même article :

3° Si avant l'installation du conseil renouvelé, il y vaque des places par décès ou démissions, et si ces vacances n'atteignent pas le quart de la totalité des conseillers, le conseil peut être complété : mais ce complétement n'est pas obligatoire;

4° Enfin, si les vacances atteignent ou dépassent la limite du quart, le conseil doit être nécessairement complété.

§ 4. — *Des assemblées des conseils municipaux.*

66. Les conseils municipaux se réunissent en session ordinaire quatre fois l'année, au commencement des mois de février, mai, août et novembre. Chaque session peut durer dix jours (L. 21 mars 1831, art. 23).

67. Le préfet ou sous-préfet prescrit la convocation extraordinaire du conseil municipal, ou l'autorise sur la demande du maire, toutes les fois que les intérêts de la commune l'exigent.

Dans les sessions ordinaires, le conseil municipal peut s'occuper de toutes les matières qui rentrent dans ses attributions.

En cas de réunion extraordinaire, il ne peut s'occuper que des objets pour lesquels il a été spécialement convoqué.

La convocation peut également être autorisée pour un objet spécial et déterminé, sur la demande du tiers des membres du conseil municipal adressée directement au préfet, qui ne peut la refuser que par un arrêté motivé que l'on notifie aux réclamants, et dont ils peuvent appeler au roi.

Le maire préside le conseil municipal ; les

---

(1) Relativement aux conseillers ainsi nommés, on a élevé la question de savoir s'ils doivent entrer constamment dans le contingent des sections pour le territoire desquelles ont été établis ces adjoints. Il faut distinguer : pour les communes ayant moins de deux mille cinq cents habitants, on doit laisser subsister le partage égal des conseillers entre les sections, de manière que celle au territoire de laquelle est attaché un adjoint spécial, ait autant de conseillers que les autres, ou n'en ait qu'un de plus quand l'ordre des numéros lui donne ce droit (art. 44 de la loi). Quant aux autres communes, comme les sections y ont chacune un contingent fixe, la difficulté ne peut s'y présenter, et les conseillers en sus du nombre ordinaire doivent être attribués respectivement aux sections ayant des adjoints spéciaux (circul. du 10 sept. 1834).

fonctions de secrétaire sont remplies par un de ses membres nommé au scrutin et à la majorité, à l'ouverture de chaque session (*ibid.*, art. 24).

68. Les dix jours que doit durer chaque session trimestrielle se comptent à partir de celui de l'ouverture, et la session est terminée à l'expiration de ce délai, qu'il y ait eu ou non dix séances. S'il restait des affaires en souffrance, ou si, par une cause quelconque, la session avait été sans résultat, une session extraordinaire pourrait être autorisée (circul. du 17 juillet 1838).

69. Les convocations extraordinaires demandées par le maire peuvent être autorisées immédiatement par le sous-préfet de l'arrondissement, sans qu'il soit nécessaire qu'il en réfère au préfet; il en est de même de celles qu'il y a lieu de prescrire d'office. Toute convocation de session extraordinaire doit en limiter la durée à un nombre de jours fixes; autrement, un conseil municipal extraordinairement convoqué pourrait, en s'ajournant à volonté, se mettre en permanence; ce qui serait contraire au texte comme à l'esprit de la loi (circul. du 17 juillet 1838).

70. Un secrétaire doit être nommé à chaque session. Le secrétaire élu dans la session trimestrielle ne saurait valablement continuer ses fonctions pendant la durée du trimestre; mais il peut être réélu (circul. du 17 juillet 1838).

71. Il est interdit aux conseils municipaux de nommer des commissions permanentes, telles qu'une commission de comptabilité, une commission de travaux publics, etc. De semblables dispositions sont contraires à l'esprit de la loi; elles tendent à placer l'administration entre les mains du conseil municipal, tandis que, selon le principe posé par la loi du 28 pluviôse an VIII et constamment en vigueur depuis cette époque, l'administration appartient exclusivement au maire, qui peut en déléguer certaines parties à ses adjoints. Les délibérations qui auraient institué des commissions permanentes devraient donc être annulées par le préfet.

Les commissions formées dans le sein des conseils municipaux ne peuvent avoir d'autre mission que de préparer un travail sur un objet déterminé, et leur existence est limitée à la décision du conseil municipal sur cet objet (circul. du 17 juillet 1838).

72. Le maire étant chargé de la direction de toutes les affaires de la commune, et ses connaissances sur les détails de l'administration pouvant être utiles à tous les travaux préparés par le conseil, il est convenable qu'il assiste aux séances des diverses commissions, et prenne part à leurs discussions; il n'y a que les commissions chargées d'examiner ses comptes, dans lesquelles il ne peut être admis qu'à donner des renseignements (circul. du 17 juill. 1838).

73. Le conseil municipal ne peut délibérer que lorsque la majorité des membres en exercice assiste au conseil.

Il ne peut être refusé à aucun des citoyens contribuables de la commune communication, sans déplacement, des délibérations des conseils municipaux (L. 21 mars 1831, art. 25).

74. Quelques personnes ont pensé que les séances des conseils municipaux devaient être publiques. Cette opinion est tout à fait contraire à la législation. Celle de 1789 n'avait point établi la publicité des séances des corps administratifs et municipaux. Ce ne fut qu'en 1792 que deux lois, celles des 1er juillet et 2 septembre, la prescrivirent spécialement et en réglèrent les conditions. La constitution de l'an III et la loi organique du 21 fructidor de la même année, gardèrent à cet égard le même silence que les lois des 22 décembre 1789, janvier 1790 et 27 mars 1791. Mais l'art. 201 de la constitution de l'an III, en déclarant que les actes des corps administratifs « seraient rendus publics par le dépôt d'un registre qui serait clos tous les six mois, » annonçait assez que l'intention du législateur était qu'il n'y eût pas d'autre publicité. Aussi, quand la convention nationale termina sa session, et lorsque le régime établi par la constitution de l'an III fut mis en vigueur, les administrations municipales et départementales cessèrent de tenir des séances publiques, et la question ayant été soulevée de nouveau, un arrêté du directoire exécutif du 25 germinal an IV (14 avril 1796) prononça l'ordre du jour, motivé sur ce que *la constitution n'ordonnait pas cette publicité.*

Non-seulement la loi du 21 mars 1831, en reproduisant avec quelque restriction l'art. 201 de la constitution de l'an III, est contraire au système de la publicité des séances, mais, lors de la discussion de la loi, la chambre des députés s'est expressément prononcée contre cette publicité. Un de ses membres ayant proposé un article additionnel ainsi conçu : « Les séances des conseils municipaux seront publiques, à moins que trois membres ne s'y opposent. » la chambre, après avoir entendu plusieurs orateurs, a rejeté l'amendement (séance du 15 fév. 1831, *Moniteur* du 17, p. 324).

75. Toute délibération d'un conseil municipal portant sur des objets étrangers à ses attributions est nulle de plein droit. Le préfet, en conseil de préfecture, en déclare la nullité, sauf l'appel au roi de la part du conseil.

Sont pareillement nulles, de plein droit, toutes délibérations d'un conseil municipal prises hors de sa réunion légale. Le préfet, en conseil de préfecture, déclare l'illégalité de l'assemblée et la nullité de ses actes.

Si, par suite, la dissolution du conseil était prononcée, et si, dans le nombre de ses actes, il s'en trouvait qui fussent punissables d'après les lois pénales en vigueur, ceux des membres du conseil qui y auraient participé sciemment pourraient être poursuivis (L. 21 mars 1831, art. 28 et 29).

76. Enfin, si un conseil municipal se mettait en correspondance avec un ou plusieurs autres conseils, ou publiait des proclamations ou adresses aux citoyens, il serait suspendu par le préfet, en attendant qu'il eût été statué par le roi.

Comme dans le cas précédent, si la dissolution était prononcée, ceux qui auraient participé à ces actes pourraient être poursuivis conformément aux lois pénales en vigueur (art. 30 de la loi du 21 mars 1831).

§ 5. — *De la dissolution des conseils municipaux.*

77. La dissolution des conseils municipaux peut être prononcée par le roi. L'ordonnance fixe l'époque de la réélection. Il ne peut y avoir un délai de plus de trois mois entre la dissolution et la réélection (L. 21 mars 1831, art. 27).

78. Lorsqu'en vertu de la dissolution prononcée par le roi, un conseil a été renouvelé en entier, le sort désigne, à la fin de la troisième année, les membres qui sont à remplacer (*ibid.*, art. 31).

Chap. 3. — *Des fonctions et de la compétence du maire* (1).

79. Les fonctions du maire sont de deux natures essentiellement distinctes : il est à la fois le délégué du pouvoir central dans la localité, et le magistrat chargé de l'administration de la commune et de la police municipale. Comme délégué du gouvernement, il est chargé de pourvoir à l'exécution des lois et règlements, et, en outre, investi de certaines fonctions déterminées par des lois spéciales.

Dans cette partie de ses attributions, le maire est placé sous l'autorité du gouvernement, c'est-à-dire sous la direction et les ordres des dépositaires immédiats de son pouvoir.

80. Comme magistrat municipal, ses attributions ont également un double caractère. Lorsqu'il agit en qualité d'administrateur de la commune, son action est plus spécialement subordonnée aux délibérations du conseil municipal : en pareil cas, le conseil municipal usant de son droit d'initiative, ordonne et dispose selon ce que lui paraissent commander les intérêts et les besoins dont la loi l'a fait juge, et le maire n'est ici que l'agent d'exécution de ses volontés. Mais il procède en vertu du pouvoir qui lui est propre et sous sa responsabilité légale, dans toutes les matières du ressort de la police municipale, comme préposé au maintien du bon ordre dans la commune, et chargé de veiller à tout ce qui intéresse la sûreté, la salubrité publique et le bien-être des citoyens (L. des 16-24 août 1790, art. 3, tit. 11 et 19-22 juill. 1791), et les arrêtés qu'il publie en cette qualité ont force exécutoire, s'ils ne sont pas réformés par l'autorité supérieure (L. 18 juillet 1837, art. 11).

81. La loi du 18 juillet 1837 n'a modifié en rien les règles de la législation antérieure sous ces divers rapports ; elle se borne à rappeler les principes généraux que nous venons d'exposer. L'article 9 porte : Le maire est chargé, sous l'autorité de l'administration supérieure, 1° de la publication et de l'exécu-

---

 échevins, mayeurs, consuls, jurats, viguiers, capitouls, syndics et autres fonctionnaires qui, sous divers titres, étaient autrefois à la tête de l'administration des communes en France.

« Il y avait, dit M. Macarel (*Cours de droit administ.*, t. 1er, p. 214), dans ce genre de pouvoir, une variété infinie suivant les localités ; il n'était pas le même dans les villes et dans les paroisses de campagne ; il différait dans les villes elles-mêmes, suivant les chartes qu'elles avaient reçues, les priviléges et prérogatives dont elles jouissaient, et selon les usages établis. »

tion des lois et règlements; 2° des fonctions spéciales qui lui sont attribuées par les lois ; 3° de l'exécution des mesures de sûreté générale.

82. Nous n'entrerons pas ici dans l'énumération des cas nombreux et divers où l'intervention du maire est prévue par les lois générales, comme délégué du gouvernement. Les lois qui régissent l'état civil, les contributions directes et indirectes, la garde nationale, la Légion d'honneur, le recensement de la population, les travaux publics, les subsistances ainsi qu'une foule d'autres services généraux, exigent son concours et déterminent sa part d'action, souvent très-large et toujours importante. Nous renvoyons à ces différents mots, les détails de cette partie des attributions dévolues au maire.

Observons seulement ici que, par une anomalie qu'on ne saurait s'expliquer, le premier des devoirs qui sont imposés à ces fonctionnaires, celui de publier les lois, de les porter à la connaissance de leurs concitoyens au moment de leur promulgation, est précisément le plus négligé. On peut affirmer en effet que, dans la pratique, presque nulle part, sans excepter les villes les plus populeuses, le maire ne s'occupe de ce soin qui, à son défaut, n'est rempli ni par le préfet, ni par aucune autre autorité (1).

83. Les mesures dans lesquelles le maire agit en vertu du pouvoir qui lui est propre, sont celles qu'avait originairement spécifiées le décret du 14 décembre 1789, art. 50, et qu'énumère l'art. 10 de la loi du 18 juillet 1837, conçu en ces termes :

« Le maire est chargé, *sous la surveillance de l'administration supérieure*, 1° De la police municipale, de la police rurale et de la voirie municipale, et de pourvoir à l'exécution des actes de l'autorité supérieure qui y sont relatifs ;

» 2° De la conservation et de l'administration des propriétés de la commune, et de faire, en conséquence, tous actes conservatoires de ses droits ;

» 3° De la gestion des revenus, de la surveillance des établissements communaux et de la comptabilité communale ;

» 4° De la proposition du budget et de l'ordonnancement des dépenses ;

» 5° De la direction des travaux communaux;

» 6° De souscrire les marchés, de passer les baux des biens et les adjudications des travaux communaux dans les formes établies par les lois et règlements ;

» 7° De souscrire, dans les mêmes formes, les actes de vente, échange, partage, acceptation de dons ou legs, acquisition, transaction, lorsque ces actes ont été autorisés conformément à la présente loi ;

» 8° De représenter la commune en justice, soit en demandant, soit en défendant. »

Nous reviendrons, plus tard, sur les principes et les règles applicables à ces différents actes de l'administration du maire, dont quelques-uns se rattachent au vote préalable du conseil municipal et en sont la conséquence. Les questions qui touchent à la compétence et à l'étendue du pouvoir propre du maire sont les seules que nous ayons à traiter en ce moment.

84. Les décisions du maire, dans les matières qu'embrasse sa juridiction, sont rendues sous la forme et l'intitulé d'*arrêté*.

85. Il prend des arrêtés à l'effet 1° d'ordonner les mesures locales sur les objets confiés par les lois à sa vigilance et à son autorité; 2° de publier de nouveau les lois et règlements de police, et de rappeler les citoyens à leur observation (L. 18 juill. 1837, art. 11).

86. La loi distingue deux sortes de décisions : celles qui statuent d'une manière spéciale et individuelle, comme serait, par exemple, l'autorisation accordée à un propriétaire de bâtir ou de réparer un édifice situé sur la voie publique; et celles qui portent règlement permanent, telles que les arrêtés sur la tenue des foires et marchés, sur les heures de fermeture des cafés et cabarets, et sur l'exercice de certaines industries soumises à la surveillance municipale.

Dans l'un comme dans l'autre cas, les arrêtés pris par le maire doivent être adressés au sous-préfet et par celui-ci au préfet, qui peut les annuler ou en suspendre l'exécution. Les premiers sont exécutoires de plein droit; les seconds ne sont exécutoires qu'un mois après la remise de l'ampliation constatée par le récépissé qu'en délivre le sous-préfet (*id.*).

87. Il suit de ces dispositions sainement interprétées, que les arrêtés des maires ont force et autorité par eux-mêmes, et qu'ils n'ont pas besoin, pour être obéis, de l'approbation des

---

(1) La même remarque a été faite par M. Macarel (*Cours de droit administ.*, t. 1er, p. 269).

préfets, auxquels la loi de 1837, comme la législation précédente, n'attribue sur les actes du pouvoir municipal qu'un droit de contrôle et de réformation. « L'approbation du préfet n'ajoute rien à l'autorité de l'acte municipal. Toutes les fois que les officiers municipaux disposent dans la sphère de leurs attributions, ils agissent en vertu du droit qui leur est conféré par la loi. Or il est de l'essence de tout pouvoir légalement institué d'avoir en lui-même le degré d'énergie nécessaire pour commander l'obéissance : autrement ce pouvoir n'en serait pas un ; il y aurait contradiction dans les mots comme dans les choses. » (M. Dupin. *Introduction aux lois des communes*, p. 49.)

88. Ainsi, en règle générale, les préfets n'ont pas à revêtir les arrêtés municipaux d'un visa approbatif que la loi n'exige pas, et qui même, à certains égards, pourrait gêner plus tard l'exercice de leur droit d'annulation. Toutefois, le ministre de l'intérieur a pensé qu'il est des circonstances où l'approbation manifestée par le préfet peut donner plus de force morale aux arrêtés du maire, en témoignant de l'adhésion et du concours de l'autorité supérieure ; et comme aucune disposition de loi ne s'oppose absolument à ce que les préfets donnent cette approbation, ils peuvent la prononcer selon les cas où l'intérêt public leur paraît l'exiger. (Circul. du min. de l'int. du 1er juillet 1840, *Bulletin officiel*, 3e année, p. 191.)

89. On a élevé la question de savoir si, pour les arrêtés d'intérêt individuel, il y a un délai de prescription quant au droit de réformation qui appartient au préfet.

La loi n'ayant point fixé de délai pour la mise à exécution de ces arrêtés, il s'ensuit qu'ils sont exécutoires de plein droit dès que le récépissé en a été délivré par le sous-préfet ; mais, à quelque époque que ce soit, le préfet peut les suspendre et les annuler ; car cette attribution lui est conférée d'une manière absolue et sans restriction de temps. Il est entendu toutefois que les faits accomplis pendant que ces arrêtés étaient exécutoires, le sont légalement, et que l'annulation de l'arrêté n'entraîne pas la nullité de ce qui a été précédemment fait en vertu de cet acte. (Même circul.)

Cette solution a une très-grande portée dans les contestations qui naissent si fréquemment de l'exécution de certains règlements mu-

nicipaux, notamment en matière de Voirie. — V. ce mot.

90. Quant aux arrêtés portant règlement permanent, on a demandé si les préfets ont perdu le droit de les annuler ou d'en suspendre l'exécution, lorsqu'ils ont laissé un mois s'écouler sans user de ce droit.

Une lecture attentive de la loi suffit pour dissiper tous les doutes à cet égard. En effet, le § 3 de l'art. 11 est ainsi conçu : « Les arrêtés pris par le maire sont immédiatement adressés au sous-préfet. Le préfet peut les annuler ou en suspendre l'exécution. » On voit donc que la loi ne distingue pas entre les arrêtés portant règlement permanent, et ceux que nous appelons individuels, et qu'elle s'applique dans sa généralité aux uns comme aux autres. Si donc le délai d'un mois ne suffit pas au préfet pour apprécier la convenance, l'utilité ou l'opportunité de l'acte soumis à son contrôle, la loi n'ayant posé aucune limite de temps à l'exercice de son droit de réformation, alors même que le délai fixé pour la mise à exécution de l'arrêté municipal serait expiré, il n'en conserverait pas moins ce droit, avec d'autant plus de raison que c'est au moment où l'arrêté s'exécute que les réclamations se produisent, et qu'il ne peut appartenir qu'au préfet de les juger, encore bien qu'il eût donné prématurément son approbation à l'arrêté.

91. Le préfet peut donc, à quelque époque que ce soit, annuler les actes du maire ou en suspendre l'exécution, soit sur le recours des tiers, soit d'office, et sur la connaissance qu'il acquerrait des inconvénients auxquels ils seraient sujets. (Circul. du 1er juill. 1840.)

92. Autre question : le droit d'annuler les arrêtés des maires donne-t-il au préfet celui de les modifier, c'est-à-dire d'en annuler une partie en laissant subsister l'autre ?

C'est encore ici le texte même de la loi qu'il faut consulter ; or, l'art. 11 donne au préfet le droit d'*annuler* ou de *suspendre*, et non le droit de *modifier*. Le législateur a sans doute pensé que le droit d'annulation suffisait à l'intérêt public. En effet, pendant le délai d'examen, le préfet peut signaler au maire les dispositions de son arrêté qui lui semblent irrégulières, et lui indiquer les suppressions ou changements qu'il y aurait lieu d'y opérer. Ces avertissements auront presque toujours pour résultat d'amener le maire à modifier sa première proposition. S'il en était autrement, le droit d'annulation, qui reste entier, devrait être exercé. (Circ. du 1er juillet 1840.)

93. Enfin le délai d'un mois donné au préfet pour l'examen des arrêtés du maire portant règlement permanent est-il obligatoire, de telle sorte qu'il ne puisse être mis à exécution avant l'expiration de ce délai, si le préfet déclare d'avance qu'il renonce à son droit de l'annuler ou de le suspendre ?

Le ministre de l'intérieur a pensé que ce délai n'a été fixé qu'afin de laisser à l'autorité supérieure la possibilité d'un mûr examen, et de lui permettre de statuer en pleine connaissance de cause ; que cette disposition de la loi n'a pas eu en vue l'intérêt des tiers, mais l'intérêt public ; que, par conséquent, l'autorité supérieure, dans ce même intérêt public, peut renoncer à s'en prévaloir. Si cette faculté n'existait pas, si, dans certaines circonstances graves et urgentes, il fallait nécessairement attendre un mois pour mettre un arrêté à exécution, il pourrait y avoir dommage public : telle n'a pu être la pensée du législateur (même circul.). Au surplus, sur l'étendue du pouvoir du maire et du préfet en matière de règlement municipal ou de police, V. Règlement de police et municipal.

94. La loi du 18 juillet 1837 ne s'est pas bornée à spécifier les cas où le maire peut et doit agir en vertu des pouvoirs qu'elle lui attribue ; elle a aussi prévu celui où il refuserait ou négligerait de faire un des actes qui lui sont ordonnés. C'est à quoi le législateur a pourvu par l'article 15, qui décide : « Dans le cas où le maire refuserait ou négligerait de faire un des actes qui lui sont prescrits par la loi, le préfet, après l'en avoir requis, pourra y procéder d'office par lui-même ou par un délégué spécial. »

Cette disposition, il faut le dire, déroge au principe et rompt l'économie de la loi ; c'est une véritable atteinte portée au droit attribué par la législation ancienne au pouvoir municipal. Cependant il n'était pas possible d'admettre que l'exécution des lois pût être suspendue par la résistance ou l'inertie d'un maire. Il ne s'agit pas seulement ici de l'intérêt de la commune, mais des intérêts des tiers qui peuvent aussi se trouver compromis. L'introduction de cette disposition dans la loi nouvelle a donc été dictée par une sage prévoyance.

95. Quoi qu'il en soit, si les préfets ont le pouvoir de faire directement des règlements sur les objets de police municipale lorsqu'il s'agit de mesures générales d'un égal intérêt pour toutes les communes de leur département, ce n'est, en vertu de l'art. 15 de la loi du 18 juillet 1837, que dans le cas de refus ou de négligence de la part du maire, qu'ils peuvent disposer à l'égard d'une commune spécialement. L'arrêté préfectoral pris dans ces limites est obligatoire pour les citoyens, comme l'aurait été l'arrêté municipal qu'il supplée.

96. Au nombre des attributions du maire, la loi range aussi le droit de nommer à tous les emplois communaux pour lesquels elle ne prescrit pas un mode spécial de nomination, et celui de suspendre et de révoquer les titulaires de ces emplois.

Il y a en effet des emplois communaux de diverses natures, dont la nomination est réglée par des dispositions spéciales. Les commissaires de police, les receveurs municipaux, les préposés aux octrois, par exemple, sont en dehors de la catégorie des agents du service municipal que le maire a le pouvoir de nommer et de révoquer. — V. ces mots.

97. Les employés et le secrétaire de la mairie (1), le bibliothécaire, le conservateur du musée et autres emplois analogues, les agents de police, les appariteurs et gens à gage, sont ceux auxquels se rapporte particulièrement l'article 12 de la loi municipale.

98. L'art. 13 de la même loi donne au maire le pouvoir de nommer les gardes champêtres, mais sauf l'approbation du conseil municipal. De plus, ces fonctionnaires doivent être agréés et commissionnés par le sous-préfet. Ils peuvent bien d'ailleurs être suspendus par le

____

(1) Les secrétaires de mairie ont été institués par l'art. 32 de la loi du 14 décembre 1789, sous le titre de secrétaires-greffiers.

Ils n'ont plus aujourd'hui aucun caractère public ; ils ne peuvent rendre authentiques aucun acte, aucune expédition, ni aucun extrait des actes des autorités ; notamment les extraits des actes de l'état civil ne peuvent être délivrés que par le fonctionnaire public dépositaire de ces registres ; en général, et pour prévenir toute équivoque à l'avenir, le ministre doit rappeler aux maires que, dans les actes où l'administrateur est le seul responsable, sa signature seule est nécessaire, et qu'il ne doit point y en être apposé d'autres. (Avis du Conseil d'état du 2 juill. 1807 ; circul. 30 juill. 1807 ; Rec., t. 2, p. 47.)

maire, mais le préfet peut seul les révoquer.
— V., au surplus, Garde champêtre.

99. Le même art. 13 investit également le maire du pouvoir de nommer le pâtre commun, c'est-à-dire l'homme qui est chargé de conduire au pâturage les bestiaux des propriétaires de la commune réunis en un seul troupeau (*Code rural* du 6 octobre 1791); mais il exige l'approbation du conseil municipal; seulement, il réserve au maire le droit de prononcer la révocation de cet agent.

100. Aux termes de l'art. 14 de la loi de 1837, le maire est chargé seul de l'administration, mais il peut déléguer une partie de ses fonctions à un ou plusieurs de ses adjoints, et en l'absence des adjoints, à ceux des conseillers municipaux qui sont appelés à en faire les fonctions.

Le principe consacré par cet article n'est autre que celui qu'avait établi la loi du 28 pluviôse an VIII et qu'a développé l'arrêté consulaire du 2 pluviôse an IX, qui disposait (art. 7) :

« Le maire sera chargé seul de l'administration. Il aura seulement la faculté d'assembler ses adjoints, de les consulter lorsqu'il le jugera à propos, et de leur déléguer une partie de ses fonctions. »

Ainsi l'administration de la commune appartient exclusivement au maire comme pouvoir exécutif. Nous avons dit (n° 80) que toutefois ses actes, sous ce rapport, demeuraient subordonnés aux délibérations et aux votes du conseil municipal, lorsque les mesures auxquelles il est appelé à pourvoir engagent les intérêts financiers de la commune.

101. Est-ce à dire néanmoins que le conseil municipal pourrait, en réduisant ou refusant les allocations nécessaires au service de la mairie, entraver ou paralyser l'action du maire ?

La loi du 18 juillet 1837, comme on le verra plus tard, a prévu ce cas et a investi (art. 39) l'autorité supérieure qui règle le budget de la commune, du droit d'y inscrire d'office celles des dépenses qualifiées obligatoires que le conseil municipal refuserait d'allouer.

Au nombre de ces dépenses figurent notamment les frais d'administration et les traitements des employés de la mairie, dont nous avons vu que la nomination appartient au maire; en sorte que, dans tous les cas, la liberté d'action de ce fonctionnaire est garantie contre tout mauvais vouloir du conseil municipal. Une fois l'allocation du crédit assurée, le maire a le droit de le répartir et d'en faire emploi, sous sa responsabilité, selon les exigences et les intérêts du service.

102. Mais le conseil municipal a aussi ses droits que le maire ne doit pas méconnaître. La question s'est élevée de savoir si, lorsque celui-ci a proposé une dépense et que le conseil municipal a jugé nécessaire d'allouer une somme plus forte, pour donner plus d'extension aux mesures ou aux travaux projetés, l'allocation telle qu'elle a été votée doit être employée en entier, ou si le maire n'est pas libre de restreindre l'emploi du crédit à ce que lui paraissent exiger les besoins de l'opération.

Cette question se résout par la simple application du principe que nous avons déjà posé, à savoir que dans toutes les mesures qui exigent un vote spécial et préalable de crédit de la part du conseil municipal, le maire n'est que l'exécuteur de ses ordres. Si le conseil municipal a erré, ou s'il a prodigué inutilement les fonds de la commune, c'est encore à l'autorité qui règle le budget que le législateur a remis le soin de rectifier ses propositions, en réduisant d'office les crédits qui lui paraîtraient dépasser la juste mesure des besoins (*ibid.*, art. 36); mais une fois le crédit régulièrement approuvé et la délibération rendue exécutoire par la décision de l'autorité compétente (*ibid.*, art. 20), le maire n'a plus le droit de s'en écarter, alors même qu'il croirait les intérêts de la commune compromis : car, encore une fois, ce n'est pas lui que la loi a constitué juge d'une semblable question, et tout ce qu'il peut faire, c'est d'avertir l'autorité supérieure en l'éclairant sur les inconvénients du vote qui lui est soumis par son intermédiaire.

103. Le maire, dit en outre l'article 14 de la loi, *peut* déléguer une partie de ses fonctions à un ou plusieurs de ses adjoints; ce qui suppose un choix libre et volontaire. En effet, il dépend du maire de confier à tel de ses adjoints l'état civil, par exemple, à tel autre la police municipale, etc. Il n'en est pas de même du remplacement du maire en cas d'absence ou d'empêchement, suivant l'article 5 de la loi d'organisation municipale du 21 mars 1831.

Ici ce n'est pas le choix du maire qui détermine la délégation, c'est la loi elle-même; distinction qu'il ne faut pas perdre de vue.

104. Lorsque l'adjoint remplace le maire en

vertu du droit réglé par la loi de 1831, il en remplit les fonctions dans toute leur étendue et avec toutes les prérogatives qui y sont attachées ; il peut conséquemment, à son tour, en déléguer une partie aux autres adjoints ; il est en un mot et dans le sens le plus absolu, maire temporaire de la commune pendant toute la durée de son intérim. Dans le cas de la délégation prévue par l'art. 14 de la loi de 1837, son mandat est restreint à l'objet spécial auquel il s'applique, et ne peut se transmettre ; car l'adjoint délégué n'agit plus en vertu d'un pouvoir qui lui soit propre, mais comme simple auxiliaire du maire qui l'a choisi. On voit par là combien il est essentiel de ne pas confondre deux situations qui résultent de l'application de lois et de principes également distincts.

105. Le maire est en outre investi, dans certains cas, des fonctions de juge de police aux termes des art. 137 et suivants du Code d'instruction criminelle. — V. Autorité administrative, n° 17.

Chap. 4. — *Des attributions du conseil municipal.*

106. Le conseil municipal établi auprès du maire a, comme celui-ci, des fonctions qui lui sont propres : c'est principalement, ainsi que nous l'avons déjà fait remarquer, en ce qui concerne les droits, les intérêts et les besoins de la commune au point de vue purement financier que l'action du maire demeure subordonnée à ses décisions. Ainsi, pour tout ce qui intéresse la conservation et la jouissance des propriétés et des revenus, la création des ressources et l'emploi des deniers de la commune, le conseil municipal ordonne et le maire exécute.

107. Les décisions du conseil municipal, dans les matières où la loi lui donne pouvoir de statuer, sont prises sous la forme et l'intitulé de *délibération.*

108. Observons toutefois que si le maire a, dans beaucoup de cas, une action libre et indépendante, il n'en est pas de même du conseil municipal, qui n'agit point, à proprement parler, et dont les déterminations ont besoin, pour être exécutées, du concours du maire.

109. Le législateur a voulu que ces deux pouvoirs marchassent d'accord vers le bien commun, sans rivalités comme sans incertitude sur l'étendue de leurs droits et de leurs devoirs respectifs ; et dans cette pensée, après avoir attentivement réglé les attributions du maire, il a mis le même soin à énumérer et à préciser celles du conseil municipal, qu'il a divisées en trois classes.

110. La première comprend les règlements qu'il lui appartient de faire sur ce mode d'administration et de jouissance des biens communaux, les baux de ces biens dans une certaine limite de durée, la répartition des pâturages et fruits communs, enfin les affouages (L. 18 juill. 1837, art. 17). — V. Affouage, Communaux.

Comme il ne s'agit ici que d'actes qui intéressent le temps présent et ne sauraient ni engager un long avenir ni compromettre le fonds de la propriété communale, le pouvoir remis par la loi au conseil municipal est absolu, et ses délibérations sur ces divers points sont exécutoires sans l'approbation de l'autorité supérieure, à l'expiration du délai fixé. Ce délai est d'un mois à dater de la remise du récépissé qu'en délivre le sous-préfet au maire. Toutefois le préfet peut suspendre l'exécution de la délibération pendant un autre délai de trente jours (*ibid.*, art. 18).

111. Viennent ensuite les délibérations qui sont, de leur nature, susceptibles d'engager l'avenir ou d'altérer la fortune communale, et qui, sous ce rapport, ont besoin de la sanction du pouvoir supérieur : c'est en général tout ce qui concerne les recettes et les dépenses, les acquisitions, ventes et échanges d'immeubles, la délimitation ou le partage de biens indivis entre communes ou sections de communes, les baux à long terme, les travaux, la voirie, les dons et legs, le parcours et la vaine pâture, les actions judiciaires et transactions (*ibid.*, art. 19).

Ici la loi exige (art. 20) l'approbation du préfet, du ministre ou du roi, suivant les cas. Mais, en maintenant à cet égard les règles de la législation antérieure, elle a décentralisé l'action administrative sur plusieurs points importants, de manière à donner une impulsion plus rapide à l'expédition des affaires. C'est ainsi qu'à l'égard des travaux communaux, la compétence des préfets, quant à l'approbation des devis et projets, limitée par l'ordonnance du 8 août 1821 (7° série, bulletin 471) au chiffre de 20,000 francs, a été étendue à 30,000 francs par la loi nouvelle (art. 45). C'est encore dans le même esprit que pour les acquisitions, ventes et échanges d'immeubles, elle accorde aux préfets le pouvoir de statuer directement et souverainement en conseil de préfecture, quand le prix n'excède pas 3,000 francs, dans les communes qui ont moins de 100,000 francs de revenus, et 20,000 francs, dans celles dont les budgets sont réglés par le roi, c'est-à-dire qui ont 100,000 francs et plus, de revenu constaté par les comptes des trois dernières années (*ibid.*, art. 46).

112. Les impositions extraordinaires pour dépenses obligatoires qui, dans le régime ancien, étaient, sans exception, comme pour les dépenses facultatives, du domaine de l'ordonnance royale, sont également classées par la loi de 1837 (art. 40) parmi les actes de la compétence du préfet, quand il s'agit de communes dont les revenus n'atteignent pas 100,000 francs.

Tels sont les points les plus essentiels, en ce qui touche l'approbation des délibérations municipales, sur lesquels la loi du 18 juillet 1837 ait modifié les règles de la compétence. — V. **Préfet.**

113. Enfin il est un troisième ordre de faits dont il appartient au conseil municipal de connaître, mais dans lequel il est simplement consulté et n'a à délibérer que pour émettre un avis. Cette dernière catégorie embrasse certains objets qui n'intéressent qu'indirectement la commune, et à l'égard desquels l'initiative aussi bien que la décision est confiée à d'autres pouvoirs.

Ce sont nommément les circonscriptions relatives au culte et celles qui concernent la distribution des secours publics; les projets d'alignement de grande voirie dans l'intérieur des villes, bourgs et villages; l'acceptation des dons et legs faits aux établissements charitables; les actes de toute nature, tels qu'emprunts, acquisitions, aliénations, échanges, transactions, qui intéressent ces établissements, ainsi que les fabriques des églises, consistoires, etc., les budgets et comptes des mêmes établissements, etc. (*ibid.*, art. 21.)

114. Outre les attributions que nous venons de définir, le conseil municipal a mission (article 22) de réclamer, s'il y a lieu, contre le contingent assigné à la commune dans l'établissement des impôts de répartition.

On sait que l'impôt de *répartition*, à la différence de l'impôt de *quotité*, consiste dans la fixation d'une somme que le conseil d'arrondissement détermine pour chaque commune, et qui se répartit ensuite entre tous les contribuables, sauf recours des communes au conseil général qui prononce définitivement sur leurs demandes en réduction de contingent (L. 10 mai 1838, art. 1 et 2). — V. **Contributions directes.**

115. Le conseil municipal délibère aussi (L. 18 juill. 1837, art. 23) sur les comptes présentés annuellement par le maire. Il entend, débat et arrête les comptes de deniers des receveurs, sauf règlement définitif de ces comptes, soit par le conseil de préfecture, soit par la cour des comptes, selon que le revenu de la commune est inférieur à 30,000 fr. ou qu'il atteint cette somme (art. 66). Dans les séances consacrées à l'examen des comptes du maire, la loi n'a pas dû lui laisser la présidence. C'est alors le conseil municipal qui désigne, au scrutin secret, celui de ses membres qu'il charge de le présider. Le maire peut toutefois assister à la séance, sauf à se retirer au moment du vote. Le président adresse ensuite directement la délibération au sous-préfet (*ibid.*, art. 25). — V. **Comptabilité communale.**

116. En présence de l'art. 28 de la loi d'organisation municipale, qui dispose que toute délibération d'un conseil municipal portant sur des objets étrangers à ses attributions est nulle de plein droit, il était nécessaire d'ajouter à la nomenclature des objets soumis aux délibérations des conseils municipaux une compétence générale qui s'étendît à tous ce qui intéresse la commune, afin que toutes les délibérations qui seraient étrangères aux attributions ainsi réglées et qui néanmoins exprimeraient des vœux sur des mesures d'intérêt local, ne fussent pas frappées de nullité. C'est à quoi il a été pourvu par l'art. 24 de la loi du 18 juillet 1837, dont le § 1er est ainsi conçu : « Le conseil municipal peut exprimer son vœu sur tous les objets d'intérêt local; » ce qui signifie qu'il peut, soit dans ses sessions ordinaires, soit lorsqu'il a été régulièrement et spécialement convoqué, voter sur la direction d'un chemin vicinal de grande communication, sur le passage d'une route, l'érection d'un pont ou tout autre objet d'utilité générale intéressant particulièrement la commune. Mais ces sortes de délibérations ne valent que comme renseignements et comme éléments d'appréciation auprès de l'autorité supérieure.

Le même article ajoute : « Il ne peut faire ni publier aucune protestation ou adresse. » Cette dernière disposition est plutôt destinée à compléter la loi d'organisation sur le point dont il est question, qu'à régler une mesure d'administration proprement dite.

117. Il en est de même d'une partie des articles suivants du même titre. Ainsi l'article 27, portant que les délibérations des conseils municipaux se prennent à la majorité des voix, et qu'en cas de partage, la voix du président est prépondérante; l'art. 28, qui décide que les délibérations seront inscrites par ordre de date sur un registre coté et paraphé par le sous-préfet, qu'elles seront signées par tous les membres présents à la séance, ou que mention sera faite de la cause qui les aura empêchés de signer; enfin l'art. 29, qui interdit la publicité des séances et ne permet de publier officiellement les débats qu'avec l'approbation de l'autorité supérieure : toutes ces dispositions, disons-nous, qui ne font que prescrire des mesures d'ordre intérieur, eussent pu prendre place dans la loi d'organisation dont la loi d'attributions n'a fait ici que réparer une omission et combler une lacune.

L'article 26 n'est pas de ce nombre ; il touche de très-près à l'exercice du pouvoir confié aux conseils municipaux, et l'on peut, à quelques égards, le considérer comme le corrélatif de l'art. 15. Il est conçu en ces termes : « Lorsque, après deux convocations successives faites par le maire, à huit jours d'intervalle et dûment constatées, les membres du conseil municipal ne se sont pas réunis en nombre suffisant, la délibération prise après la troisième convocation est valable, quel que soit le nombre des membres présents. »

Il est évident que par cette disposition le législateur a voulu, comme il l'a fait à l'égard des maires par l'art. 15, armer le pouvoir contre la résistance, l'inertie ou le mauvais vouloir des conseils municipaux. C'est ainsi, au surplus, que l'autorité centrale l'a comprise et qu'elle l'applique journellement. Après la troisième convocation, si non-seulement les conseillers municipaux ne se sont pas réunis en nombre même insuffisant, mais s'il y a absence complète, le maire, qui fait partie du conseil, le représente légalement, et sa proposition, jointe au procès-verbal qu'il dresse pour constater le résultat de la convocation, tient lieu de la délibération qui n'a pu être prise.

Il faut donc qu'il y ait refus expressément formulé par le conseil municipal réuni en nombre suffisant, c'est-à-dire comprenant la moitié plus un des membres en exercice, pour que la proposition soit considérée comme légalement repoussée.

Chap. 5. — *Des biens des communes sous le rapport de la propriété.*

Sect. 1re. — *De la propriété communale sous le droit ancien.*

§ 1er. — *Origine de la propriété communale.*

118. L'origine de la propriété communale remonte à l'origine des communes elles-mêmes. En se partageant le sol sur lequel ils venaient s'établir, et en fondant ainsi la propriété privée, les premiers habitants ont dû réserver dans l'indivision les biens dont il leur était plus avantageux de jouir en commun, tels que les pâturages et les forêts. Ils ont dû aussi négliger de partager les terres stériles et non susceptibles de culture. Ce premier patrimoine, grossi de tous les établissements formés par les habitants en vue de l'utilité commune, a, selon toute apparence, fondé dès le principe la fortune communale.

119. Telles sont, en effet, les bases sur lesquelles nous la trouvons constituée dans les monuments législatifs les plus anciens. Dans l'empire romain, et particulièrement dans les Gaules, les cités, villes, bourgs, villages ou autres corporations d'habitants, possédaient, à titre de *propriété commune*, certains biens destinés exclusivement à la jouissance indivise des habitants : c'étaient, dans les villes, les théâtres, les stades et les autres édifices (1); dans les campagnes, les forêts et les pâturages nécessaires à l'exploitation des fonds ruraux. Siculus Flaccus, dans son traité *De conditionibus agrorum*, nous apprend « qu'il y a des forêts quasi publiques, ou plutôt appartenant à tels ou tels villages; qu'aux seuls habitants de ces villages est réservé le droit d'y couper du bois et d'y faire paître des bestiaux, et que pour arriver à ces forêts, on crée souvent, au profit du public, la servitude de passage sur les fonds limitrophes (2). » Ailleurs, Frontin,

----

(1) Universitatis sunt, non singulorum, quæ in civitatibus sunt theatra, stadia et similia, et si qua alia sunt communia civitatum. (Instit. *De rerum divisione*, lib. 2, tit. 1, § 6.)

(2) Quorumdam etiam vicanorum aliquas sylvas

De controversiis agrorum, fait remarquer « qu'il y a aussi des champs en pâture, dont la propriété *appartient*, mais en commun, aux fonds qui les avoisinent (1); enfin, outre ces biens productifs, les communes comptaient encore au nombre de leurs fonds, les terres hermes et stériles qui se trouvaient renfermées dans leur enceinte; car ces terres entraient dans le calcul du contingent d'impôt assigné à la commune, qui pouvait seulement demander un dégrèvement par compensation avec les fonds utiles (2). Ces biens, indistinctement nommés, en raison de leur destination, *vicanalia* (3), *communes ou proindivis* (4), ou *compascua* (5), avaient été attribués formellement à tel ou tel pays pour l'utilité commune des habitants, lors des partages exécutés par les répartiteurs des terres (6), ou ils avaient été achetés en commun par les habitants des villes qui voulaient fonder des exploitations agricoles (7). Du reste, ils n'appartenaient pas aux colons, mais à la colonie considérée comme personne publique (8) et comme un être im-

périssable avec lequel ils devaient se perpétuer (1): ils étaient, pour cette raison, réputés inaliénables et imprescriptibles (2). La propriété communale était donc régulièrement constituée dans les Gaules, sous l'empire de la loi romaine.

120. Mais plus tard, lorsque la féodalité s'éleva sur les débris de l'empire gallo-romain, quel fut, au milieu de ces nouvelles transformations sociales, le sort des communes? Continuèrent-elles d'exister, et, par suite, conservèrent-elles les biens d'antique origine qu'elles avaient possédés jusqu'alors, ou bien, au contraire, les Francs, les Visigoths et les Ostrogoths, en se partageant la Gaule, firent-ils disparaître jusqu'aux derniers vestiges de cet admirable système de colonisation sur lequel les Romains avaient fondé leur puissance, de telle sorte qu'il faille considérer toutes les communes actuelles comme étant de création moderne, et, dès lors, chercher dans les principes d'un droit nouveau l'origine et les bases de la propriété communale? C'est là une grave question, qui divise encore aujourd'hui les jurisconsultes.

121. Les anciens feudistes n'avaient pas hésité à supposer que, lors de l'invasion des barbares, les habitants des Gaules avaient été réduits en esclavage; que les vainqueurs avaient envahi et s'étaient partagé toutes les terres dont ils avaient formé des fiefs, et que, par suite, les seigneurs, dans la vue de peupler leurs immenses domaines et d'y attirer des colons, en avaient détaché quelques parties pour les abandonner à la jouissance commune de ceux qui viendraient y habiter; d'où les auteurs avaient conclu: 1° que les communes devaient toutes être considérées comme étant de création nouvelle; 2° que les biens en possession desquels elles étaient, provenaient de la libéralité des seigneurs; 3° qu'aux seigneurs seuls appartenaient tous les biens vacants et sans maître, et les terres incultes situées sur l'étendue de leur territoire, en vertu

---

quasi publicas, imò proprias esse comperimus, nec cuiquam in eis cædendi pascendique jus esse, nisi vicanis quorum sunt: ad quas itinera sæpe, ut supra diximus, per alienos agros dantur (Siculus Flaccus, *De conditionibus agrorum*, p. 17).

(1) Videndum quoque quoniam est et pascuorum proprietas pertinens ad fundos, sed in commune (Frontinus, *De controversiis agrorum*).

(2) Omne territorium censeatur quoties defectorum levamen exposcitur, ut sterilia atque eremma his, quæ culta vel optima sunt, compensentur (l. 4, cod. *De censibus*, lib. 2, tit. 57.)

(3) *Vicanalia*, ex eo quod ad pagum aliquem, seu vicum, et illius habitatores in universum pertinerent. Vicani enim sunt rustici in eodem pago et universitate agrorum ei respondentium commorantes (Alciatus, *in lege pratum*, 31, ff. lib. 50, tit. 16, *De verb. signific.*).

(4) Frontinus, *ubi suprà*; Aggenus Urbicus, *in Frontinum*.

(5) *Compascuus* ager relictus ad pascendum communiter vicanis (Festus, *in voce compascuus*).

(6) Ager compascuus dictus, qui a divisoribus agrorum relictus est ad pascendum communiter vicanis (Isidori *Originum*, lib. 15, cap. 2).

(7) Plures ex municipibus qui diversa prædia possidebant, saltum communem, ut jus compascendi haberent, mercati sunt (l. 20, § 1, ff. *Si servitus vindicetur*).

(8) Quædam loca feruntur ad personas publicas attinere, nam personæ publicæ etiam coloniæ adpellantur (Aggenus Urbicus, *in Frontinum*).

---

(1) Ab initio hæc fuit dicta lex agro compascuo, ut communiter pasceretur, et sub ejusdem universitatis dominio (*ib.*).

(2) Æquè territorio si quid erit adsignatum, id ad ipsam urbem pertinebit, nec venire, aut abalienari à publico licebit: id datum in tutelam territorio adscribimus, sicut sylvas et pascua publica (Hygeni, *De limitibus constituendis*, lib. unic.).

de la maxime : *nulle terre sans seigneur.*

122. Les suppositions sur lesquelles se fondait ce système sont loin d'être justifiées. Les barbares ne réduisirent point en esclavage les habitants des Gaules ; ils respectèrent au contraire l'état des personnes : toutes les lois qu'ils établirent furent *personnelles,* c'est à-dire que le Romain resta soumis à la loi romaine, le Franc, à la loi franque, et le Bourguignon, à la loi bourguignonne (1). Ils ne s'emparèrent point non plus de toutes les terres, car nous voyons par leurs lois que les nouveaux venus se bornèrent à partager les terres, non entre eux seulement, mais avec les anciens possesseurs, dans des proportions déterminées (2) ; et spécialement en ce qui concerne les communes, qu'ils laissèrent en communauté les forêts, les coteaux et les plaines propres au pâturage des bestiaux (3). Quant à l'établissement des fiefs, l'opinion généralement admise aujourd'hui est qu'ils ne furent composés que des biens sur lesquels la main du vainqueur s'était étendue. Ceux qui restèrent aux mains des anciens possesseurs et de leurs descendants, reçurent la dénomination de *franc alleu* ; et tel était assurément le caractère des biens communaux (4), surtout dans les provinces où la maxime, *nulle terre sans seigneur,* n'avait jamais été admise, telles que le duché de Bourgogne, la Franche-Comté, le Languedoc, la Champagne, etc.

123. Cependant une école moderne s'est formée, qui, sans adopter toutes les suppositions des feudistes, prétend établir historiquement l'anéantissement complet des communes dans la Gaule, à l'époque de l'invasion des barbares, et tire hardiment de ce point de fait la preuve du droit préexistant des seigneurs et de la création postérieure de la propriété communale. Un des partisans les plus éminents de cette doctrine, M. Troplong, dans une dissertation remarquable (5) où il s'attache à réfuter le système contraire enseigné par M. Proudhon (1), soutient cette thèse historique et en tire la conclusion que « les communes sont nées sous la main de la féodalité. »

124. Les contradictions des auteurs et l'obscurité de nos annales, à l'époque de transition qui a suivi la domination romaine, laissent, il faut en convenir, un vaste champ aux théories historiques. Cependant, nous avons vu plus haut que ni l'invasion des barbares, ni l'établissement des fiefs n'ont porté atteinte à la propriété communale constituée par les lois romaines. Ce point solidement établi sur des monuments législatifs, ruine par sa base la doctrine que l'école dont nous parlons a renouvelée des anciens feudistes. Et quand même ce point historique paraîtrait encore enveloppé de quelques nuages, les doutes ne devraient-ils pas se résoudre en faveur de l'antériorité du droit des communes ? Lorsqu'il s'agit de remonter, par la voie des inductions et des présomptions, à l'origine d'un droit de propriété, n'est-ce donc rien que les monuments anciens qui ont fondé ce droit ? N'est-il pas censé avoir traversé sans naufrage les âges intermédiaires, quand aucun fait, aucun document, ne prouve qu'il ait dû nécessairement périr ? Il y a plus, c'est qu'en supposant même qu'il y ait eu dans l'existence des communes quelque solution de continuité, et qu'à une époque de confusion et de violence leur droit de propriété ait été momentanément méconnu, la fin de ces temps malheureux l'a vu reparaître, et il n'a pu alors que se rasseoir sur ses anciennes bases ; la chaîne interrompue a dû se renouer. C'est ce qui est arrivé pour certains droits temporairement méconnus de la puissance souveraine et de la propriété privée ; pourquoi ceux des communes seuls n'auraient-ils pu se rattacher à leurs racines ? Nous pensons donc, avec M. Proudhon, que la propriété communale remonte à l'origine même des sociétés, à ce droit primitif de propriété que la généralité des habitants d'une commune est naturellement présumée avoir sur les biens qui sont compris dans les limites de son territoire, et qui, par leur nature, sont à l'usage de tous. Si quelques communes sont redevables aux seigneurs de quelques-uns de leurs droits, ce sont là des actes particuliers de libéralité

---

(1) Montesquieu, *Esprit des lois,* liv. 28, ch. 2 ; Mably, *Hist. de France.*

(2) *L. des Bourguignons,* tit. 54, § 1 ; *L. des Visigoths,* liv. 10, tit. 9, édit. de Lindenbrog.

(3) Sylvarum, montium et pascuorum unicuique pro ratâ suppetit esse communionem (*L. des Bourguignons,* add. 1re, tit. 1er, § 6).

(4) Voir Legrand, *Cout. de Troyes,* art. 158.

(5) *Revue de législation et de jurisprudence,* t. 1er.

(1) *Traité de l'usage et de l'usufruit,* t. 8.

qu'on ne peut logiquement étendre par voie d'induction et ériger en présomption générale. Tels sont, au suplus, les principes proclamés par les lois de 1792 et 1793, lois que peut-être on perd trop souvent de vue, et que nous aurons bientôt à examiner.

Nous devons auparavant signaler les usurpations auxquelles ont conduit les principes contraires posés par les seigneurs, et exposer les vicissitudes que la fortune communale a subies jusqu'en 1789.

§ 2. — *Sort de la propriété communale jusqu'en* 1789.

125. L'état de dépendance et d'oppression dans lequel restèrent longtemps les communes et que nous avons déjà signalé dans l'historique placé en tête de cet article, devait nécessairement influer sur leur fortune. Nous venons de voir tout à l'heure (n° 121) que les seigneurs avaient fait admettre en principe que tous les biens communaux provenaient de leur libéralité. Or, comme ils avaient en même temps proclamé l'imprescriptibilité de leurs droits, il en résultait que les communes ne pouvaient prétendre à la propriété des biens dont elles jouissaient, même depuis un temps immémorial, qu'autant qu'elles étaient en mesure de produire un acte régulier de concession. Et lors même que cet acte avait réellement existé, la condition des communes n'en était pas moins précaire, car les seigneurs avaient la garde des archives dans leurs domaines; ils pouvaient facilement soustraire les titres qui y étaient déposés, les anéantir, les falsifier, et c'est ce qu'ils firent souvent, ainsi que l'attestent les auteurs et les lois anciennes (1).

126. Le droit coutumier, né de la jurisprudence des justices seigneuriales, vint encore aggraver cet état de choses. Dans la plupart des provinces, il ne suffisait pas à la commune contre laquelle un seigneur revendiquait un bois ou un pâturage de produire l'acte de concession qui l'avait investie; pour que la libéralité ne fût pas susceptible d'être révoquée, il fallait que l'acte qui la constatait eût une *juste cause*, c'est-à-dire qu'il contînt l'indication des charges féodales auxquelles, en retour, la communauté avait dû être soumise; en d'autres termes, la concession n'était valable et définitive qu'autant qu'elle avait été faite à titre onéreux, et cette condition même avait-elle été remplie, cela ne suffisait pas toujours pour que la commune fût à l'abri de la spoliation. Il fallait encore que les charges fussent réputées, par la coutume, avoir été consenties pour la concession des fonds, et non pour un simple droit d'usage; autrement, le seigneur pouvait toujours reprendre le bien dont jouissait la commune. C'est ce que l'on décidait notamment, d'après certaines coutumes, à l'égard des concessions faites moyennant l'établissement du droit de *blairie*, qui n'était réputé payé que pour la vaine pâture, quels que fussent les termes de l'acte de concession (1). Dans quelques provinces on allait plus loin encore, et l'on y tenait tout simplement pour maxime, que les seigneurs pouvaient toujours s'approprier les biens publics (2).

127. Enfin, du pouvoir de police et de juridiction que les seigneurs avaient sur les biens communaux, sortirent les droits de *réserve* et de *triage*, en vertu desquels le seigneur pouvait, soit, lorsque la commune n'était que simple usagère, restreindre ses droits primitifs à telle portion qu'il jugeait suffisante à ses besoins, soit, lorsqu'elle était reconnue propriétaire, réclamer le partage des biens communaux, et s'en faire attribuer le tiers à titre de premier habitant (3). — V. Triage, Usage (droit d').

128. C'est en vain que les communes cru-

---

(1) V. Imbert, *Enchiridion juris scripti Galliæ;* Lalande, *Cout. d'Orléans;* Loyseau, *Traité des seigneuries;* Legrand, *Cout. de Troyes;* ord. de 1576 et 1579; décl. de 1659; édit de 1667.

(1) Si en haute justice d'un seigneur se trouvent aucuns héritages vacants qui ont servi de pacage pour les sujets, le seigneur ne devra être empéché de se les appliquer pour son profit, sous prétexte que les sujets lui payent blairie, car la blairie n'est pas redevance foncière, ni destinée particulièrement pour l'usage d'un héritage ou autre, mais en général pour les vaines pâtures (Guy-Coquille, *Sur la coutume du Nivernais,* art. 6, du titre des *droits de blairie*).

(2) En France, les seigneurs qui ont le droit de fisc, ont aussi le droit de commander en tout ce qui est du public et y faire règlement et prendre les profits de tout ce qui n'appartient pas particulièrement à chacun (Guy-Coquille, *Sur la coutume du Nivernais,* art. 4, du titre des *droits de blairie*).

(3) Le seigneur a droit de *premier habitant,* et de distraire le *tiers* des communes pour en

rent toucher au terme de cet état d'oppression, lorsque, vers le milieu du seizième siècle, le pouvoir royal, reprenant sur les seigneurs la police générale et la juridiction des eaux et forêts, attribua toutes les contestations relatives aux droits de propriété ou d'usage des communes à des juges royaux qui étaient, en premier ressort, les juges des grandes maîtrises, et en dernier ressort, ceux des tables de marbre. L'influence des seigneurs paralysa ces institutions, et la jurisprudence des justices seigneuriales, adoptée par les juges royaux, se trouva en quelque sorte solennellement consacrée. L'empire que les seigneurs exerçaient sur les communes leur donnait d'ailleurs la facilité de les distraire des juridictions nouvelles, en leur imposant des arbitrages ou des transactions.

129. Les troubles et les guerres civiles, qui, jusqu'au règne de Louis XIV, déchirèrent la France, furent pour les communes une nouvelle cause de ruine.

Elles avaient été frappées d'impôts énormes qu'elles n'avaient pu payer qu'au moyen d'emprunts. Hors d'état de s'acquitter, beaucoup d'entre elles furent réduites à la nécessité de vendre leurs propriétés communales; et non-seulement ces ventes furent généralement faites à vil prix, mais, à la faveur de la détresse publique, on simula des dettes pour arriver à la vente des biens communaux, comme auparavant on avait simulé des procès pour amener des transactions; et, suivant les expressions de l'édit de 1667, *l'on abusa, pour cet effet, des formes les plus régulières de la justice.*

130. A différentes époques, les rois cherchèrent à tirer les communes de leur état de détresse et à les soustraire à l'avidité des seigneurs. Par un édit d'avril 1567, Henri III, « touché, comme le dit Jean Duret, des cris du pauvre peuple, » défend à toutes personnes, de quelque état et condition qu'elles soient, d'usurper les terres vaines et vagues, pâtis et communaux de leurs sujets. L'ordonnance de Blois, du même prince, publiée en 1579, annula (art. 284) ces transactions et ces sentences arbitrales dont nous venons de parler (1). Par

un édit de 1600, Henri IV autorisa les communes à rentrer dans leurs fonds aliénés, en remboursant, dans l'époque de quatre ans, les sommes qui leur auraient été payées. L'édit de 1629 renouvela les défenses précédemment faites aux seigneurs, « d'usurper les communes des villages et les appliquer à leur profit. » Aux termes d'un autre édit de 1659, spécial aux provinces de Champagne et de Picardie, Louis XIV, par une mesure particulière qu'il devait bientôt généraliser, autorisa les communes de ces deux provinces à se remettre en possession de leurs biens aliénés depuis vingt ans, en remboursant aux acquéreurs, dans l'espace de dix années, et par dixième chaque année, le principal des sommes qui seraient justifiées avoir été réellement payées. Enfin arriva l'édit d'avril 1667, sur lequel nous devons nous arrêter plus particulièrement, parce qu'il a rétabli en quelque sorte les bases du droit communal en France, et ouvert pour les communes l'ère de réparation que la législation de 1789 devait accomplir.

131. « Quoique les usages et communes appartiennent au public, porte le préambule de cet édit, à un titre qui n'est ni moins favorable, ni moins privilégié que celui des autres communautés qui se maintiennent dans leurs biens par l'incapacité de les aliéner, sinon en des cas singuliers et extraordinaires, et toujours à faculté de regrès, néanmoins on a partagé ces communes; chacun s'en est accommodé selon sa bienséance, et, pour en dépouiller les communautés, l'on s'est servi de dettes simulées, et l'on a abusé, pour cet effet, des formes les plus régulières de la justice. Ainsi, ces communes qui avaient été concédées par forme d'usage seulement *pour demeurer inséparablement attachées aux habitations des lieux,* pour donner aux habitants le moyen de nourrir les bestiaux et de ferti-

---

jouir séparément (Davot, *Traité du droit françuis,* t. 4, traité 6).

(1) « Pareillement, enjoignons à nos dicts procureurs de faire informer diligemment et secrètement contre tous ceux qui de leur propre au-

thorité ont osté et soubstrait les lettres, tiltres et autres enseignements de leurs subjects, pour s'accomoder des communes dont ils jouissoient auparavant, ou sous prétexte d'accord, les ont forcez de se soubmettre à l'avis de telles personnes que bon leur a semblé, et en faire poursuite diligente, *déclarant dès à présent telles soubmissions, compromis, transactions ou sentences arbitrales ainsi faictes de nul effet.* » Cette importante disposition pourrait sans nul doute être encore invoquée aujourd'hui.

liser leurs terres par les engrais et plusieurs autres usages, en ayant été aliénées : ces habitants, étant privés des moyens de faire subsister leurs familles, ont été forcés d'abandonner leurs maisons, et par cet abandonnement les bestiaux ont péri, les terres sont demeurées incultes, les manufactures et le commerce en ont souffert des préjudices très-considérables... » — Viennent ensuite différentes dispositions par lesquelles, entre autres, il est décidé : 1° que les habitants des paroisses et communautés, dans toute l'étendue du royaume, rentreront, « *sans aucune formalité de justice* (1), dans les fonds, prés, pâturages, bois, terres, usages, communes, communaux, droits et autres biens communs, *par eux* vendus ou baillés à baux, à cens emphytéotique, depuis l'année 1620, pour quelque cause et occasion que ce puisse être, même à titre d'échange, en rendant toutefois, en cas d'échange, les héritages échangés : » 2° qu'à l'égard des biens aliénés avec toutes les formalités requises, en vertu de lettres patentes et pour cause légitime, les communautés d'habitants pourraient également en reprendre la possession, en remboursant par dixième, d'année en année, le prix principal qui serait reconnu avoir profité à la communauté, d'après liquidation faite par des commissaires royaux ; 3° que les créanciers des communautés, « même ceux qui se trouveraient créanciers pour raison du remboursement du prix pour lequel les communes auraient été aliénées, ne pourront faire saisir lesdites communes, ni en faire bail judiciaire, ni s'en faire adjuger les fruits ou la jouissance, à quelque titre ou sous quelque prétexte que ce soit, en justice ou pour convention faite par les habitants, à peine de perte de leur droit, et de dix mille livres d'amende : » 4° que les sommes nécessaires pour rembourser ces créanciers seront imposées sur tous les habitants des communautés et paroisses, *même sur les exempts et privilégiés* ; le tout nonobstant « *tous contrats, transactions, arrêts, jugements, lettres patentes vérifiées, et autres choses à ce con-*

____

(1) Cette clause exorbitante ayant occasionné quelques troubles, fut modifiée depuis par un arrêt du conseil du 14 juillet 1667, aux termes duquel les habitants des communautés furent tenus, avant de se mettre en possession, de présenter requêtes aux commissaires départis dans les provinces.

traires ; » 5° enfin, que les habitants ne pourront plus aliéner leurs usages et communs, sous quelque cause et prétexte que ce puisse être, à peine de fortes amendes contre tous ceux qui auraient concouru à la vente, de nullité du contrat et de perte du prix contre les acquéreurs. Telles furent les mesures énergiques par lesquelles Louis XIV arrêta enfin les communes sur le penchant de leur ruine.

132. Depuis 1667 jusqu'à la révolution, il ne reste plus à indiquer qu'une déclaration royale du 6 novembre 1677, qui admit tous les détenteurs de biens communaux à se faire confirmer et maintenir dans leurs possessions, en payant le *huitième* de leur valeur à dire d'experts ; et une autre déclaration du 11 juillet 1707, laquelle admit derechef les détenteurs qui n'avaient pas satisfait à la précédente, à se faire confirmer et maintenir dans leurs possessions, en payant le *sixième* de leur valeur.

SECT. 2. — *Lois révolutionnaires relatives aux biens communaux.*

§ 1er. — *Réintégration des communes dans les biens usurpés sur elles par abus de la puissance féodale.*

133. Le célèbre décret du 4 août 1789, portant abolition générale des droits féodaux, fit faire aux communes un pas immense dans la voie de réparation où, depuis l'édit de 1667, elles étaient entrées. La réforme ne s'arrêta point là, et bientôt elles furent rétablies, par la loi du 28 août 1792, dans les biens dont elles avaient été dépouillées par l'abus de la puissance féodale.

« Les communes, porte l'art. 8 de cette loi, qui justifieront avoir anciennement possédé des biens ou des droits d'usage quelconques, dont elles auront été dépouillées en totalité ou en partie par des ci-devant seigneurs, pourront se faire réintégrer dans la propriété et possession desditsbiens ou droits d'usage, nonobstant tous édits, déclarations, arrêts du conseil, lettres patentes, jugements, transactions et possessions contraires, à moins que les ci-devant seigneurs ne représentent un acte authentique qui constate qu'ils ont légitimement acheté lesdits biens. »

134. La jurisprudence qui s'est formée sur cette disposition exige que, pour exercer le droit de revendication qui leur est accordé, les communes prouvent, 1° qu'elles ont an-

ciennement possédé les terrains qu'elles réclament ; 2° qu'elles en ont été dépossédées par l'effet de la puissance féodale (1).

135. Pour que la possession dont la commune justifie soit efficace, il faut qu'il en résulte au moins une présomption de propriété. (Cass. 15 juillet 1828, Devillen. et Car. 9. 1. 131 ; J. P. 3ᵉ édit.) Ainsi, il faut que la commune ait possédé à titre de propriétaire. (Cass. 28 mai 1816, Devillen. et Car. 5. 1. 198 ; J. P. 3ᵉ édit.) La possession à titre de simple usagère ne lui donne par conséquent aucun droit à la revendication (Cass. 22 brumaire an VII, Devillen. et Car. 1. 1. 128 ; J. P. 3ᵉ édit. ; — 14 floréal an X, Devillen. et Car. 1. 1. 636 ; J. P. 3ᵉ édit ; — 14 brumaire an XIII, Devillen. et Car. 2. 1. 16 ; J. P. 3ᵉ édit. ; — 24 novembre 1818, Devillen. et Car. 5. 1. 551 ; J. P. 3ᵉ édit.) ; et lors même qu'elle justifie avoir possédé *animo domini*, elle ne peut demander à être réintégrée, si sa possession n'a pas été accompagnée d'un titre légitime ou n'a duré qu'un temps insuffisant pour prescrire (Cass. 18 brum. an XI, Devillen. et Car. 1. 1. 717 ; J. P. 3ᵉ édit.) ; jugé aussi que la tradition populaire ou des délibérations des communes elles mêmes ne peuvent être considérées comme des preuves suffisantes de propriété. (Cass. 20 juin 1808, Devillen. et Car. 2. 1. 546 ; J. P. 3ᵉ édit.)

136. La nécessité pour les communes de prouver qu'elles ont été dépossédées par l'abus de la puissance féodale, n'est pas moins rigoureuse (V. Cass. 28 mai 1816, arrêt cité n° 135). Par suite, la présomption d'usurpation qui résulte contre les seigneurs de la loi précitée, ne peut être invoquée que contre ceux-là mêmes qui étaient seigneurs de la commune réclamante (Cass. 3 prair. an XI, Devillen. et Car. 1. 1. 804 ; — 20 juin 1808, Devillen. et Car. 2. 1. 515.) (2). Peu importe que celui contre lequel la réclamation serait dirigée ait eu des fiefs dans la commune, s'il n'en était pas le seigneur proprement dit. (Cass. 26 oct. 1808, Devillen. et Car. 2. 1. 594 ; J. P. 3ᵉ édit.)

137. Par une conséquence nécessaire des mêmes principes, il a été jugé que les lois de 1792 et 1793 ne sont pas applicables aux biens dont les communes avaient pu être autrefois dépouillées par leurs seigneurs, mais que l'état avait possédés, avant 1789, pendant un temps suffisant pour en prescrire la propriété (Cass. 26 nov. 1835, S.-V. 36. 1. 291). De même, et par analogie, une commune en possession d'un terrain dont l'état revendique la propriété en vertu d'anciens titres, ne peut se prévaloir, à l'encontre de l'état, des présomptions établies par la loi du 28 août 1792, pour soutenir que ces titres n'ont été obtenus que par abus de la puissance féodale. (Cass. 12 nov. 1838, S.-V. 38. 1. 983.)

§ 2. — *Attributions aux communes des terres vaines et vagues, landes, etc.*

— V. Terres vaines et vagues.

§ 3. — *De la faculté de rachat consacrée en faveur des communes par la loi du 10 juin 1793.*

138. Nous avons vu *suprà*, n° 131, que l'édit de 1667 avait accordé aux communes la faculté de racheter leurs biens aliénés depuis l'année 1626. Cette faculté a été confirmée en ces termes par la loi du 10 juin 1793 : « Par toutes les dispositions précédentes, porte l'article 14. sect. 1 de cette loi, ni par aucune autre du présent décret sur les communaux, il n'est porté aucun préjudice aux communes pour les droits de rachat à elles accordés par les décrets précédents sur les biens communs et patrimoniaux par elle aliénés forcément en temps de détresse, lesquels seront exécutés dans leurs vues bienfaisantes, selon leur forme et teneur. »

139. Les termes un peu vagues de cette disposition soulèvent de sérieuses difficultés. L'édit de 1667, partant de ce principe que les biens communaux sont, en quelque sorte, considérés comme inaliénables et imprescriptibles, en ce sens, du moins, qu'ils sont réputés ne devoir être jamais vendus qu'à *faculté de regrès*, contient, nous l'avons vu, trois dispositions principales : par la première, il autorise les communes à se remettre en possession, *sans formalité de justice*, de tous les biens par elles vendus depuis 1620 ; par la seconde, il leur donne le droit de se faire réintégrer, par voie de rachat, dans les autres aliénations qu'elles auraient consenties, en remboursant, par dixième, le prix réel qu'elles auraient touché ; par la troisième enfin, il renouvelle

---

(1) V. Merlin, *Quest. de dr.*, v° *Communaux*, § 2, 3, 4 et 8 ; Curasson sur Proudhon, t. 8, n° 753.

(2) V. aussi Curasson sur Proudhon, tom. 8, n° 753.

aux habitants des communautés la défense de vendre leurs biens, sous peine, entre autres, de la nullité des contrats. La loi du 10 juin 1793, en se référant à ces dispositions, les a-t-elle fait revivre à ce point que les communes puissent aujourd'hui demander indistinctement le rachat de toutes les aliénations anciennement consenties? peuvent-elles exercer cette faculté, quelles que soient l'époque et la cause de la vente, contre tous détenteurs et nonobstant toutes prescriptions? La difficulté s'accroît, si l'on considère que le principe de l'imprescriptibilité des biens communaux n'a point passé dans notre nouveau droit, et que, d'un autre côté, d'après l'art. 8 de la loi du 28 août 1792, les seigneurs sont à l'abri de toute réclamation, lorsqu'ils peuvent représenter un acte authentique constatant qu'ils ont légitimement acheté les biens anciennement communaux dont ils sont en possession.

110. Cependant, en rapprochant de la jurisprudence les deux lois combinées de 1792 et 1793, nous n'hésitons point à décider que, en règle générale, toutes les difficultés qui peuvent s'élever sur ce point doivent être résolues d'après les principes qui régissent la revendication des biens usurpés par abus de la puissance féodale, c'est-à-dire, 1° que les communes ne peuvent exercer le rachat de leurs biens, qu'autant que la vente est réputée avoir été faite *forcément et en temps de détresse* (1); 2° que l'action en rachat ne peut être dirigée que contre les anciens seigneurs, ou leurs représentants volontaires.

141. Il suit de là que les seules ventes qui peuvent aujourd'hui donner lieu à la faculté de rachat, sont celles auxquelles l'édit de 1667 avait attaché une présomption de contrainte, c'est-à-dire celles qui ont été passées dans l'intervalle de 1620 à 1667. C'est effectivement ce que la Cour de cassation a plusieurs fois décidé, soit pour les ventes antérieures à 1620 (V. Cass. 5 sept. 1809, S.-V. 10. 1. 5), soit pour les aliénations postérieures à 1667 (V. Cass. 21 juin 1815, S.-V. 15. 1. 304). Hors de cette période, l'acte de vente représenté par l'ancien seigneur doit donc être considéré

comme un titre *légitime* dans le sens de la loi du 28 août 1792, ou, plus exactement, on retombe sous l'empire de l'article 8 de cette loi, et il ne s'agira plus que d'examiner s'il y a eu *spoliation* de la part du seigneur.

112. Ainsi, malgré la généralité des termes de l'édit de 1667, l'action en rachat, soit à l'égard de toutes ventes autres que celles qui ont été effectuées entre 1620 et 1667, soit à l'égard de tous autres que les anciens seigneurs ou leurs représentants volontaires, doit aujourd'hui être réputée couverte par la prescription de quarante ans. (Cass. 14 janv. 1811. S.-V. 11. 1. 223; 6 avril 1831. S.-V. 31. 1. 278.)

113. Il a, en outre, été jugé que la commune est également déchue de la faculté d'exercer le rachat dans le cas où l'acquéreur a consolidé sa propriété, en payant, suivant l'édit de 1677, le *huitième* de son prix à la commune (V. Cass. 14 janv. 1811, Devillen. et Car. 3. 1. 279; J. P. 3ᵉ édit.)

SECT. 3. — *Atteintes portées à la propriété communale, depuis 1789 jusqu'à nos jours.*

§ 1ᵉʳ. — *Aperçu général.*

114. On sait qu'en vue de rendre à l'agriculture et au commerce les terres vaines et vagues provenant des seigneuries et possédées par les communes, la convention, sans s'arrêter à la difficulté que présentait le point de droit, décréta la loi du 10 juin 1793, qui, en confirmant celle du 28 août de l'année précédente relativement à la désignation des biens communaux en général, autorisa le partage de ces biens entre les habitants usagers, à l'exception des bois, chemins, promenades publiques, etc., et des immeubles affectés à un usage public.

Peu après (24 août 1793), intervint la loi concernant la dette publique, qui déclara les dettes des communes *dettes nationales*, mais en même temps mit la nation en possession de l'actif des communes, et, en conséquence, ordonna que, dès ce moment, tous leurs biens, meubles et immeubles, seraient régis, administrés et *rendus* comme les autres biens nationaux, à l'exception toutefois des communaux, dont le partage était décrété, et des objets destinés pour les établissements publics.

Mais il arriva que, pour échapper à la main-mise nationale, dans un grand nombre de localités, les habitants se hâtèrent

---

(1) Ces expressions *forcément* et *en temps de détresse*, peuvent néanmoins s'entendre d'une aliénation librement consentie par la commune, si elle a eu pour objet de payer des dettes onéreuses. (V. cass. 3 août 1808, S.-V. 8. 1. 484; J. P. 3ᵉ édit.; D. A. 3. 130.)

de se partager les biens communaux, ou de les vendre, d'une manière en général fort irrégulière ; de telle sorte qu'une foule de débats et de procès s'engagèrent, à la suite de ces transactions précipitées, soit entre les habitants copartageants, soit entre les communes et leurs acquéreurs. De nombreuses usurpations vinrent encore augmenter le désordre.

Cet état de confusion appelait de promptes mesures qui y missent un terme : deux lois furent rendues, l'une (21 prairial an IV), qui suspendit toutes poursuites judiciaires relatives aux partages non consommés des biens communaux, en maintenant toutefois en possession les détenteurs des terrains partagés ; l'autre (2 prairial an V), qui prohiba toutes ventes non encore faites en vertu des lois des 10 juin et 24 août 1793.

Enfin celle du 9 ventôse an XII, en confirmant les partages effectués, fit rentrer les biens non partagés entre les mains des communes, et le décret du 9 brumaire an XIII les maintint en possession de ces biens.

145. Les choses étaient en cet état lorsque fut rendue cette autre loi si justement reprochée au régime impérial, et dont les besoins financiers d'une époque désastreuse n'ont pu faire pardonner l'odieux, celle du 20 mars 1813, qui dépouilla les communes en cédant à la caisse d'amortissement leurs biens ruraux, maisons et usines, sans autre dédommagement qu'une rente sur l'état équivalant au produit net.

Le gouvernement de la restauration ne put ou ne crut pas devoir revenir tout d'abord sur cette grave mesure. L'exécution de la loi du 20 mars 1813 fut maintenue provisoirement par une ordonnance royale du 6 juin 1814, qui prescrivit seulement le remboursement, sur les bases que la loi de 1813 avait posées, de la valeur des biens aliénés. La loi de finances du 23 septembre 1814 (art. 25) et une autre ordonnance du 16 juillet 1815 statuèrent dans le même sens.

Ce ne fut que par la loi du 28 avril 1816 que celle du 20 mars 1813 fut déclarée rapportée, et que tous les biens non encore vendus furent remis à la disposition des communes.

146. Plus tard, une ordonnance royale du 23 juin 1819, dans le but de compléter l'œuvre commencée par la loi du 9 ventôse an XII, dont l'exécution n'avait été qu'imparfaite, et

par conséquent de faire rentrer les communes dans les biens dont elles avaient été dépossédées par suite de l'exécution de la loi du 10 juin 1793, enjoignit aux administrations municipales de s'occuper sans délai de la reconnaissance de tous les terrains usurpés, et ouvrit à ceux qui les détenaient un moyen de s'en rendre légitimement possesseurs, en payant les quatre cinquièmes de leur valeur, déduction faite des fruits perçus.

147. Tel est l'abrégé des nouvelles vicissitudes que la propriété des biens communaux a subies depuis 1793 jusqu'à nos jours. Nous allons examiner succinctement les difficultés de droit qu'elles ont fait naître.

§ 2. — *Main-mise par l'état sur les biens communaux en 1793. — Dettes anciennes des communes. — Compétence.*

148. La loi du 24 août 1793, en attribuant à l'état tout l'actif des communes, avait, comme nous l'avons dit, déclaré leurs dettes dettes nationales, et avait enjoint aux créanciers de remettre, dans un certain délai et à peine de déchéance, tous leurs titres au directeur général de la liquidation.

On a demandé si l'effet de ces dispositions avait été général et absolu, de telle sorte que les communes pussent être considérées comme s'étant trouvées libérées *ipso facto*, soit qu'elles aient ou non abandonné leurs biens à l'état, soit que leurs dettes fussent ou non exigibles à l'époque du 24 août 1793. La jurisprudence s'est prononcée pour l'affirmative ; et il résulte de nombreuses décisions : 1° que les créanciers des communes étant devenus les créanciers directs de l'état, ont perdu tout recours contre les communes : 2° qu'ils sont déchus aujourd'hui du recours qui leur était ouvert contre l'état, à défaut par eux de s'être pourvus en liquidation dans le délai fixé. (Ord. des 10 fév. 1816 Delacourtie]; 28 juillet 1820 [Lacroix]; 10 janvier, 2 et 22 fév., 28 mars, 20 juin et 15 août 1821 [Vinot, David, Molinos Crespin et Verdalle]; 16 août 1833 [Millot]: 23 déc. 1835 [Mayet].)

Un avis du comité de l'intérieur du 10 août 1821, a même été plus loin : il a établi formellement qu'une commune ne doit pas être autorisée aujourd'hui à payer une dette antérieure à 1793, lors même que son conseil municipal consentirait à l'acquitter ; que si la commune a déjà servi pendant un grand nombre d'années la rente provenant d'une pareille dette, elle n'en doit pas moins se refuser à en continuer le service; car l'ignorance où elle se trouvait alors de ses droits ne peut lui être opposée et lui enlever le pouvoir de se débarrasser d'une obligation dont l'exécution volontaire de sa part ne saurait élever ni fonder un titre contre elle. Cependant, en pareil cas, les paiements volontaires qu'elle a faits doivent être considérés comme valables, et ne donnent droit à aucune répétition.

149. L'autorité administrative est, du reste, seule compétente pour statuer sur les difficultés qui peuvent s'élever en cette matière. C'est à elle seule, et non aux tribunaux, qu'il appartient de déclarer, en conséquence, si une dette est restée dette communale ou si elle a été nationalisée, et est ainsi devenue dette de l'état. (Cass. 21 août 1822, Devillen. et Car. 7. 1. 129; J. P. 3ᵉ édit.; — ord. du 28 fév. 1828; — Cass. 7 déc. 1839, S.-V. 40. 1. 31; D. P. 40. 1. 47.) (1).

L'autorité administrative dont il est ici question est le préfet, sauf recours au ministre de l'intérieur, et non le conseil de préfecture (décr. des 23 avril 1807; 7 fév. 1809; 4 août 1811; 8 mars 1813; ord. des 16 juin 1824 [Monnet]; 28 fév. 1828 [commune d'Orchies]; 22 oct. 1830 [Valeran]; 17 janv. 1833 [Charoet]; 27 fév. 1836 [Thouvenin]; etc.) (2).

§ 3. — *Partage des biens communaux en vertu de la loi du 10 juin 1793.*

150. Sous l'ancienne législation, les partages de biens communaux étaient prohibés d'une manière absolue, ou du moins, si, dans quelques provinces, telles, par exemple, que l'Artois et la Flandre, ils pouvaient être tolérés, ce n'était jamais que sous certaines conditions de réversibilité au profit des cohabitants de la même commune, conditions qui n'en faisaient guère qu'un règlement de jouissance. (V. *Communaux*. § 2.) Les seuls partages *fonciers* qui puissent être aujourd'hui maintenus, sont donc ceux qui ont eu lieu en vertu de la loi du 10 juin 1793 (ord. du 14 fév. 1839 [Barda et autres].

151. La loi du 21 prairial an IV ayant aboli la faculté ouverte par la loi de 1793, il faut, par voie de conséquence, considérer également comme nuls les partages effectués postérieurement; c'est ce qui a été jugé dans une espèce où cependant les opérations préliminaires du partage avaient eu lieu antérieurement à la loi précitée (décr. du 24 juin 1808 [Commune de Neuville les-Soys]).

152. Il faut encore considérer comme nuls, les partages dans lesquels on aurait compris des propriétés réservées expressément par la loi du 10 juin 1793. Ainsi jugé, notamment à l'égard du partage de terrains renfermant des tourbières, mines, carrières et autres productions minérales d'une valeur supérieure à celle du sol (L. du 10 juin 1793, art. 9; circul. du min. de l'int. du 25 germinal an IX; décr. du 22 frim. an XIII).

153. Mais un partage de biens communaux fait conformément à la loi et en temps utile, n'est pas nul par cela seul qu'on y aurait compris des biens appartenant à un particulier (décr. du 26 janv. 1809 [Commune des vignes]; l'action en revendication que peut exercer ce particulier ne saurait en effet porter atteinte à la validité du partage.

154. Quant aux formalités nécessaires pour la régularité des partages, le principe est, à la vérité, qu'ils ne sont valables qu'autant qu'il en a été dressé acte (décr. du 6 septembre 1813 [Massigas]; ord. du 6 novembre 1817 [Varlet]. Mais il résulte de la jurisprudence constante du Conseil d'état, que la bonne foi des copartageants doit, avant tout, être prise en considération, et qu'il y a lieu de maintenir tous les partages réellement effectués, encore que l'acte de partage ne soit pas représenté, ou quelles que soient les irrégularités de cet acte, alors d'ailleurs que le vœu général des habitants est constaté par les délibérations de la commune, et que les copartageants ont toujours joui paisiblement des lots à eux attribués (décr. et ord. des 12 décemb. 1806 [comm. de Melzicourt]; 16 et 24 juin, 11 déc. 1808 [communes de Bignecourt, Moyenvic, Brainville]; 13 fév. 1816 [comm. de Vis-en-Artois]; 21 oct. 1818 [Bonnarelsaud]; 23 juin 1819 [comm. de Touffreville]; 13 août 1828 [Granier]; etc.)

Cependant il a été jugé que l'acte de partage n'est pas valablement suppléé par le registre d'une commune contenant seulement

---

(1) On peut voir encore, dans le même sens, Cormenin, *Droit adm.* (édit. de 1840), append., p. 44; Henrion de Pansey, *Des biens communaux*, p. 341 et suiv.

(2) V. encore Cormenin et Henrion de Pansey, *ubi suprá.*

le nom des copartageants et les lots qui leur seraient échus, lorsque ce registre ne constate ni vœu des habitants, ni nominations d'experts, ni procès-verbal de tirage des lots au sort, et n'est d'ailleurs revêtu d'aucune signature (décr. du 16 août 1808 [comm. de Daubhuden]); jugé aussi que l'on doit considérer comme nul le partage qui aurait été fait sur la demande d'un seul individu, surtout si, depuis ce prétendu partage, les habitants sont restés dans l'indivision et ont ainsi manifesté l'intention de continuer de jouir en commun (décr. du 3 sept. 1808 [commune de Puxe]).

155. On ne doit pas, du reste, considérer comme partage l'acte par lequel les habitants d'une commune, en divisant entre eux les biens communaux, ont stipulé que les détenteurs ne pourraient ni les vendre ni les engager : ce n'est là qu'un simple règlement de jouissance (décr. du 26 nov. 1808 [commune de Monceau-les-Loups]). — V., au surplus, Communaux, nos 6 et 24.

156. Relativement aux contestations qui peuvent s'élever à l'occasion des partages, la compétence se divise entre les conseils de préfecture et les tribunaux. Les conseils de préfecture décident toutes les questions qui touchent, soit à la preuve du partage, soit à son exécution (V. notamment ord. des 7 août 1816 [Romary]; 16 juin 1831 [Bourdet et Martin]); toutes les contestations qui, en dehors des actes de partage, ne peuvent être décidées que par l'application des règles du droit commun, appartiennent aux tribunaux (décr. et ord. des 11 janv. 1813 [habit. de Veuilly]; 7 nov. 1814 [Laufroy]; 7 août 1816 [Legcay]; 25 mars et 31 août 1830 [Beau, Lottin et Cadoux]). Ainsi, les tribunaux sont seuls compétents pour statuer sur la demande en revendication de biens compris à tort dans un partage de biens communaux (décr. du 11 janvier 1808 [Demenardeau]; ord. du 12 nov. 1823 [commune de Hochfrankenheim]), de même que sur les questions de bornage qui peuvent s'élever entre les copartageants et les tiers (ord. des 4 août 1822 [commune de Juvigny]; 9 janv. 1828 [Gonlant]).

§ 4. — Usurpation des biens communaux.

157. En thèse générale, les difficultés que peut faire naître l'usurpation des biens communaux doivent, comme celles qui sont relatives à l'usurpation des propriétés privées, être résolues d'après les règles du droit commun. Ce n'est que par exception que la loi du 9 ventôse an XII, qui se rattache aux partages exécutés en vertu de la loi du 10 juin 1793, et l'ordonnance royale du 23 juin 1819, ont établi en cette matière un droit particulier.

158. La seule difficulté que soulève l'ordonnance de 1819 est de savoir quelles sont les conditions nécessaires pour que les usurpateurs aient pu profiter du bénéfice de cette ordonnance, et devenir propriétaires incommutables en payant à la commune les quatre cinquièmes de la valeur des biens usurpés. D'après l'art. 2, ils devaient, à peine de déchéance, déclarer *spontanément*, dans les trois mois, les biens dont ils étaient détenteurs, et faire leur soumission de s'en rendre acquéreurs aux conditions fixées : d'où il suit qu'une soumission qui n'aurait été faite, par exemple, que postérieurement à un jugement ordonnant le déguerpissement des biens usurpés, n'aurait aucun effet, car on ne pourrait la considérer comme un acte spontané et volontaire (ord. du 13 nov. 1822 [Peyrié]). Au surplus, du moment que la soumission a été acceptée par la commune et homologuée par le conseil de préfecture, on doit considérer le vœu de l'ordonnance comme satisfait; du moins, cela suffit pour conférer légitimement la possession provisoire au détenteur et empêcher la déchéance à son égard, alors même qu'il n'aurait pas acquitté la redevance à laquelle il s'était engagé (ord. du 26 nov. 1828 [Derioux-Larteau]).

159. Quant aux règles de compétence qui découlent tant de la loi du 9 ventôse an XII, que de l'ordonnance du 23 juin 1819, elles sont, à peu de chose près, les mêmes que celles qui s'appliquent aux partages, c'est-à-dire que les conseils de préfecture sont bien compétents pour statuer sur toutes les contestations relatives au fait et à l'étendue de l'usurpation des biens communaux, de même que sur la validité et les effets des actes de soumission, lorsque l'usurpation est avouée ou reconnue; mais lorsqu'elle est niée, et que les détenteurs se prétendent propriétaires à tout autre titre qu'un partage ou une soumission acceptée, en d'autres termes, lorsque la qualité communale des biens en litige est contestée, c'est aux tribunaux seuls qu'il appartient de prononcer (ord. des 10 fév. 1816 [Guinier]; 21 oct.

1818 [Lançon]; 1er sept. 1819 [Tamisier];
23 juillet 1823 [Houssais]; 22 décemb. 1824
[Burgues]; 19 oct. 1825 [Bonnataque]; 27 sept.
1827 [Goujon]; 24 décemb. 1828 [Rativeau];
12 avril 1829 [commune de Saint-Dizier-les-
Domaines]; 9 mars 1832 [Dumas], etc.).

160. Par une circulaire du 7 août 1839, le
ministre de l'intérieur avait invité les préfets
à lui transmettre, pour être soumis à l'approbation du roi, tous les projets de concession de biens communaux usurpés, quand bien
même la valeur des terrains concédés n'excé-
derait pas 3,000 fr. Les motifs de cette décision étaient que ces sortes de concessions cons-
tituaient moins une aliénation proprement
dite qu'une transaction dont l'ordonnance
royale du 23 juin 1819 avait réglé la forme
particulière, et que, dès lors, la sanction
royale devenait nécessaire pour les valider.

Mais le comité de l'intérieur du conseil d'É-
tat a fait observer, dans un avis du 11 mars
1843, « que l'ordonnance du 23 juin 1819
avait fixé un délai pendant lequel chaque détenteur était tenu de faire la déclaration des
biens communaux dont il jouissait sans droit
ni autorisation, afin qu'il pût être maintenu
en possession définitive des biens par lui déclarés ; que ce délai est expiré; que les dispositions des articles 4 et 5 de cette ordonnance,
qui autorisaient les maires à consentir l'aliénation des biens usurpés, sous la condition
que l'aliénation aurait lieu par ordonnance
royale, et à charge par les usurpateurs de
payer intégralement la valeur du fonds, ont,
depuis la loi du 18 juillet 1837, cessé d'avoir
leur effet; que l'article 46 de cette loi a confié
aux préfets l'exécution des délibérations des
conseils municipaux, quand il s'agit de l'aliénation d'immeubles d'une valeur n'excédant
pas 3,000 fr. pour les communes dont le revenu est au-dessous de 100,000 fr.; que cet
article n'admet aucune exception; que par
conséquent il n'y a pas lieu de soumettre à
l'approbation du roi les projets de concessions
de biens communaux usurpés, lorsque ces concessions ont le caractère d'une simple aliénation, et que la valeur des immeubles n'excède
pas 3,000 fr. »

Cet avis ayant été adopté par le ministre,
est intervenue, à la date du 10 juin 1843, une
nouvelle instruction portant que dorénavant
les préfets n'auront plus à en référer au ministre pour les affaires de cette nature dans
les cas déterminés ci-dessus.

La même circulaire appelle l'attention de
ces fonctionnaires sur la facilité généralement
trop grande avec laquelle les conseils municipaux votent ces sortes de concessions. Souvent,
en effet, quoique les détenteurs jouissent des
biens depuis longues années, on propose de
les leur abandonner sans restitution de fruits
et moyennant une somme qui n'en représente
pas toujours la valeur réelle. Cette facilité
peut quelquefois être l'effet de l'incurie; mais
il n'est pas rare qu'elle provienne des sugges-
tions de l'intérêt personnel, lorsque les membres du conseil municipal se trouvent au
nombre des détenteurs, et alors elle prend un
caractère plus grave : d'où résulte la nécessité
d'apporter un soin tout spécial dans l'examen
des propositions des administrations locales
en cette matière.

En thèse générale, ajoute le ministre, les
détenteurs doivent rembourser les fruits indûment perçus, au moins pendant les cinq
dernières années, et payer le prix intégral
des biens. D'un autre côté, pour éviter toute
surprise, il convient que les experts chargés
des évaluations soient désignés par le préfet
ou par le sous-préfet de l'arrondissement.
Enfin, relativement au mode de paiement, le
préfet peut permettre qu'il s'effectue en plusieurs années, pourvu que le délai n'excède
pas cinq ou six ans et qu'il soit tenu compte
à la commune de l'intérêt légal. Mais, dans
aucun cas, la stipulation d'une rente perpé-
tuelle en remplacement du prix principal ne
peut être admise, ce mode ayant de graves inconvénients pour les communes.

Sans doute il peut se présenter des cas où
les administrations municipales aient des motifs plausibles pour ne pas exercer, dans toute
sa rigueur, le droit des communes. Ainsi, par
exemple, si le détenteur fait difficulté de se
soumettre aux conditions rappelées plus haut,
et si, pour vaincre sa résistance, la commune
est forcée de recourir aux tribunaux, on conçoit qu'il puisse être sage de [faire quelques
sacrifices pour éviter cette extrémité; mais
alors le projet de concession échappe à la compétence du préfet. Comme les parties aban-
donnent réciproquement quelques-unes de
leurs prétentions pour arrêter ou pour prévenir un procès, le traité intervenu constitue
évidemment un projet de transaction, et il ne
peut, aux termes de l'article 59 de la loi du
18 juillet 1837, devenir exécutoire que par
l'homologation royale, quelle que soit la va-

leur de l'objet en litige, puisque cet objet est immobilier.

Dans cette dernière hypothèse, l'instruction des projets doit comprendre principalement : 1° la délibération du conseil municipal ; 2° le projet de traité en double expédition ; 3° une expertise des biens ; 4° une consultation de trois avocats ; 5° l'avis du conseil de préfecture ; 6° celui du préfet en forme d'arrêté.

§ 5. — *Vente des biens communaux en vertu de la loi du 20 mars 1813.*

161. Les art. 1 et 2 de la loi du 20 mars 1813 étaient ainsi conçus : « Art. 1er. Les biens ruraux, maisons et usines, possédés par les communes, sont cédés à la caisse d'amortissement, qui en percevra les revenus à partir du 1er janvier 1813. — Art. 2. Sont exceptés les bois, les biens communaux proprement dits, tels que pâtis, pâturages, tourbières et autres dont les habitants jouissent en commun, ainsi que les halles, marchés, promenades et emplacements utiles pour la salubrité ou l'agrément. Sont également exceptés les églises, les casernes, les hôtels de ville, les salles de spectacles, et autres édifices que possèdent les communes, et qui sont affectés à un service public. En cas de difficultés entre les municipalités et la régie des domaines, il sera sursis par elle à la prise de possession des articles réclamés, et statué par le préfet, sauf le pourvoi au conseil. » Les articles suivants en déterminant le mode de paiement des communes en inscriptions de rente cinq pour cent, chargeaient la régie de faire procéder, pour le compte de l'état, à la vente des biens que la loi avait pour but de lui attribuer.

162. Des dispositions qui précèdent, il résulte, 1° que les biens communaux enlevés aux communes, ont été définitivement attribués à l'état par la prise de possession de la régie des domaines, opérée contradictoirement avec les communes ; 2° que les ventes qui furent la conséquence de cette mesure, eurent lieu pour le compte de l'état et non pour celui des communes ; 3° que, par suite, ces ventes se sont trouvées assimilées aux ventes de biens nationaux, et donnent lieu à l'application des mêmes principes. C'est d'après ces règles générales que doivent être tranchées toutes les difficultés qui se rattachent à l'exécution de la loi du 20 mars 1813. Nous allons examiner rapidement celles de ces difficultés que la jurisprudence a résolues.

163. Mais, avant tout, remarquons qu'il n'y eut d'excepté de la main-mise par l'état, que les propriétés qui se trouvaient bien positivement affectées à la jouissance commune des habitants ou à l'utilité publique. C'est un principe qui a été si rigoureusement appliqué qu'on a jugé, 1° que des communaux donnés à bail à des particuliers pour les défricher, moyennant une redevance annuelle au profit de la commune et avec réserve du droit d'aliénation, avaient été par cela même retirés de la jouissance commune, et étaient dès lors devenus susceptibles d'être vendus par la caisse d'amortissement (ord. du 26 fév. 1817 [commune de Saure]) ; 2° qu'une propriété dépendant d'un presbytère (exceptée de la main-mise, en raison de sa destination à un service public) avait également pu être aliénée, si, à l'époque de la loi de 1813, le desservant ne s'en trouvait pas en possession par suite du bail à ferme qu'en avait consenti la commune (ordonn. du 5 sept. 1821 [commune de Saint-Laurent]).

164. De ce double principe que tout a été consommé à l'égard des communes par la prise de possession de la régie, et que les ventes ont eu lieu pour le compte de l'état, il suit : 1° que les communes sont devenues sans qualité pour attaquer les ventes faites par la caisse d'amortissement après l'accomplissement de toutes les formalités prescrites (ord. des 28 déc. 1825 [commune de Marsillargues], 16 mai 1827 [commune de Chalette]) ; 2° que les communes qui n'ont pas profité de la faculté à elles accordée de réclamer contre la prise de possession de la régie avant que cette prise de possession ne fût consommée, en sont aujourd'hui complétement déchues (ordonn. du 30 sept. 1830 [Thomasse]) ; ou que, si elles n'ont réclamé qu'une servitude de passage, par exemple, au lieu de réclamer la propriété d'un chemin, leurs droits se sont trouvés définitivement restreints à la servitude demandée (ordonn. du 22 août 1834 [commune de Lançon]) ; 3° que le rejet, par l'autorité compétente, de l'opposition par elles formée à la vente de ceux de leurs biens qui ont été exceptés par l'art. 2 de la loi, a suffi pour rendre cette vente valable et définitive (ord. du 27 juillet 1825 [Spinga]).

165. Mais, par contre, il a été jugé, toujours d'après les mêmes principes, 1° que la vente d'un bien communal est nulle, lorsqu'elle a eu lieu malgré une décision du préfet dé-

clarant que ce bien était inaliénable par sa nature (ord. du 23 oct. 1816 [commune de Saint-Germain]); 2° que l'acquéreur d'un domaine communal n'est point fondé à réclamer comme faisant partie de son acquisition un terrain en possession duquel il était constant que le domaine n'avait pas été mis (ordonnance du 3 décembre 1823 [commune d'Ebersheim]).

166. Le principe que les ventes de biens communaux faites en vertu de la loi du 20 mars 1813, doivent être assimilées aux ventes de domaines nationaux, a servi de base à une foule de décisions qu'il serait inutile de reproduire ici. Nous en signalerons seulement quelques-unes, qui nous ont paru intéresser plus particulièrement la propriété communale. Ainsi il a été jugé sur le fond, 1° que la vente d'un bien communal faite en corps et d'un seul lot, sans distinction ni réserve, comprend la totalité de ce domaine, sol et superficie, à la seule exception des chemins communaux qui, à l'époque de l'adjudication, étaient à l'usage du public (ord. du 22 juillet 1829 [commune de Saudemont]); 2° que, lorsque la vente d'un pré a également eu lieu sans aucune exception ni réserve, la commune n'est pas fondée à réclamer un droit de parcours ou de *secondes herbes* (ord. du 24 déc. 1818 [Gautherot]), alors même qu'elle alléguerait que ce droit est consacré par l'usage (ordonn. du 26 juin 1822 [Galiniche]); 3° enfin, que les ventes dont il s'agit ne peuvent donner lieu à résiliation pour cause d'erreur, qu'autant qu'il y aurait eu à la fois erreur sur les confins et sur la contenance (ord. des 22 juillet 1818 [Houry] et 17 nov. 1819 [Torcy]).

167. Pour la compétence, mêmes règles générales encore qu'en matière de domaines nationaux. Ainsi il résulte d'une jurisprudence constante et hors de toute controverse, 1° que les conseils de préfecture, compétents pour statuer sur toutes les difficultés relatives aux actes de vente et aux opérations qui les ont précédés, cessent de l'être toutes les fois que la difficulté à résoudre ne peut être décidée que d'après l'interprétation de titres anciens, ou par l'application des règles du droit commun; 2° que, par suite, et lorsque les actes de vente laissent de l'incertitude soit sur l'étendue de la vente, soit sur les limites des biens vendus, ces conseils doivent se borner à déclarer ce qui a été vendu, et renvoyer, pour le surplus, les parties à se pourvoir devant les tribunaux; 3° enfin, qu'aux tribunaux seuls appartient le droit de prononcer sur toutes les questions de servitudes ou de bornage qui peuvent s'élever à l'occasion des mêmes biens.

168. Une grave différence, toutefois, est à signaler ici: c'est qu'à l'égard des *tiers*, toutes les difficultés auxquelles peuvent donner lieu les ventes dont il s'agit sont régies par les règles du droit commun, contrairement à ce qui est établi pour les ventes de domaines nationaux proprement dits, lesquelles, comme on sait, sont réputées valables, même lorsqu'elles ont été faites *super non domino*, et tombent, en tout cas, dans le domaine de la juridiction administrative. Ce principe, posé par un décret du 17 janvier 1814, a été consacré par un grand nombre de décisions du conseil d'état. (V. notamment ord. des 8 mai 1822 [Rohan-Soubise], 19 février 1823 [Pujo et Navailles], 1er août 1831 [Mazet et autres] etc.) Ainsi, nonobstant l'accomplissement de toutes les formalités requises, les tiers sont toujours recevables à revendiquer les biens à eux appartenant, qui auraient été compris à tort dans une vente de biens communaux, et les tribunaux sont seuls compétents pour statuer sur la question de propriété qui peut s'élever entre eux et l'état (ord. des 25 juin et 16 juillet 1817 [Sauret, Sarrapy et Darroze], 30 déc. 1822 [Salze], 19 nov. 1837 [Denizot et Julien] etc.); par suite, le conseil de préfecture, avant de statuer sur la validité et les effets d'une vente de biens transférés à la caisse d'amortissement comme biens communaux, doit renvoyer les parties devant les tribunaux dès qu'il y a contestation sur la propriété (ord. du 1er nov. 1820 [Caverivière]).

Chap. 6. — *De l'administration des biens des communes.*

§ 1er. — *Dispositions générales. — Pouvoir des conseils municipaux.*

169. Les biens communaux sont de trois sortes; à savoir : les biens ruraux, les propriétés bâties, les bois et forêts.

170. Les biens ruraux comprennent ceux, tels que pâturages, bruyères, marais, etc., qui sont laissés en jouissance commune. C'est particulièrement à l'égard de ceux-ci que dispose le § 3 de l'art. 17 de la loi du 18 juill. 1837, portant que le conseil municipal règle « le mode de jouissance et la répartition des

pâturages et fruits communs, autres que les bois, ainsi que les conditions à imposer aux parties prenantes. » — V. Communaux.

Ici le mot *régler* s'entend du pouvoir de décision que la loi donne aux conseils municipaux, sous la seule réserve de la surveillance de l'administration supérieure, surveillance qui n'a pour but et pour effet que de maintenir l'action de ce pouvoir dans les voies légales. C'est en cela surtout que la législation nouvelle, rentrant dans l'esprit des décrets de l'assemblée constituante, a vraiment émancipé les conseils municipaux, qui n'ont jamais exercé en cette matière un pouvoir plus indépendant que celui qui leur est remis par la loi du 18 juillet 1837.

171. Relativement aux biens ruraux ou autres, dont le revenu en argent est classé comme recette ordinaire au § 1er de l'art. 31 de la loi municipale, et dont le mode d'administration est remis également, en vertu de l'art. 17, à la décision des conseils municipaux, il est procédé, ainsi que nous l'avons dit plus haut, suivant les règles antérieurement établies pour ce qui concerne les acquisitions, aliénations, échanges et mises en ferme de ces biens. — V. Communaux.

§ 2. — *Acquisitions.*

172. Nous devons commencer par faire remarquer que plusieurs lois rendues à diverses époques, notamment celles du 10 août 1791 (*Bull.*, t. 4, p. 73) et 2 prairial an v (t. 18, bull. 124), ont établi en principe que les communes ne pouvaient acquérir, aliéner, ni emprunter, sans l'autorisation du pouvoir législatif (1). Par une circulaire du 18 juin 1806 (*Rec.*, t. 1er, p. 153), le ministre de l'intérieur annonça qu'à sa demande son collègue de la justice avait fait intimer, aux notaires des divers ressorts, défense expresse de recevoir les actes d'acquisitions d'immeubles faites, au nom des communes, par les maires, sans une autorisation préalable du gouvernement, et enjoignit aux préfets de lui adresser toutes les demandes de cette

nature. Un décret du 5 avril 1811 (4ᵉ série, bull. 366) ajouta à ces défenses une sanction pénale. L'art. 2 de ce décret est ainsi conçu : « Il est défendu audit sieur   et à tous autres de faire aucune acquisition pour les départements, arrondissements ou communes, même quand les fonds auraient été alloués par nous aux budgets, à moins d'une autorisation spéciale donnée par nous en notre conseil, à peine de nullité des actes à l'égard des départements, des arrondissements et des communes, et de délaissement des acquisitions au compte des administrateurs. »

Ces défenses absolues ont été modifiées depuis en quelques points, d'abord par la loi du 28 juillet 1824 sur les chemins communaux, dont l'art. 10 décide que les acquisitions, aliénations et échanges ayant ces chemins pour objet seront autorisés par arrêtés des préfets en conseil de préfecture, après délibération des conseils municipaux intéressés, et après enquête *de commodo et incommodo*, lorsque la valeur des terrains à acquérir, à vendre ou à échanger n'excédera pas trois mille francs.

L'art. 10 de la loi du 21 mai 1836, sur les chemins vicinaux, est conçu dans les mêmes termes. (V. Chemins vicinaux, n° 100 et suiv.)

Pour les acquisitions de terrains par voie d'alignement, conformément à la loi du 16 septembre 1807, V. Alignements, Voirie.

Enfin la loi du 18 juillet 1837, sur l'administration municipale, porte, art. 46 : « Les délibérations des conseils municipaux ayant pour objet des acquisitions, des ventes ou échanges d'immeubles, le partage de biens indivis, sont exécutoires sur arrêté du préfet en conseil de préfecture, quand il s'agit d'une valeur n'excédant pas trois mille francs pour les communes dont le revenu est au-dessous de cent mille francs, et vingt mille francs pour les autres communes. »

Tel est l'état actuel de la législation en matière d'acquisitions communales. Quant aux formes à suivre, la jurisprudence n'a pas varié (1).

---

(1) M. de Cormenin cite (t. 2, p. 121) un avis du Conseil d'état du 13 nivôse an xiii, qui confirmait la nécessité d'une loi. « Cependant, ajoute-t-il, les idées changèrent; l'autorisation par décret fut substituée à l'autorisation par la loi ; les ordonnances ont depuis remplacé les décrets. C'est le mode illégal, mais usité. »

(1) L'ordonnance réglementaire du 8 août 1821 (7ᵉ série, bull. 471) a maintenu (art. 2) les règles antérieures concernant les acquisitions, aliénations et échanges au compte des communes, et une instruction du 10 novembre de la même année prescrit aux préfets d'adresser au ministre de l'intérieur, avec les délibérations des conseils

173. L'estimation de l'immeuble ou des immeubles à acquérir, aliéner ou échanger, doit d'abord être faite contradictoirement par deux experts nommés, l'un par le maire, l'autre par le vendeur, acquéreur ou échangiste ; un plan figuré des lieux doit être joint à ce procès-verbal, au bas duquel le propriétaire (vendeur ou échangiste) appose son consentement (1). Il est procédé en outre à une information *de commodo et incommodo* (2), dont le procès-verbal, accompagné du rapport des experts souscrit par le propriétaire intéressé, du plan des lieux et de la délibération municipale, est transmis au ministre de l'intérieur, quand il y a lieu à ordonnance royale, avec l'avis du sous-préfet et celui du préfet en forme d'arrêté.

Il n'est pas inutile de faire observer ici que la délibération d'un conseil municipal ayant pour objet l'acquisition d'un immeuble au compte de la commune serait déclarée nulle, si le propriétaire vendeur y avait pris part comme membre du conseil ; sa présence ayant pu nuire à la liberté de la discussion, et son vote ne pouvant être admis dans une question où il y a un intérêt direct et opposé à celui de la commune. (*Avis du com. de l'int.*, [Darnac. Haute-Vienne] 25 fév. 1824.)

174. La commune qui veut acquérir un immeuble doit justifier qu'elle a à sa disposition les ressources nécessaires pour en acquitter le prix. (*Avis du com. de l'int.*, du 19 juillet 1833 [Aude, Carcassonne].) Il faut donc que la délibération municipale contienne, à cet égard, les justifications exigées.

175. Les acquisitions se font à l'amiable ou par voie d'expropriation forcée pour cause d'utilité publique. Une loi spéciale (celle du 3 mars 1841) indique les formes à suivre quand on procède par ce dernier mode.

176. Lorsqu'une commune veut acquérir un bien de mineurs, elle doit remplir les formalités prescrites par les art. 457, 458 et 459 du Code civil, sous peine d'encourir l'action en rescision que pourrait intenter le vendeur à sa majorité. Cependant, si ces formalités ne peuvent être remplies sans préjudice pour la commune, et que, d'un autre côté, l'acquisition soit indispensable et urgente, il y a lieu, pour parvenir à l'acquisition sans recourir aux formalités ordinaires, en garantissant toutefois la commune de tout trouble et éviction, de faire prononcer la déclaration d'utilité publique. (*Avis du com. de l'int.*, du 9 mai 1834 [Pas-de-Calais].)

Dans le cas néanmoins où l'immeuble à acquérir serait d'une faible valeur, et où le tuteur présenterait des garanties suffisantes de solvabilité, ou offrirait hypothèque sur ses biens personnels, l'acquisition pourrait être autorisée à la condition expresse que le tuteur se porte fort pour le mineur, et s'engage à lui faire ratifier la vente à l'époque de sa majorité. (*Avis du com. de l'int.*, 6 mai 1831, 4 janv. 1833 ; *Décis. du min. de l'int.* [Creuse] 1839, et autres espèces.) Nous devons ajouter que ces règles ne sauraient s'appliquer à l'égard des acquisitions de biens productifs de revenus, puisque l'utilité publique ne peut être invoquée en pareil cas.

177. Au surplus, la question essentielle est de savoir jusqu'à quel point il convient d'autoriser les communes à acquérir des biens fonciers comme moyen de placement de leurs capitaux. Or, il est à remarquer que presque partout les biens communaux, mal administrés, non-seulement ne rapportent pas tout ce qu'ils devraient produire, mais étant plus exposés aux non-valeurs et aux envahissements que les propriétés particulières, mieux protégées par les sollicitudes de l'intérêt privé, deviennent fréquemment l'occasion de contestations et de procès toujours onéreux pour les communes. Si l'on ajoute à ces chances de dépréciation l'obligation de supporter les frais de contrat, d'enregistrement, de transcription hypothécaire, enfin tous ceux qui tombent à la charge de l'acquéreur, on reconnaîtra qu'un placement de ce genre est loin d'offrir aux communes les mêmes avantages qu'une acquisition de rentes sur l'état.

178. Des raisons d'intérêt général et d'ordre administratif s'accordent en outre pour démontrer l'inconvénient de favoriser l'immo-

---

municipaux, les pièces nécessaires à l'appui des propositions, pour qu'elles soient soumises à la sanction royale.

(1) S'il s'agit d'une acquisition à faire par la commune, le propriétaire souscrit une promesse de vente énonçant les conditions, les termes de paiement, etc., qui doit être jointe aux pièces à produire.

(2) L'enquête n'est utile en matière d'acquisitions que lorsqu'il s'agit d'immeubles affectés à un service public.

bilisation, dans les mains des communes, de propriétés foncières autres que celles qui sont affectées à leurs services publics. On ne peut s'empêcher de reconnaître qu'il ne soit utile et de bonne administration de diminuer autant qu'il est possible, et, à plus forte raison, d'éviter d'accroître la masse des biens possédés par les établissements de main-morte. Il est en effet prouvé par l'expérience que les propriétés s'améliorent toujours en changeant de mains. La production générale et le revenu public en reçoivent d'utiles accroissements; le commerce, l'industrie agricole y trouvent un élément de prospérité, et le trésor lui-même une nouvelle source de revenus : ces résultats sont incontestables. Les principes qui dirigent, à cet égard, l'administration chargée de la tutelle des communes, nous semblent donc conformes aux saines doctrines de l'économie politique autant qu'aux vrais intérêts des communes elles-mêmes.

Nous devons rappeler ici qu'aux termes d'un avis du Conseil d'état, du 21 février 1808 (9ᵉ série, Bulletin 46, p. 155), les propriétés domaniales peuvent, comme les propriétés particulières, être aliénées pour utilité publique départementale ou *communale*, sur le rapport d'experts.

179. Dans le cas où une commune a besoin de faire l'acquisition, pour un service public, d'une propriété domaniale, la demande doit en être adressée par le préfet au ministre des finances, qui provoque l'ordonnance d'autorisation, de concert avec son collègue de l'intérieur.

180. Quant au jugement des contestations qui peuvent s'élever en matière d'acquisitions communales, les ministres sont compétents, sauf recours au Conseil d'état, pour statuer sur l'appréciation des décrets et ordonnances qui ont affecté ou cédé à des communes des terrains et bâtiments de l'État; mais c'est aux tribunaux seuls qu'il appartient de prononcer sur les contestations relatives aux ventes faites par des particuliers à des communes. (Cormenin, *Quest. de droit admin.*, t. 2, p. 116.)

181. La décision ministérielle qui refuse à une commune l'autorisation de faire une acquisition, est un acte d'administration et de tutelle qui ne peut être attaqué par la voie contentieuse. (Ord. du 17 janvier 1838 [commune de Vellerot-lès-Belvoir contre le ministre de l'intérieur].)

Lorsqu'une commune a fait une acqui-

sition en suivant les formes légales, et que des habitants ont avancé de leurs deniers le prix de l'immeuble, ceux-ci ne peuvent, pour cela, se prétendre propriétaires; ils n'ont droit qu'au remboursement de leurs avances. (Décret du 22 janvier 1813 [Teissier et consorts].)

§ 3. — *Aliénations*.

182. On vient de voir que les formes prescrites par les lois et règlements généraux, en matière d'acquisitions communales, s'appliquent également aux aliénations. Délibération du conseil municipal, levé de plans, estimation des immeubles par experts, enquête dans la commune intéressée, telles sont encore ici les mesures préliminaires et les éléments d'instruction exigés. Quant aux fonds provenant de la vente, le montant doit en être porté en recette extraordinaire au budget de la commune, pour être ensuite converti en acquisition de rentes sur l'état, à moins que ces fonds ne soient destinés à satisfaire à quelque besoin du service communal, auquel cas il y a lieu de les verser en compte courant au trésor, en attendant l'emploi qu'ils doivent recevoir.

183. Un avis du Conseil d'état du 22 novembre 1808, approuvé le 21 décembre suivant (4ᵉ série, bull. 221), a établi en principe que l'emploi des capitaux des communes, hospices et autres établissements, en rentes sur l'état, n'avait pas besoin d'être autorisé; toutefois, un décret du 16 juillet 1810 (4ᵉ série, bull. 202) ayant tracé de nouvelles règles pour le placement du produit des remboursements en rentes sur l'état ou sur particuliers, des instructions postérieures (23 août 1813, 21 juin 1819) ont expliqué comment ces nouvelles dispositions devaient être entendues.

« Il suffit, disent ces instructions, de verser les capitaux dont il s'agit entre les mains du receveur général du département, en ayant soin de faire mention des motifs du versement et de l'emploi qui doit en être fait. Ce mode bien simple offre une garantie qui ne laisse rien à désirer.

» Je dois vous faire observer que, par une fausse interprétation du décret du 16 juillet 1810, les administrations requièrent quelquefois l'autorisation de placer en rentes sur l'état les capitaux dont elles ont reçu le remboursement. Cet emploi n'a pas besoin d'être autorisé; il l'est de droit. Ce principe est consacré par l'avis du Conseil d'état du 22 novembre 1808, et le décret du 16 juillet n'a pas eu pour objet d'y déroger... « L'intervention de l'autorité supérieure n'est nécessaire que pour le placement en biens fonds [...] ou sur particuliers. » (*Rec.*, t. 2, p. 476, et t. 3, p. 463.)

Les mêmes principes ont été confirmés et développés par une instruction ministérielle plus récente, du 8 juillet 1836.

184. C'est ici le lieu de rappeler le principe posé par l'art. 1596 du Code civil, qui interdit aux administrateurs, sous peine de nullité, la faculté de se rendre, soit par eux-mêmes, soit par personnes interposées, adjudicataires des biens des communes ou des établissements publics confiés à leurs soins.

185. La question s'étant présentée à l'égard des receveurs des communes, le ministre des finances a pensé qu'il n'y aurait aucun inconvénient à ce que ces comptables se rendissent adjudicataires des biens de la commune, mais qu'ils ne pourraient concourir aux adjudications pour ferme ou loyers, attendu les obligations qui leur sont imposées par l'arrêté du 19 vendémiaire an XII.

186. Le comité de l'intérieur a jugé aussi qu'un tuteur qui serait en même temps maire de sa commune, ne pourrait acquérir au nom de celle-ci, dans une adjudication publique, les biens de son pupille. « Car, dit le comité (*Avis* du 23 janvier 1824 Coucy-le-Château, Aisne), en supposant qu'un pareil acte ne puisse donner lieu à une résiliation de la vente, nonobstant l'art. 1596 du Code civil, il est certain que la position d'un maire, dans cette circonstance, serait fausse et inconvenante, puisqu'on pourrait lui supposer un intérêt à ce que le bien dont il a été administrateur soit porté à la plus grande valeur possible, et que cet intérêt serait en opposition directe avec celui de la commune pour le compte de laquelle il agirait. »

187. Quant au mode à suivre dans l'aliéna-

tion des biens communaux, c'est celui des enchères avec publicité et concurrence. On n'autorise de ventes à l'amiable que dans certains cas : 1° celui où l'usurpateur d'un bien communal en fait la déclaration conformément aux dispositions de l'ordonnance réglementaire du 23 juin 1819 ; 2° lorsque l'objet est de peu de valeur, ou s'il y a avantage évident pour la commune ; 3° lorsque la vente est faite à un établissement public ; 4° enfin, pour l'exécution des alignements de voirie urbaine ou vicinale, ainsi qu'il est prescrit par la circulaire déjà citée du 23 janvier 1836.

188. La vente aux enchères doit être précédée de la rédaction d'un cahier de charges indiquant les époques de paiement et toutes les autres conditions imposées à l'acquéreur. Il n'est pas indispensable que la commune ait recours à l'intervention d'un notaire. (Circul. du 19 déc. 1840 (1).)

---

(1) Le décret du 16 juillet 1810 décide (art. 4) que le placement en biens-fonds, quel que soit le montant de la somme, ne peut s'effectuer sans une ordonnance royale rendue en Conseil d'état.

Cette disposition est modifiée aujourd'hui par l'art. 46 de la loi du 18 juillet 1837.

Il est de jurisprudence que les arbres communaux non soumis au régime forestier, sont considérés comme objets mobiliers, et que la vente peut, en vertu du même article, en être autorisée par le préfet.

(1) Des doutes s'étaient élevés sur le point de savoir si, lorsque les communes procèdent à la vente de leurs biens, par voie d'adjudication publique, elles sont tenues d'employer le ministère d'un notaire.

On inférait du décret du 12 août 1807 et de l'ordonnance royale du 7 octobre 1818, qui prescrivent cette formalité à l'égard des *baux* consentis par les hospices et par les communes, que la même garantie devait être exigée pour les *ventes*, qui sont des actes plus importants.

Mais, d'un autre côté, on objectait qu'aucune disposition spéciale de loi ou de règlement d'administration publique ne rend nécessaire l'intervention d'un notaire pour la validité des actes de vente des biens communaux ; que dès lors il convient, dans un grand nombre de cas, d'éviter aux communes des frais qui, en définitive, retomberaient sur elles ; qu'au surplus les adjudications passées dans la forme administrative ont une force d'exécution égale à celle des actes notariés, et qu'ainsi le concours d'un notaire n'ajouterait rien, sous ce point de vue, à la garantie des intérêts communaux.

Il faut reconnaître, en effet, que si l'intervention des notaires est utile, en général, à raison de la connaissance particulière qu'ils ont des règles du droit civil en matière de contrats, aucune disposition de loi ou de règlement ne fait de cette intervention une condition essentielle de la validité des ventes communales. C'est pourquoi, dans la pratique, les corps municipaux sont laissés libres d'appeler un notaire, ou de s'en passer, suivant les circonstances de chaque aliénation, à moins que l'autorité supérieure, en accordant la

189. La prétention qu'élèverait un conseil municipal d'exclure les étrangers au profit

---

permission de vendre, ne juge nécessaire, soit à cause de l'importance des biens, soit par tout autre motif, d'y attacher la condition de passer l'acte par-devant notaire, afin qu'il protége mieux les intérêts de la commune venderesse.

Toutefois, parmi les raisons de dispenser les communes du ministère des notaires, on ne doit pas admettre comme incontestable la doctrine tendant à attribuer aux simples procès-verbaux d'adjudication dressés par les maires force *d'exécution parée*. Cette doctrine, qui a pu prévaloir à une époque déjà ancienne, où quelques-unes des dispositions des lois relatives à la vente des biens nationaux étaient réputées applicables à l'aliénation des propriétés communales, ne saurait se soutenir aujourd'hui en présence des lois diverses qui soumettent au droit commun les actes de propriété faits par les corps municipaux, en présence surtout de l'art. 545 du Code de procédure civile, d'après lequel « nul jugement ni acte ne peuvent être mis à exécution, s'ils ne portent le même intitulé que les lois, et ne sont terminés par un mandement aux officiers de justice, ainsi qu'il est dit art. 146. » D'ailleurs, la jurisprudence en vigueur, d'accord sur ce point avec les auteurs les plus recommandables, établit que, lorsque les maires procèdent à une adjudication de biens communaux, ils n'ont point le caractère d'agents de la puissance publique; qu'ils font seulement un acte de gestion communale, et que l'approbation donnée à ces adjudications par l'autorité supérieure n'est elle-même qu'un acte de simple tutelle, qu'on ne saurait assimiler aux jugements ni aux actes notariés emportant exécution parée.

Ce n'est donc pas dans la nature et la forme des adjudications consenties administrativement au nom des communes, que les corps municipaux peuvent puiser une sorte de privilége pour en obtenir plus promptement l'exécution forcée. Dépourvus du caractère spécial imprimé aux contrats passés devant notaires, les procès-verbaux de ces adjudications ne sont réellement que des contrats ordinaires, équivalant à de simples actes sous seings privés, conséquemment susceptibles de tous les inconvénients attachés aux contrats de cette dernière espèce, en cas de difficultés sur leur exécution.

Cependant une règle nouvelle, introduite par la loi du 18 juillet 1837, peut suppléer, jusqu'à un certain point, au défaut de force exécutoire des actes de ventes consentis par les communes sans le concours d'un notaire. Il s'agit de l'art. 63 de cette loi, ainsi conçu : « Toutes les recettes mu-

des seuls habitants de la commune, ne serait pas admissible.

« L'exclusion des étrangers, dit à ce sujet le comité de l'intérieur, loin d'être un avantage pour la généralité des habitants, serait un privilége en faveur des plus riches au préjudice des plus pauvres qui, dans le cas d'une vente régulière, trouveraient au moins une compensation à la perte de la jouissance des terrains communaux dans l'augmentation des revenus de la commune. » (Avis du 17 juillet 1833 [Côtes-du-Nord, Trolligneart].)

190. Le résultat des adjudications doit être arrêté définitivement par le maire, d'après le contenu des soumissions, et ne saurait dépendre d'une délibération ultérieure du conseil municipal. (*Id.* 24 déc. 1833 [Charente-Inférieure, La Rochelle].)

191. Si l'enquête *de commodo et incommodo*, qui doit précéder la vente, soulève des oppositions fondées sur le droit de propriété que l'on conteste à la commune, il y a lieu de surseoir à la vente de la portion contestée jusqu'à décision des tribunaux. (*Id.* 29 mars 1833 [Marne, Sainte-Menehould].)

192. Les observations des opposants entendus dans l'enquête doivent être examinées par le conseil municipal, et ses réponses doivent être jointes aux pièces à produire pour valoir ce que de droit. En cas de vente à l'amiable, le conseil municipal ne pourrait en rien modifier l'acte souscrit par le soumissionnaire, sans s'assurer de son adhésion à cette modification de ses premiers engagements. (*Id.* 9 août 1833 [Loir-et-Cher, Vendôme].)

193. A l'égard des contestations que peu-

---

nicipales pour lesquelles les lois et réglements n'ont pas prescrit un mode spécial de recouvrement s'effectuent sur des états dressés par le maire. Ces états sont exécutoires après qu'ils ont été visés par le sous-préfet.

» Les oppositions, lorsque la matière est de la compétence des tribunaux ordinaires, y sont jugées comme affaires sommaires, et la commune peut y défendre sans autorisation du conseil de préfecture. »

En vertu de cette disposition, si un adjudicataire refusait ou négligeait de payer, au terme fixé, le prix du bien communal, le maire pourrait obtenir un titre exécutoire sans recourir aux tribunaux, et le recouvrement forcé du prix de vente s'effectuerait de la même manière que si la commune avait un contrat notarié, sauf les oppositions que le débiteur aurait la faculté de former.

vent soulever les actes d'aliénation communale, elles sont exclusivement du ressort des tribunaux. Il en est de même des actions en nullité pour vice de forme.

Du principe, dit M. de Cormenin, que l'ordonnance est un acte de haute tutelle qui confère seulement aux communes la capacité d'aliéner, et que les adjudications ne sont qu'une forme de contrat volontaire, lorsqu'il s'agit de ventes ordinaires, et du principe que lorsqu'il s'agit de ventes de biens communaux cédés au domaine et aliénés pareillement aux biens nationaux, la raison fiscale, qui est la seule cause de ces sortes de ventes, ne les enlève pas à la juridiction des tribunaux en ce qui concerne la revendication des tiers, il suit que les tribunaux sont compétents pour statuer sur les questions d'interprétation ou d'exécution des actes d'adjudication, de surenchère et autres semblables. (*Quest. de droit administratif*, t. 2. p. 121; Déc. du 6 juill. 1810; ord. du 19 août 1835.)

194. Des habitants ne peuvent se pourvoir, par la voie contentieuse, contre une ordonnance royale qui autorise une aliénation de biens communaux, s'ils ne prétendent aucun droit personnel à la propriété de ces biens. (Ord. du 20 juill. 1836.)

195. Les ordonnances portant autorisation d'aliéner des biens communaux, ne font pas obstacle à ce que les tiers fassent valoir devant les tribunaux les droits de propriété qu'ils prétendraient avoir sur ces biens. (Ord. des 31 août 1822, 5 août 1829, 20 juillet et 14 déc. 1836.)

196. Est nulle une vente de biens communaux faite par un maire sans autorisation légale. (Ord. du 17 juin 1818.)

§ 4. — *Échanges.*

197. Les règles générales du contrat d'échange sont tracées par les art. 1702 et suivants du Code civil, et s'appliquent aux communes comme aux particuliers, à charge par elles de se faire autoriser, par ordonnance royale, dans les formes prescrites en matière d'acquisitions et d'aliénations.

198. La première condition exigée pour obtenir l'autorisation d'effectuer un échange de biens immeubles, c'est que la commune justifie que cette transaction lui est d'une utilité incontestable, ou lui procure un avantage évident. L'utilité de l'échange peut être dans la convenance de l'immeuble offert à la com-

mune en remplacement de celui qu'elle concède; convenance résultant soit de la situation de cet immeuble, soit des besoins du service communal auquel il sera affecté. L'avantage serait dans une supériorité notable de valeur qui profiterait à la commune. D'ordinaire, quand la valeur de l'objet offert est inférieure à celle de l'objet demandé, l'échangiste paie une soulte en argent qui représente la différence.

199. Il est d'ailleurs de règle de n'autoriser les échanges entre les communes et les particuliers qu'autant que les terrains qui seraient attribués à la commune auraient une destination déterminée pour un service municipal. (Décis. du min. de l'intér. [Côte-d'Or], 25 déc. 1826.)

L'essentiel, au surplus, est d'éviter, en croyant servir les intérêts de la communauté, de n'arriver qu'à favoriser des convenances particulières : ce qui doit rendre les administrations locales fort circonspectes dans leurs propositions en pareille matière.

Par cette raison, l'autorité centrale se montre fort difficile sur les échanges, et sa jurisprudence constante est qu'il y a toujours pour les communes, comme pour les hospices et autres établissements publics, plus d'intérêt à vendre et à placer le produit en rentes sur l'état.

De même qu'en matière d'acquisition, il est interdit aux maires de contracter avec leurs communes par voie d'échange. (Avis du com. de l'int. des 13 juin 1834 et 19 nov. 1836; décis. du min. de l'intér. [Haute-Loire], 1er fév. 1840.) La jurisprudence a longtemps varié sur cette question, mais elle est maintenant parfaitement fixée; l'art. 1707 du Code civil est d'ailleurs formel à cet égard.

200. L'estimation préalable des immeubles, l'information *de commodo et incommodo*, et les autres formalités prescrites pour les aliénations, ne sont pas moins rigoureusement exigées en matière d'échange.

201. Bien que l'ordonnance royale qui autorise l'échange d'un bien communal soit un acte d'administration non susceptible d'être attaqué par la voie contentieuse, des habitants seraient recevables, *ut singuli*, à y former tierce opposition, si aucune enquête n'avait eu lieu, et s'ils prétendaient avoir des droits de propriété ou de jouissance sur ledit bien. (Ord. rendue au contentieux, 14 juillet 1831.)

§ 5. — *Baux à ferme.*

202. Nous avons déjà expliqué (V. au mot *Baux des biens des communes*) en quoi consistent ces sortes de transactions, et dans quelles formes il doit y être procédé. Il nous reste peu de chose à dire à ce sujet.

Les biens ruraux qui appartiennent aux communes ne peuvent guère être exploités en régie, un pareil mode n'offrant aucune garantie aux intérêts de la communauté ; aussi la mise en ferme a-t-elle été recommandée de tout temps à l'égard de ceux de ces biens qui ne sont pas restés en jouissance commune, comme le moyen le plus sûr d'accroître les ressources communales en améliorant le fonds de la propriété.

Un arrêté du gouvernement, du 7 germinal an ix (3e série, bull. 77), afin de prévenir les abus qui pouvaient se glisser dans des transactions de cette nature, avait décidé qu'aucun bien rural, appartenant aux hospices, aux établissements d'instruction publique et aux communautés d'habitants, ne pourrait être concédé à bail à longues années, qu'en vertu d'une autorisation du gouvernement. (V. instr. du min. de l'int., du 12 floréal an ix, sur l'exécution de cet arrêté.)

203. L'ordonnance royale du 7 oct. 1818 (7e série, bull. 239) a réglementé cette matière en accordant plus de latitude aux administrations locales. Nous en avons fait connaître les principales dispositions.

204. Ajoutons seulement qu'il résulte d'instructions données par le ministre des finances, le 5 janvier 1815, et auxquelles il n'a point été dérogé depuis, que les fermiers et adjudicataires des revenus communaux ne peuvent, sous prétexte de réclamations en indemnité ou autrement, se refuser au paiement intégral, aux échéances convenues, du prix de leurs fermes ou adjudications, sauf à eux à se pourvoir devant qui de droit pour faire fixer les indemnités qui leur seraient légitimement dues et dont il leur serait tenu compte, soit par remboursement, soit par compensation sur les termes à échoir.

Si donc il y a contestation sur l'interprétation du bail ou sur l'exécution des clauses, ou si le fermier réclame des indemnités pour non-jouissance, perte ou toute autre cause, il doit commencer par payer les termes échus. Ses réclamations ne sauraient arrêter le re-

ceveur municipal dans ses poursuites en cas de retard.

205. Quant aux contestations en elles-mêmes, elles sont du ressort des tribunaux (ord. des 20 nov. 1815, 11 fév. 1820, 30 octobre 1834).

206. Il en est de même des questions de bornage (ord. des 11 janv. 1836, 30 juin 1839).

207. Les receveurs municipaux sont tenus de suivre, en vertu de l'acte d'adjudication, le paiement aux échéances du prix stipulé en faveur de la commune. En cas de retard dans ce paiement, ils emploient, contre l'adjudicataire, les moyens de poursuites requis par la loi, à savoir : le *commandement* par ministère d'huissier, à la requête du maire ; la *saisie exécution* des meubles, en observant les formes prescrites par le Code de procédure. Ces moyens de poursuites peuvent être employés par les receveurs, sans autorisation spéciale (instr. gén. du min. des fin. du 15 déc. 1826, art. 593, 594 et 618, et art. 737 de celle du 17 juin 1840).

208. Quant à la vente des meubles du débiteur et aux autres poursuites judiciaires, l'instruction générale du ministre des finances du 15 décembre 1826 portait, art. 595, que ces poursuites devaient être exercées *par les maires* avec l'autorisation des conseils de préfecture. Il y avait erreur en ce point. Une circulaire du ministre de l'intérieur du 5 novembre 1839 a tracé la marche à suivre en pareil cas par le receveur municipal. (V. cette circulaire au *Bulletin officiel.*)

Nous n'avons pas besoin d'ajouter que ces règles s'appliquent à tous les biens communaux sans distinction.

209. Rappelons enfin que l'art. 5 de la loi du 16 juin 1824 (7e série, bull. 676), qui dispensait les communes, ainsi que les départements et établissements publics, de payer le droit proportionnel d'enregistrement sur les acquisitions, donations et legs d'immeubles affectés à une destination d'utilité publique, et ne les soumettait qu'à un droit fixe de 10 francs (et même de 5 quand le prix ne dépassait pas 500 fr.), a été rapporté par l'art. 17 de la loi du 18 avril 1831 (9e série, bull. 38), qui décide que ces acquisitions, donations et legs seront soumis aux droits proportionnels d'enregistrement et de transcription hypothécaire établis par les lois existantes.

Il n'est dérogé à cette disposition que pour le cas de l'application de la loi du 3 mai 1841 sur l'expropriation pour cause d'utilité publique, aux termes de l'art. 58 de cette loi.

§ 6. — *Baux des propriétés bâties.*

210. Les propriétés communales bâties sont de deux sortes : les unes, telles que maisons, moulins, usines, etc., productives de revenus; les autres, savoir : les hôtels de ville, églises paroissiales, presbytères, maisons d'école, casernes, etc., etc., affectées au service public.

Quelques autres participent à la fois de l'une et de l'autre espèce en ce qu'elles ont une destination comme établissements publics, et qu'elles procurent en même temps un revenu par le prix de location que la commune en retire. De ce nombre sont les halles, marchés, abattoirs, etc. Nous en parlerons tout à l'heure.

211. Les principes généraux que nous avons exposés touchant les biens ruraux s'appliquent aux propriétés bâties, urbaines et autres, comme à tous les immeubles communaux en général. La loi ni les règlements n'ont rien stipulé de particulier relativement à cette nature de propriété, sinon que le conseil municipal ne peut régler les baux que jusqu'à concurrence d'une durée de neuf années (article 17 de la loi du 18 juillet 1837; de neuf à dix-huit, l'approbation du préfet suffit. Au delà de ce dernier terme, la délibération n'est exécutoire qu'en vertu d'une ordonnance royale (art. 47).

Quant à l'acte en lui-même, il demeure, dans tous les cas, soumis à la sanction du préfet. (*Id., id.*)

212. Les règles posées par les instructions ministérielles touchant l'assurance des bâtiments des établissements de bienfaisance, ont été déclarées applicables à ceux des communes par une circulaire du 9 août 1842. Ainsi les circulaires des 11 juillet 1820 (*Rec.*, t. 4, p. 62), 21 octobre 1826 (t. 6, p. 27), et 9 avril 1829 (t. 6, p. 195), qui ont réglementé cette matière, concernent à la fois les communes et les hospices.

La première de ces circulaires, spécialement relative aux édifices départementaux, excluait positivement le mode d'assurance mutuelle comme désavantageux pour les bâtiments publics en général ; celle d'octobre 1826 repoussait également l'assurance mutuelle, mais admettait l'assurance à prime, suivant les propositions faites par la compagnie royale établie à Paris. L'instruction du 9 avril 1829, en confirmant la précédente, a eu pour objet d'inviter les préfets à ne soumettre dorénavant à l'approbation du ministre que les traités d'assurance relatifs aux établissements qui ont plus de 100,000 francs de revenu.

Enfin, par celle du 10 août 1836, le ministre, revenant sur les motifs qui avaient fait exclure précédemment le système d'assurance mutuelle, a levé cette interdiction, et tracé, pour les traités à conclure avec les diverses compagnies qui offrent le plus de garanties, une marche dont les administrations locales ne doivent plus s'écarter.

CHAP. 7. — *Dépenses et recettes des communes.*

213. Parmi les règles qui régissent les dépenses et les recettes des communes, il faut distinguer entre les règles qui concernent la *comptabilité* proprement dite, c'est-à-dire le mode particulier suivant lequel les dépenses et les recettes doivent être effectuées et constatées, et celles qui touchent soit aux obligations, soit aux droits de la commune : par exemple, en ce qui concerne les dépenses, à l'obligation où elle est de pourvoir à certaines nécessités communales, ou à la faculté qu'elle peut avoir de s'abstenir ; en ce qui concerne les recettes, au pouvoir qui lui appartient, et qui forme une de ses attributions les plus importantes, de s'approprier certains produits, de percevoir certaines redevances, d'établir certains impôts ou certaines cotisations.

214. C'est sous ce second point de vue seulement que nous examinerons ici les dépenses et recettes des communes.

Nous reporterons au mot *Comptabilité communale* tout ce qui se rattache aux formes de la comptabilité, et notamment ce qui concerne la formation des budgets, l'ouverture et la régularisation des crédits, l'ordonnancement et le paiement des dépenses, l'encaissement des recettes, la justification et l'apurement des comptes, etc.

215. Nous suivrons, dans l'exposé des règles applicables à ces matières, l'ordre dans lequel les art. 30, 31, 32 de la loi du 18 juillet 1837, énumèrent les dépenses et les recettes. (V. au sommaire, chap. 7.)

SECT. 1re. — *Dépenses obligatoires.*

§ 1er. — *Entretien de l'hôtel de ville.*

216. Le premier paragraphe de l'art. 30,

qui a défini la nature des dépenses communales réputées obligatoires, comprend l'entretien, s'il y a lieu, de l'hôtel de ville ou du local affecté à la mairie. En se reportant à la discussion de la loi, on voit que la commission de la chambre des députés avait d'abord voulu classer cette charge parmi les dépenses facultatives, en objectant que dans beaucoup de communes il n'existe pas d'hôtel de ville. Une assez longue discussion s'est engagée sur ce point, et l'on a fini par adopter, comme moyen terme, la disposition proposée, avec la réserve, *s'il y a lieu*, qui ne signifie autre chose sinon que la dépense n'est obligatoire pour la commune que là où il existe un édifice affecté à l'usage de la mairie.

Ces travaux d'entretien rentrent d'ailleurs naturellement, quant au mode d'exécution, sous l'application des règles ordinaires en matière de travaux communaux.

217. Une circulaire du ministre de l'intérieur du 13 novembre 1810, insérée au *Recueil*, t. 2, p. 240, appelle l'attention des préfets sur l'abus des logements accordés dans les hôtels de ville, et décide que ces bâtiments doivent être réservés en entier, tant pour la tenue des séances des conseils municipaux et les bureaux des mairies que pour les autres besoins publics. Dans aucun cas et sous aucun prétexte, dit cette circulaire, ils ne peuvent être occupés par des fonctionnaires de quelque ordre que ce soit.

§ 2. — *Frais de bureau et d'impression.*

218. Les budgets communaux doivent, aux termes de l'art. 12 de l'arrêté du gouvernement du 4 thermidor an X, comprendre, dans un chapitre séparé des autres dépenses, les frais d'administration des communes; mais un décret du 17 germinal an XI a déterminé, d'une manière plus précise, en quoi consistent ces frais, et en a réglé la quotité légale, du moins pour les communes jouissant d'un certain revenu.

219. L'art. 1er de ce décret porte : « Dans toutes les villes qui ont 20,000 francs de revenu et au-dessus, et dont la population est au-dessous de cent mille âmes, les frais d'administration qui consistent en abonnements de journaux, registres de l'état civil, entretien de la maison commune (non compris le loyer), le bois, la lumière, encre, papier, ports de lettres, impressions et affiches, les greffiers, secrétaires, commis, agents, huissiers, sergents, appariteurs, sonneurs, gardes champêtres et employés quelconques, les fêtes nationales et dépenses imprévues, sont fixés à 50 centimes par habitant sur les états de population arrêtés en conseil d'état. »

220. Une instruction du ministre de l'intérieur du mois de floréal de la même année, relative à l'exécution de cet arrêté (*Rec. des circ.*, t. 1er, p. 267), fait observer qu'il faut comprendre dans cette classification les adjoints des commissaires de police, leurs agents, les voyers, les pompiers, et même toutes les dépenses de police qui n'auraient point un service effectif et défini, comme l'entretien des pavés, réverbères, etc., mais qui seraient présentées sous le titre vague et indéfini de dépenses secrètes, extraordinaires, imprévues, de sûreté, salubrité, etc.

221. D'autres instructions ministérielles, notamment celle du 16 avril 1817 (*Rec. des circ.*, t. 3, p. 192), contiennent aussi des dispositions utiles à rappeler.

Ainsi, selon cette dernière instruction, les allocations pour frais d'administration des communes, calculées à raison de 50 centimes par habitant, ne peuvent être augmentées qu'autant que la population serait plus élevée, et que sa force actuelle aurait été reconnue par une nouvelle ordonnance (1).

La même circulaire rappelle que c'est sur le fonds des frais d'administration que doivent être acquittés tous les traitements, gages et salaires, à l'exception toutefois du garde champêtre, dont le traitement, en cas de nécessité, peut faire l'objet d'une allocation particulière au budget.

-----

(1) Une autre circulaire du ministère de l'intérieur du 14 avril 1812 (*Rec.*, t. 2, p. 323) porte que les 50 centimes pour frais d'administration seront fixés d'après le recensement approuvé en Conseil d'état, jusqu'à ce qu'un dénombrement postérieur ait été homologué ; qu'on n'ajoutera point à cet article sous prétexte de suppléer à l'insuffisance de ce fonds, et qu'on ne fera de ce supplément l'objet d'aucun article particulier. S'il paraissait indispensable d'en obtenir un, on ne pourrait le demander qu'en joignant un état détaillé des frais d'administration.

Depuis la nouvelle organisation du service des postes (loi du 3 juin 1829), le traitement des messagers piétons a cessé d'être à la charge des communes, et ne figure plus conséquemment dans la nomenclature des fonds de cotisations municipales.

222. Le traitement des commissaires de police est également en dehors des 50 centimes affectés aux frais d'administration.

223. Il en est de même du traitement du receveur municipal, fixé suivant les bases posées par l'ordonnance du 17 avril 1839.

Nous dirons plus loin comment il doit être procédé à l'égard de ces derniers traitements.

224. Au surplus, nous devons ajouter que les classifications établies tant par le décret de germinal an XI que par les circulaires qui viennent d'être citées, sont rarement observées aujourd'hui dans la rédaction de la plupart des budgets communaux. L'augmentation de travail nécessitée dans les bureaux des mairies par l'exécution des diverses lois récemment rendues, a eu pour effet d'accroître les frais d'administration de telle sorte que, dans beaucoup de communes, ils dépassent le taux de 50 centimes par habitant, même en n'y comprenant ni les dépenses pour fêtes publiques, ni les traitements des agents de police, ni plusieurs autres articles énoncés au décret de germinal an XI. Le ministre de l'intérieur, dans une circulaire du 15 juin 1836, a reconnu qu'il n'y avait pas lieu de rejeter absolument des budgets les crédits plus considérables votés par les conseils municipaux, lorsqu'ils ne paraîtraient pas dépasser l'exigence des besoins réels, mais que pour ne pas s'écarter des dispositions légales, il fallait ne faire figurer au chapitre des dépenses ordinaires que le crédit rigoureusement calculé sur le chiffre de la population, sauf à reporter le supplément d'allocation indispensable au chapitre des dépenses extraordinaires et à le faire disparaître, si les dépenses pouvaient être ramenées ultérieurement dans les limites de la loi.

225. Un préfet a demandé au ministre si l'on pouvait considérer comme obligatoire, bien qu'elle ne fût pas énoncée dans l'art. 30 de la loi du 18 juillet 1837, la dépense du traitement d'un officier de santé qui serait chargé de constater les décès.

Le ministre a répondu : « Le deuxième paragraphe de cet article s'appliquant au traitement de *tous* les agents du service communal, celui de l'officier de santé préposé à la constatation des décès s'y trouve nécessairement compris. En effet, de l'impossibilité où se trouve le maire, ou l'adjoint délégué par lui, de s'assurer par lui-même des décès, dans une ville populeuse, résulte l'obligation d'en char-

ger un agent ayant les connaissances requises pour un semblable service : et c'est ce qui a lieu dans la plupart des grandes villes ; la dépense de ce traitement étant la conséquence d'une obligation imposée par la loi, peut être considérée comme autorisée implicitement par l'art. 30 de la loi du 18 juillet 1837, n° 21, § 2, suivant les explications contenues dans la circulaire du 17 août de la même année concernant les dépenses prescrites par des lois spéciales. Toutefois, il faut se reporter ici aux dispositions de la législation antérieure, c'est-à-dire à l'arrêté du gouvernement du 17 germinal an XI relatif aux dépenses de l'administration des communes.

» La question se réduit donc à savoir si les frais d'administration de la ville, augmentés du traitement d'un officier de santé chargé de constater les décès, ne dépasseraient pas 50 centimes par habitant. Dans ce cas, ce traitement pourrait être imputé légalement, comme vous le proposez, sur les frais de bureau de la mairie ; dans le cas contraire, ce n'est qu'en opérant des réductions sur les autres dépenses du service qu'on pourrait parvenir à pourvoir à ce besoin ; et comme, en résultat, il s'agit d'une dépense obligatoire sur laquelle il vous appartient de statuer, vous devriez, en toute hypothèse, le conseil municipal préalablement entendu, procéder conformément aux dispositions combinées des art. 30 et 39 de la loi du 18 juillet. » (Aude, 10 nov. 1838.)

226. On vient de voir comment il doit être procédé relativement à l'établissement des services nouveaux qui peuvent être réputés obligatoires. A l'égard de ceux qui existent et qu'un conseil municipal pourrait compromettre en réduisant ou en refusant d'allouer, sans raison valable, les frais nécessaires à leur entretien, l'autorité administrative supérieure trouverait encore dans l'art. 39 de la loi du 18 juillet 1837, combiné avec la législation antérieure, l'indication de la marche qu'elle aurait à suivre (1).

____

(1) Voici en quels termes dispose l'art. 39 de la loi du 18 juillet 1837 :

« Si un conseil municipal n'allouait pas les fonds exigés pour une dépense obligatoire, ou n'allouait qu'une somme insuffisante, l'allocation nécessaire serait inscrite au budget par ordonnance du roi, pour les communes dont le revenu est de cent mille francs et au-dessus, et par

S'il s'agissait, par exemple, de s'opposer à la réduction ou à la suppression du traitement du secrétaire de la mairie, qui fait nommément partie des frais d'administration énoncés dans le décret du 17 germinal an XI, elle devrait d'abord examiner si le montant total des frais d'administration, ce traitement compris, n'excède pas 50 centimes par habitant. Dans ce cas, le préfet, après avoir mis le conseil municipal en demeure, prendrait, en conseil de préfecture, un arrêté par suite duquel la somme nécessaire, calculée sur la quotité moyenne du traitement des trois dernières années, serait inscrite au budget de la commune.

Que si les frais d'administration absorbaient au delà de la fixation légale de 50 centimes par habitant, de telle sorte que tout ou partie du traitement moyen ne pût être régulièrement alloué d'office, le préfet devrait vérifier si, parmi les divers articles de dépense dont ce chapitre du budget de la commune se compose, il n'y en aurait pas d'étrangers à ceux dont le décret de germinal an XI donne la nomenclature dans le tableau n° 2 qui y est annexé. En cas d'affirmative, il serait autorisé à retrancher ou à réduire ces articles pour faire place au traitement du secrétaire, comme étant plus spécialement obligatoire aux termes du décret de l'an XI.

Autrement, et s'il n'y avait pas possibilité de trouver dans la réduction des autres dépenses le moyen de rétablir ce traitement, le préfet devrait s'abstenir de toute mesure de contrainte qui ne reposerait sur aucune base légale.

Dans les cas les plus ordinaires, c'est-à-dire pour les frais d'administration qui concernent les petites communes, c'est la quotité moyenne des trois dernières années qui doit seule être prise pour base, en cas de résistance de la part des conseils municipaux ; et l'allocation par le préfet, ou même l'imposition d'office par ordonnance, ne souffre ici aucune difficulté. (Le min. de l'int. au préf. des Côtes-du-Nord, 22 déc. 1837 ; Ord. du 26 juin 1839 [Oise — Saint-Arnould].)

227. Relativement aux frais d'impression en particulier, une circulaire du ministre de l'intérieur du 17 janvier 1837, donne la nomenclature des imprimés le plus généralement en usage pour le service des mairies. Les fonds destinés au paiement de ces fournitures sont centralisés, à titre de *cotisations municipales*, à la caisse du receveur général du département et employés sur les mandats du préfet (autre circ. du 25 nov. 1836) (1).

228. Les frais d'administration étant payables par douzièmes, les mandats relatifs à ces dépenses sont délivrés à la fin de chaque mois (inst. gén. du min. des fin. du 15 déc. 1826, art. 725).

§ 3. — *Abonnement au Bulletin des Lois.*

229. Un arrêté des consuls du 29 prairial an VIII (3e série, bull. 30), a décidé : « Ar-

---

arrêté du préfet en conseil de préfecture, pour celles dont le revenu est inférieur.

» Dans tous les cas, le conseil municipal sera préalablement appelé à en délibérer.

» S'il s'agit d'une dépense annuelle et variable, elle sera inscrite pour sa quotité moyenne pendant les trois dernières années. S'il s'agit d'une dépense annuelle et fixe de sa nature, ou d'une dépense extraordinaire, elle sera inscrite pour sa quotité réelle.

» Si les ressources de la commune sont insuffisantes pour subvenir aux dépenses obligatoires inscrites d'office en vertu du présent article, il y sera pourvu par le conseil municipal, ou, en cas de refus de sa part, au moyen d'une contribution extraordinaire établie par une ordonnance du roi, dans les limites du maximum qui sera fixé annuellement par la loi de finances, et par une loi spéciale si la contribution doit excéder ce maximum. »

(1) Le système du fonds de cotisations municipales est surtout favorable aux créanciers qui, ayant fait une fourniture au compte de plusieurs communes collectivement, seraient embarrassés pour suivre le recouvrement de leur créance auprès de chacune. Ces embarras cessent lorsque toutes les portions de la somme due par différentes communes se trouvent centralisées à la caisse du receveur général des finances, où le paiement s'en opère sur un seul mandat. Telle a été l'origine de la formation du fonds de cotisations municipales qui répondait à un besoin réel ; car il n'est pas sans intérêt pour les communes elles-mêmes d'assurer à leurs fournisseurs un paiement prompt et sans frais. Toutefois, comme l'abus des meilleurs principes a ses inconvénients, le ministre de l'intérieur, d'accord avec son collègue des finances, a dû renfermer dans de justes limites le nombre et la nature des articles qui peuvent être classés comme imputables sur ce fonds ; c'est à quoi il a été pourvu par les

ticle 1er. Le *Bulletin des Lois* sera envoyé aux maires de toutes les communes de la république. Le prix de l'abonnement est fixé à 6 francs, à partir du 1er vendémiaire an IX. Art. 2. Ces abonnements font partie des dépenses communales, et le paiement en sera effectué, par les percepteurs, entre les mains des receveurs particuliers, sur le recouvrement des centimes additionnels. (Art. 3 et

circulaires citées des 25 novembre 1836 et 17 janvier 1837.

Cette dernière énumère, comme il suit, les imprimés dont la fourniture se paie sur les fonds de cotisations municipales, savoir :

Liste des électeurs communaux.

Procès-verbaux d'élection.

Liste de scrutin.

Mouvement de la population.

Feuilles de recensement de la population.

Tableaux statistiques de toute nature sur les cultures, les bestiaux, les consommations, etc.

Mercuriales.

Avis des journées à fournir pour les chemins vicinaux.

Liste de souscriptions pour les chemins de grande communication.

Réglements pour les écoles primaires.

Certificats d'exercice des instituteurs communaux.

Rôle de la rétribution mensuelle.

État des impositions pour l'instruction primaire placées au trésor royal.

État des dépenses extraordinaires de l'instruction primaire.

Liste des élèves exempts de la rétribution.

Liste des enfants qui ne reçoivent pas l'instruction primaire.

Compte administratif de l'exercice clos.

(L'état de situation du même exercice à fournir par le receveur, à l'appui du compte du maire, est à la charge du comptable.)

Réglement de l'exercice clos.

État des restes à payer.

Chapitres additionnels au budget de l'exercice courant.

Budget de l'exercice à régler.

Mandats de paiement.

Mandat de retrait de fonds du trésor.

Procès-verbaux de clôture des caisses municipales au 31 décembre.

Répartition de la coupe affouagère.

Rôle de taxe sur le bétail.

A cette nomenclature il convient d'ajouter le registre destiné à recueillir les arrêtés pris par les maires, et dont la tenue a été recommandée par une instruction du **3 janvier 1838**.

circul. du min. de l'int. du 8 messidor an VIII.)»

Bien que le prix d'abonnement ait été postérieurement augmenté et porté à 9 francs, les communes continuent à recevoir, par exception, le *Bulletin des Lois* au prix de 6 francs par an. Elles jouissent, en outre, de l'avantage de ne payer les numéros dont elles ont besoin pour compléter leurs collections, qu'à raison de 10 centimes la feuille au lieu de 20, et de 3 francs le volume au lieu de 6.

Les maires sont chargés de veiller à la conservation de la collection. Ils en sont personnellement responsables. Cette collection doit rester au secrétariat de la mairie; elle ne peut, sous aucun prétexte, en être distraite. Le fonctionnaire sortant en fait la remise à son successeur : l'état doit en être alors régulièrement constaté. « Si cette formalité a été omise, le maire est présumé avoir reçu la collection complète de son prédécesseur, et, si des numéros sont égarés ou détruits, il paraît naturel d'en mettre le remplacement à sa charge. » (Avis du com. de l'int. du 25 juin 1830 [Tarn. — Saint-Michel Labadie].)

§ 4. — *Frais de recensement de la population.*

230. La portion de ces frais qui est mise à la charge des communes ne consiste, à proprement parler, que dans la fourniture des imprimés dont le prix est payé sur le fonds des cotisations municipales, comme il a été dit ci-dessus. Quant à l'opération du recensement en elle-même, V. Recensement.

§ 5. — *Frais des registres de l'état civil et des tables décennales.*

231. Ces frais se composent : 1° de la fourniture des registres; 2° du timbre des feuilles; 3° du prix du transport de ces registres.

Des formules d'actes de l'état civil ont été envoyées, dès l'an XII, par l'administration centrale aux préfets (circul. du 25 frimaire, *Rec.*, t. 1, p. 339), pour être réimprimées et remises aux maires au commencement de chaque année; mais, par suite d'inexactitudes signalées dans la rédaction des actes, ces formules ont été reproduites dans une autre circulaire du 27 février 1822 (t. 5, p. 9). Elles étaient données à titre de conseil et de guide, mais non avec obligation de s'y conformer d'une manière absolue.

Une instruction du 13 mai 1810 (t. 2, p. 185) a prescrit, en outre, l'impression, en tête des registres, et toujours aux frais des communes, d'une formule destinée à constater que le président du tribunal a visé et paraphé chaque feuillet. Par une autre circulaire du 28 octobre 1814 (t. 5, p. 518), le ministre de l'intérieur, pour prévenir tout abus dans cette branche de la comptabilité communale, a décidé que, chaque année, le budget de chaque commune contiendrait une allocation pour le papier timbré de l'année suivante, qui se trouverait ainsi payé d'avance. Enfin, une autre circulaire du 18 août 1825 (t. 5, p. 419), a mis le transport des registres à la charge des communes et invite les préfets à prescrire le mode le moins dispendieux.

Telles sont les principales dispositions qui ont déterminé les obligations des communes en ce qui concerne les frais relatifs à la tenue des registres de l'état civil. Le mode de recouvrement de ces frais est réglé aujourd'hui par l'instruction du 25 novembre 1836.

232. Quant aux tables décennales, un décret du 20 juillet 1807 (4e série, bull. 151), envoyé aux préfets le 3 septembre de la même année, y a pourvu ainsi qu'il suit :

Les tables alphabétiques des actes de l'état civil continueront à être faites annuellement et refondues tous les dix ans pour n'en faire qu'une seule par commune, à compter du dernier jour complémentaire an X (21 septembre 1802) jusqu'au 1er janvier 1813, et ainsi successivement de dix ans en dix ans. (Art. 1er.)

Les tables annuelles sont faites par les officiers de l'état civil, dans le mois qui suit la clôture du registre de l'année précédente, et demeurent annexées à chacun des doubles registres; une double expédition en est adressée par les maires au greffe du tribunal civil dans les trois mois. (Art. 2.)

Les tables décennales sont faites, dans les six mois de la onzième année, par les greffiers des tribunaux de première instance (art. 3) en triple expédition, l'une pour le greffe, une autre pour le préfet du département, et la troisième pour chaque commune du ressort. (Art. 5.)

Les unes et les autres doivent être sur papier timbré, et certifiées par les dépositaires respectifs. (Art. 4.)

Les expéditions destinées à la préfecture sont payées aux greffiers des tribunaux sur les fonds départementaux à raison d'un centime par nom, non compris le prix du timbre; et chaque feuille doit contenir quatre-vingt-seize noms ou lignes (art. 6). Les expéditions destinées aux communes sont payées par chacune d'elles et sont conformes aux autres. (Art. 7.)

Il n'est dû au greffier, pour l'expédition de celle qui doit rester au tribunal, que le remboursement du prix du papier timbré. (Art. 8.)

A ces dispositions qui continuent de régir la matière, une circulaire du directeur général de la comptabilité des communes et des hospices, en date du 7 août 1813 (t. 2, p. 470), ajoutait que la dépense des tables décennales payable par les communes, aux termes des art. 6 et 7 du décret ci-dessus rappelé, devant être considérée comme extraordinaire, il y avait lieu d'en assurer le paiement, faute d'autre crédit, sur le fonds des dépenses imprévues; et qu'il était plus régulier, d'ailleurs, que le prix des tables ne fût acquitté que lorsqu'elles auraient été livrées et vérifiées, sauf aux greffiers à se pourvoir auprès du ministre de la justice pour obtenir l'avance du papier timbré.

La comptabilité de cette dépense, comme celle des frais des registres de l'état civil, est réglée maintenant par l'instruction du 25 novembre 1836. — V. ci-dessus.

233. Après les frais généraux qui s'appliquent aux besoins les plus indispensables de l'administration de la commune, l'art. 30 de la loi de 1837 règle ce qui concerne les traitements des agents dont le salaire est laissé en dehors de ces frais, soit par le décret du 17 germ. an XI, soit par les instructions ministérielles publiées à la suite, comme on l'a vu plus haut, et détermine, § 9, les obligations de la commune relativement aux pensions des employés du service municipal et des commissaires de police.

§ 6. — *Traitement du receveur municipal, du préposé en chef de l'octroi, et frais de perception.*

234. Ce fut en l'an VII que le gouvernement, en traçant quelques règles pour la nomination des receveurs des communes, s'occupa aussi de la fixation du traitement de ces comptables. La loi du 11 frimaire an VII attribua la recette des *communes* aux percepteurs des contributions directes (art. 30), celle des *municipalités* au secrétaire de la mairie (art. 33), enfin celles des *communes qui formaient à elles seules un canton*, à un préposé spécial nommé par l'administration municipale (art. 35). Dans le premier cas, c'est-à-dire quand la re-

cette était attribuée au percepteur. ce comptable recevait, pour ce service, sur les centimes spécialement affectés aux dépenses municipales, une remise égale à celle qu'il touchait pour le recouvrement des contributions de l'état; mais il n'avait aucune remise sur les autres revenus que pouvait avoir la commune. Ce recouvrement, d'après les termes mêmes de l'art. 39 de la loi précitée du 11 frimaire, était une des charges de son adjudication; car, à cette époque, la perception de l'impôt était, comme on sait, mise en adjudication publique. Dans le deuxième cas, on se bornait à augmenter le traitement du secrétaire (art. 10); dans le troisième cas, le préposé spécial devait jouir d'un traitement fixe réglé par l'administration municipale, sauf l'approbation de l'administration du département. (Art. 11.)

Après que la loi du 28 pluviose an VIII eut supprimé les municipalités de canton et toute l'organisation communale créée par la constitution de l'an III, l'arrêté du 4 thermidor an X ordonna qu'il serait établi, dans toutes les communes qui avaient plus de 20,000 fr. de revenus, un receveur spécial dont le traitement serait, sur le vote du conseil municipal, porté au budget de la commune sous l'approbation du gouvernement. Dans les communes ayant moins de 20,000 fr. de revenus, les percepteurs restaient chargés de la recette municipale aux conditions précédemment déterminées par la loi du 11 frimaire an VII. Cependant l'attribution donnée aux conseils municipaux de voter le traitement du receveur spécial, était trop vague et pouvait prêter à l'arbitraire. Aussi l'administration comprit-elle la nécessité de poser quelques bases pour la fixation de ces traitements. L'arrêté du 17 germinal an XI décida qu'ils ne devaient pas dépasser 5 p. %, dans les communes dont les revenus ne s'élevaient pas à plus de 100,000 fr. et 1/2 p. % sur l'excédant de 100,000 fr.

Le décret du 30 frimaire an XIII, sans prescrire aucune modification aux bases de l'arrêté du 17 germinal an XI, disposa seulement que les percepteurs qui faisaient la recette des communes dont le revenu était inférieur à 20,000 fr., comme les receveurs spéciaux, jouiraient de remises proportionnelles, qui seraient réglées définitivement par le préfet. Il y avait encore entre ces agents cette différence, que les percepteurs ne devaient point

obtenir de remises sur le produit des centimes additionnels et le dixième des patentes, parce qu'ils en recevaient déjà en qualité de percepteurs, tandis que les receveurs spéciaux étaient rétribués sur l'ensemble de leurs recouvrements.

Enfin, le décret du 24 août 1812 statua d'une manière plus explicite. Il voulut que les traitements des receveurs municipaux des communes qui ont 10,000 fr. ou plus de revenus, ne pussent excéder les proportions suivantes, savoir: 1 p. % sur les premiers 20,000 fr. de recettes ordinaires, dans les communes dont les recettes sont confiées au percepteur des contributions;

5 p. % sur les premiers 20,000 fr. de recettes ordinaires, dans les communes où les recettes sont confiées à des receveurs spéciaux;

Et, dans toutes les communes, 1 p. % sur les sommes excédant 20,000 fr., jusqu'à un million; et 1/2 p. % sur toutes celles qui s'élèvent au delà d'un million.

Ces tarifs n'étaient, au surplus, qu'énonciatifs du maximum des traitements, lesquels devaient être réglés définitivement dans le budget de chaque ville, sur la proposition nécessaire du conseil municipal, l'avis du sous-préfet, et l'avis du préfet, conformément à l'article 7 du décret du 30 frimaire an XIII.

235. La loi du 18 juillet 1837 sur l'administration municipale n'a rien innové en ce point; elle a seulement rangé les traitements des receveurs au nombre des dépenses obligatoires des communes.

Mais le système du décret du 24 août 1812 présentait de grands vices, que l'expérience n'a pas tardé à faire reconnaître. Dans les communes où les tarifs de ce décret ont été appliqués sans modification, les intérêts des communes ont eu à souffrir, parce que les traitements ont dépassé une juste limite. Dans d'autres communes, au contraire, les administrations locales, usant de la faculté indéterminée que leur réservait l'art. 2 du décret, de réduire les tarifs, ont fait descendre les remises des receveurs au-dessous de ce qu'il était légitime d'allouer à ces comptables, et il en est résulté, la plupart du temps, pour les communes, le grave danger de n'avoir que des comptables inhabiles ou infidèles. Des réclamations nombreuses se sont élevées, et il faut reconnaître qu'elles ne manquaient pas de fondement; car ces allocations étaient souvent réduites au moment même où le travail et la responsabilité des receveurs étaient accrus par les mesures prescrites par l'autorité supérieure pour le bon ordre de la comptabilité municipale.

On sait, en effet, que depuis quelques années la comptabilité des communes et des établissements publics, comme celle de l'État, a été renfermée avec soin dans des règles précises et rigoureuses. Le nouveau système adopté pour les écritures, pour la tenue des comptes, pour la justification des dépenses, a eu les plus utiles résultats pour la bonne gestion des revenus; mais il a doublé les opérations des comptables, en même temps qu'il a exigé de leur part une capacité bien plus grande.

Dans cet état de choses, une réforme devenait nécessaire; il fallait mieux préciser ce que le décret du 24 août 1812 avait de trop indéterminé, et, par un tarif mieux gradué, établir des bases de traitement qui protégeraient à la fois les intérêts des communes dont les conseils municipaux se sont laissé entraîner à voter le maximum porté dans le décret, et les intérêts des comptables, injustement sacrifiés dans les communes où les conseils ont réduit outre mesure les allocations.

C'est à quoi il a été pourvu par les ordonnances réglémentaires des 17 avril et 23 mai 1839 (1).

____

(1) En voici le texte (ord. du 17 avril) :

« Art. 1er. A l'avenir, les traitements des receveurs des communes et des établissements de bienfaisance consisteront en remises proportionnelles, tant sur les recettes que sur les paiements effectués par ces comptables pour le compte desdites communes et établissements.

» 2. Les remises sur les recettes et les dépenses, soit ordinaires, soit extraordinaires, seront calculées ainsi qu'il suit, savoir :

	f. c.
Sur les premiers 30,000 fr. à raison de	1 50 p. 0/0 sur les recettes. / 1 50 p. 0/0 sur les dépenses.
Sur les 70,000 fr. suivants . à raison de	0 75 p. 0/0 sur les recettes. / 0 75 p. 0/0 sur les dépenses.
Sur les 100.000 fr. suivants jusqu'à 1,000,000, à raison de.	0 83 p. 0/0 sur les recettes. / 0 33 p. 0/0 sur les dépenses.
Sur toutes sommes excédant 1,000,000, à raison de...	0 12 p 0/0 sur les recettes. / 0 12 p. 0/0 sur les dépenses,

» 3. Les conseils municipaux et les commissions administratives seront toujours appelés à délibérer, conformément au décret du 30 frimaire an xiii, sur la fixation des remises de leurs receveurs, sans toutefois que les proportions du tarif ci-dessus puissent être élevées ou réduites de plus

d'un dixième, et sauf décision de l'autorité compétente.

» 4. Dans les communes où les fonctions de receveur municipal seront réunies à celles de percepteur des contributions directes, la recette du produit des centimes additionnels ordinaires ou extraordinaires et des attributions sur patentes, ne donnera lieu à aucune remise outre celle qui est allouée au comptable en sa qualité de percepteur, ou en exécution de l'art. 5 de la loi du 20 juillet 1837.

» 5. Dans toutes les communes et établissements, les comptables ne recevront non plus aucune remise sur les recettes et les paiements qui ne constitueraient que des conversions de valeurs.

» 6. Seront considérés comme conversions de valeurs, lorsque le service de la commune et celui d'un établissement de bienfaisance seront réunis entre les mains du même comptable, savoir : à l'égard de la commune, le paiement des subventions allouées à l'établissement sur les fonds municipaux; à l'égard de l'établissement, la recette desdites subventions.

» 7. Toutes recettes et dépenses faites par un receveur, même dans un intérêt local, mais qui ne concerneraient pas le service direct de la commune, comme, par exemple, le recouvrement et le paiement des secours ou indemnités accordés par le gouvernement en cas de sinistres, ou pour le logement des troupes chez l'habitant, et d'autres articles qui pourraient être déterminés par les instructions, ne donneront droit à aucune allocation, à moins d'un vote spécial du conseil municipal approuvé par l'autorité administrative compétente.

» 8. La présente ordonnance n'est pas applicable à la ville et aux établissements de bienfaisance de Paris. »

L'ordonnance du 23 mai, rectificative de la première, est ainsi conçue :

« Art. 1er. L'article 2 de notre ordonnance du 17 avril 1839 est et demeure modifié ainsi qu'il suit :

» Les remises sur les recettes et les dépenses,

des ordonnances arrêtés des 15 juin 1841 (Orléans); 10 mars 1841 (Provins), et les Chambres ont passé à l'ordre du jour sur les pétitions dont elles étaient l'objet : il faut donc les considérer désormais comme ayant acquis force exécutoire (1).

------

soit ordinaires, soit extraordinaires, seront calculées ainsi qu'il suit, savoir :

(. . .

```
Sur les premières 50,000 fr. à . . 2 00 p. 0/0 sur les recettes.
       id.        . . . . . . . .  2 00 p. 0/0 sur les dépenses.
Sur les 50,000 fr. suivantes . . . 1 50 p. 0/0 sur les recettes.
     à raison de . . . . . . . . . 1 50 p. 0/0 sur les dépenses.
Sur les 50,000 fr. suivantes . . . 0 75 p. 0/0 sur les recettes.
     à raison de . . . . . . . . . 0 75 p. 0/0 sur les dépenses.
Sur les 100,000 fr. suivants   { 0 35 p. 0/0 sur les recettes
 jusqu'à un million, à rai-    { 0 35 p. 0/0 sur les dépenses
 son de . . . . . . . . . . .  {
Sur les sommes excédant un     { 0 12 p. 0/0 sur les recettes.
 million, à raison de . . . .  { 0 12 p. 0/0 sur les dépenses.
```

» 2. Toutes les autres dispositions de notre ordonnance du 17 avril 1839 continueront à être exécutées. »

(1) Comme la question de légalité des ordonnances de 1839 a été fort controversée, et qu'elle soulève fréquemment encore de vives contestations de la part de quelques administrations municipales, nous pensons qu'il n'est pas inutile d'indiquer ici les principales raisons que le ministre a présentées à l'appui devant le Conseil d'état jugeant au contentieux, sur le pourvoi de la ville d'Orléans.

En règle générale, disait le ministre, le droit de fixer le traitement appartient à l'autorité qui dispose de l'emploi : or, les receveurs municipaux, soit dans les communes qui ont plus de 30,000 fr. de revenus, soit dans celles où les percepteurs en remplissent les fonctions, sont à la nomination de l'autorité centrale (art. 65 de la loi du 18 juillet 1837). C'est en conséquence de ce principe, que le décret du 30 frimaire an XIII et celui du 24 août 1812, ont conféré à l'autorité centrale ou à ses délégués la faculté de fixer les traitements des receveurs sur la proposition des conseils municipaux. Les ordonnances en question n'ont donc fait que régler, d'une manière plus précise, l'exercice d'un droit antérieur à la loi municipale de 1837; et on ne saurait contester ce point qu'au moment où elles ont été rendues, rien n'empêchait le gouvernement de fixer, dans chaque commune, par décision spéciale, le traitement du receveur jusqu'à concurrence du maximum déterminé par le décret du 24 août 1812; d'où cette conséquence remarquable, qu'alors même qu'on rapporterait ces ordonnances, le gouvernement n'en resterait pas moins investi du droit de fixer, par une décision particulière, le traitement des receveurs municipaux dans chaque ville, à une somme même supérieure à celle qui

De nombreuses circulaires ont, du reste, réglementé l'application des ordonnances des 17 avril et 23 mai 1839, de manière à prévenir, autant qu'il est possible, les difficultés d'exécution qu'elles rencontrent. Il nous suffira d'en indiquer les dates : ce sont notamment celles des 22 avril, 1er juin 1839; 12

------

résulte de l'application du règlement général aujourd'hui adopté. En effet, le tarif des remises déterminé par le décret du 24 août 1812 était beaucoup plus élevé que celui qu'allouent les ordonnances; il n'était, il est vrai, indiqué que comme *maximum*; mais enfin c'est dans cette limite que l'autorité supérieure exerçait son droit de règlement, et elle pouvait l'atteindre si elle le jugeait nécessaire.

En résumé, le décret du 24 août 1812 donnait à l'administration centrale le droit de régler les traitements des receveurs municipaux sous deux conditions, à savoir : 1° que les conseils municipaux seraient entendus; 2° que le *maximum* des remises fixées par le décret ne serait pas dépassé. Il est facile de démontrer que ces deux conditions ont été respectées par les ordonnances des 17 avril et 23 mai 1839. En effet, elles donnent aux conseils municipaux la faculté d'augmenter ou de réduire les tarifs d'un dixième, suivant les exigences de localité; ce qui conséquemment leur laisse une latitude d'un *cinquième* dans la fixation, c'est-à-dire que le gouvernement a dit aux communes : « Voici comment je comprends l'attribution qui m'est conférée par le décret d'août 1812 : je vous présente des tarifs que j'ai mûrement médités, et que je juge devoir s'appliquer comme la règle la plus équitable dans la généralité des cas. Délibérez, faites-moi vos propositions, comme le décret du 24 août vous en donne le droit; seulement je vous avertis que si vous dépassez de plus d'un dixième en dessus ou en dessous les tarifs que je crois raisonnables, je n'approuverai pas vos propositions, et je réglerai moi-même les remises comme j'y suis autorisé. » Quant au second point, il suffit de comparer les tarifs nouveaux à celui du décret de 1812, pour se convaincre que l'économie est en faveur de la nouvelle mesure. Posée dans ces termes, la question se simplifie beaucoup; la portée des ordonnances est dès lors parfaitement comprise; elles laissent aux conseils municipaux la faculté de *proposer* les traitements, et au gouvernement le droit de *les régler*. Le décret du 24 août 1812 est donc complétement respecté dans son esprit comme dans ses termes, et par conséquent les ordonnances des 17 avril et 23 mai 1839 sont, sous le rapport de la légalité, tout à fait inattaquables, etc.

février, 3 décembre 1840; 25 juill. 1841 et 20 avril 1843. (Voir au *Rec.* ou au *Bull. offic.* du min. de l'int.)

236. Quant à la nomination des receveurs municipaux, l'art. 65 de la loi municipale maintient les règles antérieures posées dans le décret du 27 février 1811 (4e série, bull. 354). Aux termes de l'art. 2 de ce décret, dans les cas de vacance, pour les communes qui ont des receveurs municipaux autres que les percepteurs des contributions directes, le conseil municipal présente trois candidats dont la liste est adressée, avec l'avis du sous-préfet et celui du préfet, au ministre des finances, qui soumet la nomination à la sanction royale.

237. On a élevé la question de savoir si, dans une commune dont le revenu excède 30,000 fr., les fonctions de receveur municipal, jusqu'alors exercées par le percepteur, doivent être conférées, lorsque le conseil municipal le demande, à un receveur particulier, bien qu'il n'y ait pas mutation de titulaire, et si le conseil municipal peut encore user du droit qui lui est réservé par le § 2 de l'art. 65 de la loi du 18 juillet 1837 (1), lorsque c'est sur sa proposition qu'antérieurement à cette loi, le percepteur actuel a été chargé des recettes municipales.

238. Deux intérêts se trouvaient ici en présence; à savoir, celui du comptable dont la position sera d'autant plus incertaine et précaire, qu'on la subordonnera aux volontés nécessairement assez variables d'un corps soumis lui-même, dans sa composition, aux modifications que l'élection tend sans cesse à y introduire, et l'intérêt du principe d'émancipation consacré par la loi du 18 juillet 1837, en faveur des conseils municipaux eux-mêmes, dont cette loi a eu pour effet de fortifier l'autorité

en tout ce qui touche principalement à l'administration des revenus de la commune.

C'est dans le sens de ce dernier intérêt que le Conseil d'état s'est prononcé par un avis du 15 mars 1843, ainsi conçu :

« Considérant que le droit des communes ayant plus de 30,000 fr. de revenus, en ce qui concerne le choix des agents chargés de percevoir ces revenus, est exceptionnellement réglé par le § 2 de l'art. 65 de la loi du 18 juillet 1837 ; que les termes de ce paragraphe sont formels et absolus, et n'imposent aux communes, pour obtenir des receveurs municipaux spéciaux, d'autres conditions que celles qui résultent du chiffre de leurs revenus et du vœu exprimé par leurs conseils municipaux ; que ce serait ajouter à ces conditions de la loi que de faire dépendre la disjonction des recettes municipales de la mutation à intervenir dans la personne du fonctionnaire en exercice ; que si, antérieurement à la loi ci-dessus visée, une commune a demandé que les fonctions du receveur municipal fussent confiées au percepteur, bien qu'elle pût, dès lors, demander et obtenir un receveur particulier, on ne peut voir dans cet acte de l'autorité municipale l'épuisement du droit, qui n'a cessé d'exister pour elle, d'avoir pour ses recettes communales un autre comptable que le comptable chargé de la perception des deniers publics; que s'appuyer sur cette circonstance pour refuser à cette commune la nomination d'un receveur municipal spécial, ce serait méconnaître le droit des communes ayant plus de 30,000 fr. de revenus, ou, du moins, poser à ce droit des limites qui ne résultent ni de l'esprit ni des termes de la loi du 18 juillet 1837 ;

» Est d'avis :

» 1° Que dans une commune dont les revenus excèdent 30,000 fr., la perception de ces revenus doit toujours être confiée à un receveur spécial, si le conseil municipal le demande ;

» 2° Que la circonstance que les fonctions de receveur municipal auraient été exercées jusqu'à ce jour par le percepteur, sur la proposition de la commune elle-même, ne fait pas obstacle à ce que le conseil municipal use du droit qui lui appartient d'obtenir la nomination d'un receveur municipal spécial. »

239. Les receveurs municipaux sont assimilés, pour tout ce qui concerne la responsabilité de leur gestion, aux comptables des

---

(1) Art. 65. « Le percepteur remplit les fonctions de receveur municipal.

» Néanmoins, dans les communes dont le revenu excède trente mille francs, ces fonctions sont confiées, si le conseil municipal le demande, à un receveur municipal spécial. Il est nommé par le roi, sur trois candidats que le conseil municipal présente.

» Les dispositions du premier paragraphe ci-dessus ne seront applicables aux communes ayant actuellement un receveur municipal que sur la demande du conseil municipal, ou en cas de vacance. »

deniers publics. — Décret du 19 vendémiaire an XII; instruction du 24 sept. 1827.)

Ils sont placés sous la surveillance et la responsabilité des receveurs des finances, aux termes de l'ordonnance du 17 sept. 1847, et de l'instruction du 15 déc. de la même année.

Ils doivent se conformer, pour la tenue de leurs écritures et de leur comptabilité, aux règles qui leur ont été prescrites, ainsi qu'à celles qui pourraient leur être imposées. (Art. 3 du décret du 27 février 1811; instruction du 24 septembre 1827.)

Les communes ont sur leurs meubles et sur leurs immeubles les mêmes droits, privilèges et hypothèques qu'a le trésor royal sur les meubles et immeubles de ses comptables. (Art. 2098, 2121 du Code civ.; loi du 5 septembre 1807.)

Ils sont soumis à l'obligation de fournir un cautionnement en numéraire égal au dixième des revenus dont la perception leur est confiée. (Décret du 21 déc. 1803; loi du 28 avril 1816.)

Ces cautionnements sont affectés, par premier privilège, au paiement des débets de ces comptables, et à la garantie des condamnations prononcées contre eux pour faits relatifs à leur gestion (loi du 5 sept. 1807, art. 3); et l'ordonnance précitée du 17 septembre 1837 a étendu (art. 11) le cautionnement des receveurs municipaux à toutes les gestions.

240. La jurisprudence a, du reste, consacré en cette matière quelques principes qu'il est utile de rappeler et qui se résument comme il suit :

241. Les arrêtés des conseils de préfecture qui règlent les comptes des receveurs municipaux ou qui statuent en matière de comptabilité communale, sont attaquables devant la cour des comptes, et non devant le Conseil d'état. (Ord. des 14 nov. 1821; 7 mai 1828; 20 juillet 1836; 14 juin 1837; 17 janv., 28 mars 1848; 27 fév. 1840).

242. C'est à l'autorité administrative seule qu'il appartient de statuer sur la gestion et la responsabilité des comptables municipaux, et sur la libération de leur cautionnement. (Ord. du 20 août 1840.)

243. Le receveur municipal a droit d'exercer son recours contre le maire (ou ses héritiers), pour obtenir le remboursement des sommes dont le paiement aurait été illégalement ordonné par ce dernier. (Ordonn. du 6 mars 1815.)

244. Enfin, un comptable est responsable de l'enlèvement de sa caisse, lorsqu'il ne prouve pas qu'il était dans l'impossibilité de la sauver. (Ord. du 20 avril 1835; 5 déc. 1837.)

245. Pour ce qui concerne le traitement du préposé en chef de l'octroi et les frais de perception classés au même § 6 de l'art. 30, nous nous bornerons à faire remarquer que ces frais, selon l'esprit comme dans les termes de la loi, sont uniquement les frais de perception de l'octroi, et non pas ceux de tous les revenus communaux en général, comme on pourrait l'induire de l'énoncé de cette disposition. (Lett. du min. de l'int. au minist. des fin., du 14 juin 1838.) C'est qu'en effet, pour les revenus communaux en général, les frais de perception consistent simplement dans les remises, taxations ou traitements alloués aux comptables; mais il n'en est pas de même pour les octrois qui exigent, selon le mode de perception adopté par l'administration municipale, un personnel plus ou moins nombreux et des dépenses de diverses natures. — V. Octroi.

§ 7. — *Traitement des gardes des bois communaux et des gardes champêtres.*

246. *Gardes forestiers.* — Aux termes de la loi du 9 floréal an XI (3ᵉ série, bull. 276), le salaire des gardes forestiers des communes doit être acquitté sur le produit des coupes de bois ou sur les revenus communaux (1).

Celle du 22 mars 1806 (4ᵉ série, bull. 85) porte :

« Art. 1ᵉʳ. Le montant des salaires des gardes des bois des communes qui n'auront ni revenus ni affouages suffisants pour l'acquitter, sera ajouté aux centimes additionnels des contributions de ces communes.

» 2. L'imposition ne pourra avoir lieu que sur l'autorisation du gouvernement par décret d'administration publique. »

Une instruction ministérielle du 18 septembre 1816 (*Rec.*, t. 3, p. 119) établissait que les propriétaires de bois qui ont des gardes particuliers et n'ont point de part dans les affouages, devaient être exceptés de l'im-

---

(1) Cette disposition est renouvelée de celle de l'art. 5 de la loi du 11 frimaire an VII, qui décidait que la contribution foncière et les frais de garde des bois communaux seraient couverts par la vente annuelle d'une portion suffisante des bois d'usage.

position relative aux gardes forestiers ; mais ce système a changé par l'effet de la loi municipale de 1837, qui classe (art. 30, n° 7) le salaire des gardes forestiers au nombre des dépenses ordinaires *des communes*, c'est-à-dire de la réunion de tous les contribuables sans distinction.

247. En principe, il doit être pourvu au paiement du salaire des gardes forestiers des communes sur le produit de la chose même, et sur les restitutions prononcées contre les délinquants. On doit aussi en faire un article du budget.

Que si les bois ne donnent pas un produit égal aux frais de garde, ils sont plutôt à charge qu'utiles aux communes ; et dès lors, on doit prendre des mesures pour obtenir l'autorisation de les aliéner, et d'employer le montant de la vente en acquisition de rentes sur l'état, sauf les exceptions que peuvent commander les localités, à moins que le salaire du garde ne puisse être porté au budget. (Circ. du 18 mai 1818 ; *Rec.*, t. 3, p. 301.)

Suivant un arrêté du gouvernement du 17 nivose an XII (3e série, bull. 334), la caisse de l'enregistrement et des domaines était chargée de faire l'avance de ces salaires au compte des communes. Ce mode dut être changé par suite de la loi du 22 mars 1806, et il y fut pourvu par le décret du 31 janvier 1813 (4e série, bull. 476), aux termes duquel les salaires des gardes qui doivent être acquittés par les communes « le seront, à l'échéance de chaque trimestre, par les receveurs de ces communes, sur les fonds à ce destinés par leurs budgets, et sur les ordonnances des préfets. »

Le préfet transmettait à chaque sous-préfet l'état des gardes de son arrondissement, avec sommation et ordonnance de paiement ; le sous-préfet en donnait connaissance aux percepteurs et aux receveurs des communes, qui en acquittaient le montant sur l'émargement des gardes. (Art. 3 du même décret.)

Cette comptabilité a été simplifiée par l'instruction du 25 novembre 1836, déjà citée, qui a classé les salaires des gardes forestiers chargés de la conservation des bois de plusieurs communes parmi les fonds de cotisations municipales.

248. Il est ainsi bien établi que, lorsqu'il y a impossibilité de prendre le salaire des gardes sur le produit des bois, par suite de l'insuffisance de ce produit, la commune doit y pourvoir sur ses revenus ordinaires, ou, à défaut,

par une imposition de centimes additionnels portant sur la réunion des contribuables.

249. Mais ici se présente une question : il est arrivé que, bien que des bois d'affouage fussent d'une valeur plus que suffisante pour garantir le paiement des frais de garde, la mauvaise volonté des habitants étant parvenue à faire échouer la vente des bois affectés à l'acquittement de ces frais, et le conseil municipal ayant refusé de voter le crédit nécessaire, il a fallu en venir à l'imposition d'office.

Déjà, dans quelques cas semblables, l'administration de l'intérieur avait prescrit de faire, entre les affouagistes, la répartition des frais de garde, conformément aux dispositions de la loi du 26 germinal an XI, sur laquelle se règle la répartition de la contribution foncière dont ces bois sont grevés.

Telle était aussi l'opinion du ministre des finances dans une espèce analogue. (Lettre au min. de l'int., du 14 août 1838 [Puy-de-Dôme].)

Il semblait, en effet, contraire à l'équité de comprendre dans la répartition les contribuables qui, bien que possédant des propriétés sur le territoire de la commune, n'y ont point leur domicile, et, par conséquent, n'y étant point chefs de famille, n'ont pas droit au partage de l'affouage ; et l'administration pouvait se croire autorisée à faire supporter l'imposition par ceux-là seuls qui profitent de la garde des bois.

Mais le comité de l'intérieur n'en a point jugé ainsi. Il a pensé (Avis du 24 novembre 1838 [Puy-de-Dôme ; Savenne]) « que ce serait à tort qu'on voudrait, dans l'espèce, faire application des dispositions de la loi du 16 avril 1803 (26 germinal an XI), la loi du 22 mars 1806, postérieure à celle-ci, ayant formellement prescrit que, dans les communes qui n'auront ni revenus ni affouages suffisants pour acquitter le salaire des gardes de leurs bois, le montant dudit salaire sera ajouté aux centimes additionnels des contributions de ces communes. Qu'en fait, la commune n'a aucune ressource disponible ; que l'opposition des habitants l'a mise dans l'impossibilité de s'en créer au moyen de la distribution des bois d'affouage ; enfin que, faute d'adjudicataires, il a été également impossible de vendre les coupes qui avaient été mises en adjudication par les soins de l'administration forestière, et dont le produit aurait dû, aux termes de l'article 109 du Code forestier, être affecté au traitement du garde ; qu'en cet état de choses, la commune se trouve incontestablement dans le cas prévu par la loi du 22 mars 1806, dont les dispositions sont implicitement confirmées par les art. 30, § 7, et 49 de la loi du 18 juillet 1837. »

Il faut effectivement reconnaître qu'en droit strict et en présence des dispositions formelles de la loi, l'imposition additionnelle à laquelle on est contraint de recourir en pareil cas ne saurait, quelle que soit la cause de cette nécessité, être prélevée que sur la généralité des contribuables.

250. Dans l'état actuel de la législation, les communes sont tenues d'entretenir, aux termes de l'art. 91 du Code forestier, pour la conservation de leurs bois, le nombre de gardes particuliers nécessaire, qui est déterminé par le maire, sauf l'approbation du préfet et l'avis de l'administration forestière. Le choix de ces gardes est fait par le maire, sauf l'approbation du conseil municipal (art. 93) et l'agrément de l'administration forestière, qui leur délivre leur commission ; en cas de dissentiment, le préfet prononce. Le salaire des gardes mis à la charge des communes (art. 108) est réglé par le préfet sur la proposition du conseil municipal (art. 98).

251. À défaut par les communes de faire choix d'un garde dans le mois de la vacance de l'emploi, le préfet y pourvoit sur la demande de l'administration forestière (art. 96). Le même individu peut être chargé de la garde d'un canton de bois appartenant, partie à des communes, partie à l'État. Dans ce cas, la nomination appartient à l'administration forestière seule, et le salaire du garde est payé proportionnellement par chacune des parties intéressées (art. 97).

252. *Gardes champêtres.* — Le Code rural du 6 octobre 1791, en instituant les gardes champêtres, avait décidé (art. 3) que leur salaire serait fixé par le conseil municipal au moyen d'un prélèvement sur les amendes qui appartiendraient en entier à la commune, et en cas d'insuffisance, à l'aide d'un supplément réparti au marc le franc de la contribution foncière.

Plus tard, la loi du 20 mess. an III, en décidant, d'une manière plus impérative, qu'il serait établi des gardes champêtres *dans toutes les communes*, disposa que leur traitement serait fixé par le district et réparti, d'après l'avis du conseil municipal, au marc le franc de la contribution foncière (art. 2).

Le Code des délits et des peines, du 3 brumaire an IV, et l'arrêté du 25 fructidor an IX, ne changèrent rien à cette disposition ; mais un décret du 23 frimaire an XII (non inséré au Bulletin) vint la modifier ainsi : « Art. 1er. Dans toutes les communes où le salaire des gardes champêtres ne pourrait être acquitté sur les revenus communaux en y comprenant le produit des amendes, et lorsque les habitants ne consentiront pas à former le traitement ou le complément du traitement de ces gardes par une souscription volontaire, la somme qui manquera sera, en conformité de l'article 3, sect. 7, de la loi du 6 octobre 1791, concernant les biens d'usages ruraux et la police rurale, répartie sur les propriétaires ou exploitants de fonds non enclos, au centime le franc de la contribution foncière de chacun d'eux. »

Les choses se sont maintenues en cet état jusqu'à la loi de finances du 21 avril 1832 (9e série, bull. 76), dont l'art. 19 (budget des dépenses) a statué en ces termes :

« Il ne sera plus fait de rôles spéciaux pour les impositions relatives au traitement des gardes champêtres. Ces impositions, votées dans les formes prescrites par les art. 39 et 40 de la loi du 15 mai 1818, seront comprises à titre de centimes additionnels dans le rôle de la contribution foncière, et porteront, comme ces centimes, sur toutes les natures de propriété. »

De cette disposition ressortent deux conséquences principales, à savoir : 1° qu'elle a fait disparaître les distinctions établies par les instructions et règlements antérieurs quant aux diverses natures de propriétés sujettes à la garde champêtre et appelées à en supporter les frais ; 2° qu'il y a lieu, pour l'établissement des centimes affectés au salaire des gardes champêtres, de procéder comme pour les dépenses extraordinaires, c'est-à-dire de réunir les plus forts contribuables au conseil municipal pour régulariser le vote. C'est la confirmation généralisée d'un système qui n'avait été admis jusque-là qu'exceptionnellement. (Circul. du 18 juill. 1818.)

Ajoutons, toutefois, qu'à la différence des autres impositions communales extraordinaires, celles-ci n'ont pas besoin d'être autorisées par ordonnance du roi, et que les préfets doivent les faire comprendre dans les rôles généraux aussitôt qu'elles ont été régulièrement votées. — V., au surplus, Garde champêtre.

§ 8. — *Traitements et frais de bureau des commissaires de police.*

253. Rien n'a été changé, en ce point, par la loi de 1837, aux dispositions de la législation antérieure.

Un arrêté du gouvernement du 23 fructidor an IX (3ᵉ série, bull. 104) disposait que dans les villes qui ont moins de dix mille âmes de population, le traitement du commissaire de police ne serait fixé définitivement par un règlement d'administration que sur l'avis du préfet, et après que le conseil municipal aurait émis son vœu. Pour les villes d'une population supérieure, les conseils municipaux étaient appelés simplement à exprimer leur opinion, et le gouvernement restait juge de la fixation. Nous avons indiqué ailleurs le maximum de ce traitement. — V. Commissaire de police, n° 24.

Une circulaire du mois de floréal an XI (*Rec.*, t. 1ᵉʳ, p. 267) explique qu'il n'est pas dans l'esprit de cette disposition que les traitements des commissaires de police soient obligatoirement portés au taux fixé par le tableau, et que cette fixation ne doit être considérée que comme un *maximum* qui ne pourra jamais être dépassé.

254. Au surplus, il n'est pas dérogé aux dispositions de l'arrêté du 23 fructidor an IX, et c'est toujours au gouvernement qu'il appartient de prononcer sur le taux de la fixation dans les limites de ce *maximum*.

Si donc il y avait, de la part d'un conseil municipal, refus d'allouer l'intégralité du traitement d'un commissaire de police, et que ce refus parût mal fondé, l'administration supérieure devrait procéder conformément aux dispositions de l'art. 39 de la loi du 18 juillet 1837, et porter d'office au budget le traitement moyen des trois dernières années jusqu'à concurrence du maximum réglé suivant la population par l'arrêté du 17 germinal an XI. Ainsi jugé, au reste, par une ordonnance rendue au contentieux, le 26 mars 1842 (ville de Lambezellec).

255. Que si la ville étant passée, par l'accroissement de sa population, d'une classe à une autre plus élevée, le conseil municipal refusait d'augmenter le traitement du commissaire dans la proportion indiquée, l'augmentation pourrait être portée d'office au budget, conformément au principe posé par l'arrêté du 23 fructidor an XI.

256. L'indemnité qui lui est accordée pour frais de bureau (V. Commissaire de police, n° 24) doit faire l'objet d'un crédit spécial au chapitre des dépenses ordinaires du budget communal, et il serait procédé, au besoin, quant à l'allocation, comme pour le traitement.

§ 9. — *Pensions des employés municipaux et des commissaires de police.*

257. Observons seulement ici que la disposition de l'art. 30, n° 9, de la loi du 18 juillet 1837 ne peut être entendue comme obligeant les communes à pensionner leurs employés et leurs commissaires de police, lorsqu'il n'existe pas de règlement particulier qui les lie à cet égard, à moins toutefois que les traitements ne soient assujettis à retenue au profit d'une caisse de retraite; et dans ce cas, c'est conformément au décret du 4 juillet 1806 (1), portant règlement sur les pensions des employés du ministère de l'intérieur, et déclaré applicable aux employés des services départementaux et communaux, par un avis du Conseil d'état des 12-17 novembre 1811, que se poursuivent et s'opèrent les liquidations. « Là où il n'a point été établi de caisse de retenue, dit le comité de l'intérieur, là aussi il n'existe pas d'obligation pour les communes d'accorder à leurs employés des pensions de retraite sur la caisse municipale. » (Avis des 1ᵉʳ juillet 1831 et 24 février 1835.)

Aussi la loi du 18 juillet 1837, d'accord avec la jurisprudence antérieure, ne parle-t-elle que des pensions régulièrement liquidées et approuvées, ce qui signifie qu'elle ne considère comme obligatoires que les engagements reconnus et consacrés suivant les formes légales, sans qu'on puisse en induire que les communes soient contraintes, en aucun cas, à rémunérer des services qu'elles jugeraient avoir été suffisamment payés par le traitement d'activité dont l'employé a joui.—V. Pension de retraite.

§ 10. — *Frais de loyer et de réparations du local de la justice de paix; achat et entretien du mobilier.*

258. Ces dépenses ne sont obligatoires que pour les communes chefs-lieux de canton;

---

(1) Ce décret, non inséré au Bulletin des Lois, se trouve au Recueil des circul. du min. de l'int., t. 1, p. 454. — V. Pensions de retraite.

c'est une charge nouvelle que la loi leur impose; mais les termes dans lesquels elle s'exprime laissaient subsister, sur quelques points, des incertitudes que les instructions ministérielles n'ont pas tardé à dissiper, comme on le verra ci-après.

Jusqu'à la loi du 18 juillet 1837, les dépenses relatives au local de la justice de paix n'avaient pas été classées comme charges communales, et c'est pour obvier en partie aux inconvénients de ce silence de la loi, que les juges de paix avaient été autorisés à tenir leurs audiences à leur domicile.

L'art. 30 de la loi de 1837, § 10, a pourvu à la difficulté en déclarant obligatoires « les frais de loyer et de réparation du local de la justice de paix, ainsi que ceux d'achat et d'entretien de son mobilier, dans les communes chefs-lieux de canton. » Cette disposition n'offre rien de douteux à l'égard des communes, chefs-lieux de cantons ruraux, ou de celles qui ne forment qu'un canton à elles seules; mais pour ce qui concerne les villes composées de plusieurs cantons, il s'agissait de savoir si elles sont obligées de fournir, dans chaque justice de paix, un prétoire, ou si un même local peut être affecté à la tenue des audiences de tous les juges de paix, sauf à eux à s'entendre pour que ces audiences aient lieu à des jours différents.

Cette question, examinée de concert entre le département de la justice et celui de l'intérieur, a été résolue dans un sens contraire aux prétentions de quelques administrations municipales qui l'avaient soulevée. Rien n'autorise, en effet, à faire, entre les justices de paix des villes et celles des cantons ruraux, une distinction qui n'a été consacrée ni par les lois des 11 septembre 1790 et 28 floréal an X, qui ont assujetti chaque juge de paix à résider dans son canton, ni par celle du 18 juillet 1837 elle-même. S'il avait été dans l'intention du législateur d'établir cette distinction, il n'aurait pas manqué d'en faire l'objet d'une disposition spéciale, que le nombre des villes divisées en plusieurs cantons rendait nécessaire.

Les divers arrêtés du gouvernement qui ont fixé le nombre des justices de paix dans les villes, comme dans les cantons ruraux, ayant déterminé en même temps l'étendue de leur arrondissement territorial, il en résulte qu'un prétoire séparé doit être affecté, dans chacun des arrondissements, au service de la justice

de paix, puisqu'il est de principe que tout juge, tout tribunal, ne peut rendre de jugement que sur son territoire, et que, hors des limites qui le circonscrivent, il est sans qualité, sans caractère pour exercer ses fonctions.

Il est d'ailleurs évident que l'offre faite par l'administration municipale de mettre à la disposition des juges de paix une seule salle d'audience, ne saurait suffire pour assurer les besoins du service; car, sans parler de l'obligation qui lui est également imposée de fournir un local où le greffe et le dépôt des minutes de la justice de paix puissent être convenablement placés, chaque juge de paix devant, aux termes de l'article 8 du Code de Procédure civile, donner par semaine au moins deux audiences, il s'ensuivrait que, dans beaucoup de villes, le nombre des juges de paix et par conséquent celui des audiences rendraient impraticables la tenue de celles-ci dans un même local. (Décis. du min. de l'int. [Bordeaux], 19 juin 1838.)

259. La loi du 10 mai 1838 (9e série, bulletin 570) met d'ailleurs à la charge des départements les dépenses ordinaires des justices de paix, qui consistent en frais de chauffage et d'éclairage de la salle d'audience, impressions, reliure du Bulletin des lois, fourniture de papiers, plumes, encre, etc.

Le ministre de l'intérieur, en transmettant à MM. les préfets un état général des sommes présumées nécessaires pour subvenir à ces dépenses, à partir de 1839, a exprimé, dans une circulaire du 31 juillet 1838, l'opinion, conforme à celle de M. le garde des sceaux, que, bien qu'il existât une nouvelle cause de dépense résultant de l'accroissement de la compétence des juges de paix et de l'usage recommandé d'avertissements préalables pour les citations en justice, on pouvait se borner, quant à présent, à rétablir les crédits dont jouissaient les juges de paix avant 1815, sauf quelques exceptions peu nombreuses indiquées par les votes des conseils généraux.

§ 11. *Dépenses de la garde nationale.*

260. Il faut se reporter ici à la loi du 22 mars 1831 (2e série, bull. 26), dont l'article 81 dispose en ces termes :

« Les dépenses ordinaires de la garde nationale sont : 1° les frais d'achat des drapeaux, des tambours et des trompettes; 2° la partie d'entretien des armes qui n'est pas à la charge individuelle des gardes nationaux; 3° les frais de registres, papier, contrôle, billets de garde, et tous les menus frais qu'exige le service de la garde nationale.

» Les dépenses extraordinaires sont : 1° dans les villes qui, d'après l'art. 64, reçoivent un commandant supérieur, les frais d'indemnité pour dépenses indispensables de ce commandant et de son état-major; 2° dans les communes et les cantons où sont formés des bataillons en légions, les appointements des majors, adjudants-majors et adjudants sous-officiers, si ces fonctions ne peuvent pas être exercées gratuitement; 3° l'habillement et la solde des tambours et trompettes.

» Les conseils municipaux jugent de la nécessité de ces dépenses. »

261. L'exécution de cet article a soulevé la question de savoir si l'ensemble ou partie seulement des dépenses prévues sont obligatoires pour les communes, et si, en cas de refus de la part des conseils municipaux de voter les crédits nécessaires, il y aurait lieu, par l'autorité supérieure, à les porter d'office au budget communal.

Le ministre de l'intérieur a pensé qu'on devait distinguer les dépenses qualifiées par la loi *dépenses ordinaires*, qui forment la première catégorie de l'article, de celles qui sont réputées *dépenses extraordinaires*, et dont la seconde contient l'énumération.

Que les premières sont indispensables dans tous les cas, et, par cela seul, réellement obligatoires; mais qu'il n'en est pas de même des secondes, attendu : 1° que les mêmes motifs d'urgence n'existent pas à l'égard de celles-ci ; 2° que la loi admet la possibilité de confier les emplois dont les traitements sont mentionnés au 2e §, à des citoyens qui les exerceraient gratuitement; 3° enfin et surtout, que les conseils municipaux étant appelés à décider de la nécessité de ces dépenses, il ne serait pas moins contraire au texte qu'à l'esprit de la loi, d'obliger les communes à y pourvoir, quand cette nécessité est niée par l'autorité que la loi elle-même en a constituée juge. (Décis. du min. de l'int. [Seine-et-Oise], 22 sept. 1837. — *Id.* [sur le budget de la ville d'Arras], 15 mars 1837.)

262. L'habillement devant être laissé à la charge des gardes nationaux et l'armement à la charge de l'état, ce n'est que dans le cas où les communes auraient des fonds libres, après le paiement de leurs dépenses annuelles et obligées, qu'elles pourraient en voter l'affectation aux dépenses dont il s'agit. On ne peut employer le produit des coupes affouagères ni les vendre dans ce but, par anticipation. (Décis. du min. de l'int. [Aube], 6 janv. 1831.)

263. Lorsque plusieurs communes concourent à la formation d'un même bataillon, elles doivent pourvoir, proportionnellement aux contributions foncière, personnelle, mobilière et des patentes de chacune, aux dépenses, tant ordinaires qu'extraordinaires du bataillon cantonal, et la répartition, ainsi que celle des frais de chauffage et de bureau, occasionnés par les jurys de révision, doit en être faite, d'après ces bases, par le préfet en conseil de préfecture, après avoir pris l'avis des conseils municipaux comme le porte la loi. (Avis du Cons. d'état, du 5 août 1831, interprétatif de l'art. 81 de la loi du 22 mars 1831.)

§ 12. — *Dépenses relatives à l'instruction publique.*

264. La loi municipale, en classant parmi les charges obligatoires des communes *les dépenses relatives à l'instruction publique conformément aux lois*, a eu principalement en vue celles qui concernent l'instruction primaire, et encore faut-il distinguer, dans ces dépenses, ce que la loi prescrit d'une manière impérative de ce qui est simplement autorisé. Ainsi l'institution, d'ailleurs si digne d'encouragement, des salles d'asile et celle des écoles de filles n'ont pas été prévues dans les prescriptions législatives; et quelque désirable qu'il soit de voir ces utiles établissements se propager, rien jusqu'ici ne fait aux communes une obligation absolue de pourvoir aux frais de leur création et de leur entretien.

Il n'y a donc, à proprement parler, que les écoles primaires élémentaires et supérieures *de garçons* qu'on doive considérer comme charges obligatoires des communes (loi du 18 juin 1833, art. 9 et 10), de même que les écoles primaires normales, comme charge des départements (*id.*, art. 11).

265. Parmi les autres dépenses de l'instruction publique qui se rattachent à l'enseignement supérieur, les seules qui soient imposées aux communes à titre obligatoire, concernent les réparations et l'entretien des bâtiments des colléges, académies, facultés, et en général des édifices universitaires.

266. Du reste, l'établissement, l'entretien

des colléges communaux, les traitements des professeurs, en un mot, toutes les dépenses de l'instruction secondaire, de même que les créations de bourses et les subventions affectées à la création des colléges royaux, sont purement facultatives de la part des villes ou communes.

Les colléges communaux sont régis aujourd'hui par l'ordonnance réglementaire du 29 janvier 1839. (9e série, bull. 634.)

267. *Maisons d'école.* — Relativement aux maisons d'école, la loi du 23 juin 1833 (9e série, bull. 105) a déterminé d'une manière précise les obligations des communes. Aux termes de l'art. 9, toute commune est tenue, soit par elle-même, soit en se réunissant à une ou plusieurs communes voisines, d'entretenir au moins une école primaire élémentaire. L'art. 10 veut que celles dont la population excède 6,000 habitants aient une école primaire supérieure.

Aux termes de l'art. 12, il doit être fourni à tout instituteur communal, outre le traitement, un local convenablement disposé, tant pour lui servir d'habitation que pour recevoir les élèves; et l'art. 13 décide qu'à défaut de fondations, donations et legs qui assurent l'effet de cette disposition, il y sera pourvu au moyen d'une imposition spéciale, votée par le conseil municipal, ou, à défaut de ce vote, établie par une ordonnance royale. Cette imposition, qui est autorisée chaque année par la loi de finances, ne peut excéder 3 centimes additionnels au principal des quatre contributions directes (1).

En cas d'insuffisance de ces trois centimes, et lorsque les communes n'auront pu procurer un local ni assurer un traitement à l'instituteur, le département est appelé à y concourir jusqu'à concurrence de 2 centimes additionnels; et enfin, en cas d'insuffisance des centimes communaux et départementaux, le ministre de l'instruction publique y pourvoit au moyen de subventions prélevées sur le crédit alloué pour l'instruction primaire au budget de l'état (art. 13).

------

(1) La loi de 1833 art. 13 établissait que ces centimes porteraient sur les contributions foncière, personnelle et mobilière seulement; mais l'art. 4 de la loi des recettes du 17 août 1835 a changé cette disposition, en décidant que ces centimes seraient prélevés au principal des quatre contributions.

Rien, comme on voit, dans ces dispositions, ne fait aux communes une obligation formelle d'acheter ou de faire construire des maisons d'école. Tout ce que la loi semble exiger, c'est qu'un local convenable soit fourni à l'instituteur; qu'il appartienne à la commune ou qu'il soit pris à loyer, c'est ce dont la loi ne s'est pas occupée.

Toutefois l'ordonnance réglementaire du 16 juillet 1833 (9e série, bull. 241) décide, article 3, que les maires des communes qui ne possèdent point de locaux convenablement disposés, tant pour servir d'habitation à leurs instituteurs que pour recevoir les élèves, et qui ne pourraient en acheter ou en faire construire immédiatement, s'occuperont sans délai de louer des bâtiments propres à cette destination, et que, pendant la durée du bail, qui ne pourra excéder six années, les conseils municipaux prendront les mesures nécessaires pour se mettre en état d'acheter ou de faire construire des maisons d'école, soit avec leurs propres ressources, soit avec les secours qui pourraient leur être accordés par le département ou par l'état.

Nous devons ajouter que par deux autres ordonnances des 25 mars 1838 et 26 décembre 1843, le délai de six ans qui avait été accordé aux communes par la disposition qui précède, a été prorogé jusqu'au 1er janvier 1850.

Ainsi, et jusqu'à l'expiration de ce délai, les dépenses d'acquisition ou de construction des maisons d'école doivent être considérées comme facultatives, puisqu'il n'y a pas obligation actuelle.

268. On a élevé la question de savoir si, ce délai expiré et la dépense devenue obligatoire pour les communes, il ne devrait pas être procédé, en cas de refus de leur part d'acquérir immédiatement des maisons d'école, conformément aux règles tracées par la loi du 18 juillet 1837 (art. 39), c'est-à-dire par voie d'allocation d'office au budget municipal, en vertu d'une ordonnance du roi pour les communes dont le revenu est de cent mille francs, et au-dessus, et par arrêté du préfet, en conseil de préfecture, pour celles dont le revenu est inférieur; ou si, à défaut de ressources, il n'y aurait pas lieu de provoquer une imposition extraordinaire dans les limites du maximum déterminé pour les dépenses obligatoires, suivant ce que prescrit le dernier paragraphe du même article.

Sans doute le droit de l'administration supérieure peut aller jusqu'à contraindre les communes par les moyens que la loi elle-même a mis à sa disposition ; mais il ne faut pas perdre de vue que leurs dépenses réputées légalement obligatoires, ne sont pas les seules nécessaires et même indispensables ; que beaucoup de dépenses facultatives le sont au même degré, et que si l'on absorbait, avant tout et sans mesure, les ressources disponibles des communes pour satisfaire aux seules dépenses obligatoires , on les exposerait à laisser en souffrance d'autres services non moins dignes d'intérêt.

Ces considérations ont amené le ministre de l'instruction publique à reconnaître, avec son collègue de l'intérieur, que les communes qui ont des fonds libres , ne sauraient être contraintes *d'office* à consacrer aux dépenses de l'instruction primaire une somme supérieure au produit des trois centimes qui pourraient être imposés obligatoirement en cas d'insuffisance de revenus.

269. *Édifices universitaires.* — Les charges des communes relativement aux réparations et à l'entretien des bâtiments universitaires, résultent de diverses dispositions législatives que nous rappellerons sommairement.

270. Les colléges royaux ont été créés sous le titre de *Lycées*, par la loi générale sur l'instruction publique du 11 floréal an x (4° série, bull. 186).

Cette loi porte, art. 40 : « Les bâtiments des lycées seront *entretenus* aux frais des villes où ils seront établis. »

Un décret du 17 septembre 1808 (4° série, bull. 206) reproduit textuellement, art. 13, l'art. 40 de la loi de floréal an x, et en étend les dispositions aux bâtiments des académies, parce que ces bâtiments ont la même destination que ceux des lycées. Il statue sur les moyens d'exécution en prescrivant aux villes de porter chaque année à leur budget pour être vérifiée, réglée et allouée par l'autorité compétente, la somme nécessaire à l'*entretien et aux réparations* de ces établissements.

Ensuite est intervenu le décret du 9 avril 1811 (4° série, bull. 363) qui a concédé aux départements, arrondissements et communes la propriété des bâtiments nationaux alors occupés pour le service de l'administration , des cours et tribunaux, et de l'instruction publique.

Cette concession, aux termes de l'art. 3 du décret, est faite à la charge par les communes (pour ce qui concerne les bâtiments affectés à l'instruction publique) d'acquitter à l'avenir la contribution foncière (1), et de *supporter aussi les grosses et menues réparations*, suivant les règles et dans les proportions établies par les lois.

Un autre décret du 15 novembre 1811 (4° série, bull. 402) décide , art. 3, que « les communes dont les colléges seront érigés en lycées, continueront à pourvoir aux dépenses de premier établissement et à l'entretien des locaux en ce qui concerne les *grosses réparations.* »

Enfin l'art. 71 de l'ordonnance du 17 février 1815 (5° série, bull. 80) porte que les communes continueront de fournir et d'entretenir de *grosses réparations* les édifices nécessaires aux universités, facultés et colléges.

Quelques villes se sont autorisées des termes dans lesquels statuaient ces deux dernières dispositions, pour prétendre qu'elles ne devaient être tenues que des *grosses réparations* et non des dépenses d'entretien des bâtiments universitaires. Cette prétention a dû être repoussée comme dépourvue de fondement légal.

Déjà le Conseil d'état avait reconnu en principe (16 décembre 1830 ; Paris) que la législation mettait à la charge des villes les menues et grosses réparations de tous les bâtiments consacrés à l'instruction publique. Un arrêt de la Cour de cassation, en date du 17 mars 1836 (S.-V. 36. 1. 433), n'a pas été moins explicite. En voici le texte :

« La cour ; — Attendu que la ville de Poitiers est propriétaire des bâtiments du collége; qu'à ce titre, elle doit seule contribuer, avec le propriétaire voisin, aux réparations du mur mitoyen entre eux; que ce principe du droit commun n'a reçu aucune modification des lois spéciales aux établissements universitaires; qu'en effet l'art. 40 de la loi organique de l'instruction publique du 11 floréal an x, et, depuis, le décret du 9 avril 1811, qui a concédé aux communes, pour cette destination, ceux des édifices dont elles n'étaient pas encore propriétaires , ont mis à leur charge toute espèce de réparations, sans

____

(1) Il a été reconnu et décidé, depuis, que les immeubles communaux affectés à un service public, n'étaient point passibles de l'impôt foncier.

distinction de grosses ou de menues : qu'en le jugeant ainsi, l'arrêt attaqué a fait une juste application des principes et n'est contrevenu à aucune loi; rejette, etc. »

271. Il faut donc considérer comme un principe désormais hors de contestation, que les bâtiments des colléges, académies et facultés, et, en général, tous ceux qui sont affectés au service de l'instruction publique, doivent être *entretenus*, aussi bien que réparés, aux frais des villes. C'est un point sur lequel la jurisprudence administrative n'a jamais varié (1).

272. En ce qui concerne particulièrement les bâtiments des académies, l'importance et l'étendue de ces édifices se règlent sur les besoins de l'enseignement : plus grands pour une académie qui embrasse toutes les facultés que pour celle qui en a moins, ils doivent offrir autant de salles qu'en exigent les cours d'instruction susceptibles d'être en même temps en exercice.

Ces salles doivent être entièrement et convenablement disposées aux frais de la commune.

Du reste, il n'est point dû de logement aux personnes attachées à l'académie. Si néanmoins, dans le local choisi pour l'établissement, il se trouvait quelques parties où le recteur pût se loger et placer son bureau, la ville n'y mettrait pas d'obstacle, mais elle n'aurait à faire pour cela aucune dépense, et n'entrerait pour rien dans les dispositions qui pourraient être nécessaires pour approprier, soit à cet usage, soit à quelqu'autre de même nature, une portion quel-

---

(1) On lit dans une circulaire du 16 avril 1817 (*Rec.*, t. 3, p. 192) :

« L'ordonnance du 12 mars dernier (sur les revenus et dépenses des colléges royaux, les bourses communales, etc.) ne parle pas des bâtiments dans lesquels les colléges royaux sont placés. De ce silence, il ne faut pas cependant conclure que les communes où ils sont situés n'ont point à pourvoir à leur entretien.

» L'obligation de pourvoir à l'entretien de ces bâtiments leur a été formellement imposée par les décrets et ordonnance des 17 septembre 1808, 15 novembre 1811 et 17 février 1815. Les dispositions de ces décrets et ordonnance n'ont été ni modifiées ni rapportées. Ainsi, la législation reste la même et dans toute sa force, tant pour les colléges royaux que pour les bâtiments des universités et des facultés. »

conque de cet édifice (circul. du min. de l'int. du 23 juin 1810; *Rec.*, t. 2, p. 188).

§ 13. — *Indemnités de logement aux curés, desservants et autres ministres du culte. — Secours aux fabriques des églises*, etc.

V. Culte.

§ 14. — *Contingent de la commune dans la dépense des enfants trouvés et abandonnés.*

V. Enfants trouvés et abandonnés.

§ 15. — *Clôture des cimetières.*

V. Cimetières, § 4.

§ 16. — *Frais des plans d'alignement.* —

V. Alignement, Voirie.

§ 17. — *Frais et dépenses des conseils de prud'hommes. — Menus frais des chambres consultatives des arts et manufactures.*

273. Le décret du 11 juin 1809, qui règle l'organisation et les attributions des conseils de prud'hommes, s'exprime ainsi, quant aux frais et dépenses de cette institution :

« Le local nécessaire aux conseils de prud'hommes, pour la tenue de leurs séances, sera fourni par les villes où ils seront établis (art. 69).

» Les dépenses de premier établissement seront pareillement acquittées par ces villes; il en sera de même des dépenses ayant pour objet le chauffage, l'éclairage et les autres menus frais (art. 70).

» Le président du conseil des prud'hommes présentera chaque année, au maire, l'état des dépenses désignées dans l'article ci-dessus. Celui-ci les comprendra dans son budget, et, lorsqu'elles auront été approuvées, il en ordonnancera le paiement, d'après les demandes particulières qui lui seront faites (art. 71). »

Rien n'a été changé à ces dispositions par la loi municipale du 18 juillet 1837, qui s'est bornée à déclarer ces dépenses obligatoires pour les communes où il existe des conseils de prud'hommes.

Une ordonnance royale du 16 juin 1832 (9e série, bull. 167), portant règlement sur les chambres de commerce et sur les chambres consultatives des arts et manufactures, institutions distinctes et qu'il ne faut pas confondre, détermine le mode de nomination des membres de ces deux corps, la durée de leurs fonctions, etc.

Quant aux dépenses proprement dites, pour ce qui concerne les chambres consultatives, l'arrêté du 10 thermidor an xi dispose ainsi :

« Les maires des lieux où il sera établi des chambres consultatives fourniront un local convenable pour la tenue de leurs séances (art. 8).

» Les menus frais de bureau auxquels cette tenue donnera lieu feront partie des dépenses des communes, seront portés dans leurs budgets et acquittés sur leurs revenus (art. 9). »

L'ordonnance réglémentaire de 1832 a maintenu ces dispositions en déclarant (art. 16) que les chambres consultatives continueraient d'être régies par l'arrêté du 10 thermidor an xi; et la loi d'administration municipale n'a fait que les confirmer en donnant à la dépense le caractère d'une charge communale obligatoire.

§ 18. — *Contributions et prélèvements.*

274. Tous les biens des communes productifs de revenus sont tenus, comme ceux des hospices et autres établissements publics, au paiement de la contribution foncière. Cette obligation, qui résultait de la loi du 3 frim. an vii (art. 109 et 110, 2e série, bull. 243), a été confirmée par la loi de 1837 (article 30, n° 20). La loi du 26 germinal an xi a réglé le mode à suivre pour le paiement de ces contributions, soit qu'elles portent sur des biens donnés à bail à des fermiers ou locataires, ou sur des biens laissés en jouissance commune. Il n'a été dérogé par aucune disposition postérieure aux prescriptions de cette loi, qui continuent de recevoir leur exécution.

275. Quant aux bois communaux, un mode spécial est tracé par le Code forestier. Il est enjoint aux receveurs municipaux de payer les contributions dues par la commune. Les quittances des percepteurs leur sont allouées en compte. (*Règlement* approuvé par le ministre des finances, le 26 août 1824, art. 5.)

276. L'assujettissement à la contribution foncière des biens communaux de toute nature productifs de revenus, n'a jamais fait question; mais on a douté que les établissements publics, tels que les halles, marchés, abattoirs, bien que rapportant un revenu à la commune, fussent également imposables. Cette question a été tranchée par un arrêt du conseil du 26 octobre 1836 (ville d'Alençon), qui a décidé qu'une halle aux grains, bâtiment clos et fermé de toutes parts, appartenant privativement à une commune à laquelle elle produit un revenu, doit être cotisée à l'impôt foncier, parce qu'aux termes de l'article 109 de la loi du 3 frimaire an vii, les propriétés communales productives doivent être imposées dans la même proportion que les autres biens situés dans la commune. On ne peut demander que la halle soit exemptée en se fondant sur l'art. 103 de la loi du 3 frimaire an vii, attendu que cet article ne s'applique qu'aux foires et marchés établis sur les rues et places publiques, ni sur l'art. 105 qui ne s'applique qu'aux édifices non productifs de revenu affectés à un service public.

Un autre arrêt du 3 mars 1837 (commune de Beuzeville) a statué dans le même sens. Enfin, en ce qui concerne les abattoirs appartenant aux communes, il a été également décidé que ces édifices sont soumis à la contribution foncière, comme toutes les autres propriétés communales productives de revenus, et qu'on ne pouvait réclamer leur exemption en se fondant sur l'art. 105 de la loi du 3 frimaire an vii. On ne peut non plus, dit le même arrêt, prétendre qu'un abattoir n'est pas productif de revenus pour une commune parce que ses produits sont abandonnés à ceux qui ont construit l'édifice, pour les rembourser de leurs avances. En effet, si la commune ne touche pas directement les produits de l'abattoir, ils ne tournent pas moins à son profit, puisque leur abandon la dispense de solder les frais de construction. Enfin, la contribution foncière doit frapper les abattoirs communaux, alors même que les droits d'abattage se perçoivent sous forme de droits d'octroi (1). On voudrait en vain fonder une dispense sur ce que le trésor perçoit déjà, dans ce cas, le dixième du produit net des droits d'abattage. Si la commune a cru devoir, dans son intérêt, adopter ce mode de perception, elle doit en subir les conséquences. Cette circonstance ne peut motiver une exemption d'impôt que la loi n'autorise pas. (Ord. du 19 juillet [ville de Bordeaux].)

---

(1) Observons ici que cette forme de perception n'a été autorisée que par exception et sans préjudicier aux principes qui régissent ces deux taxes de nature essentiellement distinctes. Nous reviendrons sur ce sujet.

277. Quant aux prélèvements établis par les lois sur les biens et revenus communaux, une ordonnance du 28 janvier 1815 et l'art. 155 de la loi du 28 avril 1816 ont supprimé tous ceux qui avaient été ordonnés à diverses époques : savoir : le vingtième du produit des octrois pour le pain de soupe des soldats de l'armée (Déc. du 24 floréal an XII), porté depuis au dixième par la loi du 24 avril 1806 ; un autre vingtième sur tous les revenus des communes, pour la dépense des compagnies de réserve (Déc. du 24 flor. an XIII) ; un pour cent au profit de la caisse des invalides (Déc. du 23 juillet 1811) ; plus le dixième du produit des bureaux de pesage, mesurage et jaugeage ; le dixième des revenus fonciers formant un fonds commun pour le culte, etc.

La loi de 1816 a définitivement fixé à 10 pour cent le prélèvement qui s'opérerait désormais au profit du trésor sur le produit des octrois, au moyen de quoi, dit l'art. 155 de cette loi, « il ne pourra être fait aucun prélèvement, soit sur le produit des octrois, soit sur les autres revenus des communes, sous quelque prétexte que ce soit et en vertu de quelques lois et ordonnances que ce puisse être. »

Reste le prélèvement autorisé par l'art. 26 de la loi du 21 avril 1832, sur le même produit des octrois, pour le contingent de la contribution personnelle et mobilière, mais qui n'est, à proprement parler, qu'une conversion d'impôt, d'ailleurs facultative, et qui fait dès lors exception.

278. Quant aux abonnements pour les droits sur les liquides, admis tant par la loi de 1816 (art. 73 et suiv.), que par celle du 21 avril 1832 (art. 40), bien qu'il ait été procédé le plus souvent jusqu'ici par voie d'imposition extraordinaire et d'ordonnance, nous expliquerons au mot *Contributions communales*, que la formalité d'une ordonnance royale n'est pas rigoureusement nécessaire en pareil cas, du moins pour les communes qui n'ont pas cent mille francs de revenus.

On a objecté à ce sujet qu'il pouvait y avoir de graves inconvénients, tant pour les communes que pour le trésor lui-même, à dénaturer ainsi le droit d'entrée, et à grever la contribution directe au profit de l'impôt indirect, dont il serait à craindre que, par suite de l'abus de ce moyen, le recouvrement ne devînt de plus en plus difficile. Le ministre des finances, consulté par son collègue de l'intérieur sur cette question, a répondu (4 juin 1838) que l'art. 40 de la loi du 21 avril 1832 contient une de ces dispositions exceptionnelles auxquelles on est obligé de recourir dans les moments où la perception éprouve des difficultés qui ne peuvent s'aplanir que par des concessions temporaires ; mais que le mode de remplacement autorisé tant par cette disposition que par l'art. 73 de la loi de 1816, est, en général, le dernier surtout, d'une application fort rare. Le régime de la taxe unique autorisé par l'art. 35 de la loi de 1832, et qui a, quant à l'affranchissement des exercices, les mêmes effets que ces deux espèces d'abonnements, est choisi de préférence par les communes, qui sont alors dispensées de s'imposer elles-mêmes, et qui se trouvent, en outre, déchargées de la responsabilité que fait peser sur elles l'art. 75 de la loi du 28 avr. 1816.

Il serait désirable, sans doute, que la législation relative aux abonnements généraux prévus par les art. 73 de la loi du 28 avril 1816 et 40 de celle du 21 avril 1832, fût remise en harmonie avec les principes qui régissent la perception des contributions indirectes. Mais le ministre des finances n'a pas pensé qu'il y eût lieu, quant à présent, de proposer à cet égard à la législature des changements qui lui ont paru pouvoir être ajournés sans inconvénients réels pour le revenu public.

Nous ajouterons que la loi du 18 juillet 1837 n'a rien changé, dans la pratique, aux règles précédemment suivies, et que les impositions extraordinaires pour remplacement, soit des droits de détail et de circulation, soit des droits d'entrée sur les vendanges, n'ont pas cessé d'être autorisées à la demande des administrations locales par ordonnances royales rendues sur l'avis du comité de l'intérieur. (Ord. du 19 juillet 1839 [Haut-Rhin, Colmar et autres].

Il est d'ailleurs établi en jurisprudence que les communes qui ont des ressources suffisantes pour acquitter l'abonnement en remplacement du droit d'inventaire sur les vins (article 40 de la loi d'avril 1832), ne doivent pas être autorisées à s'imposer extraordinairement pour cet objet. C'est, en un mot, une dépense qui ne peut justifier le recours à la voie de l'imposition qu'à défaut de revenus et en cas d'urgence, conformément à la loi du 15 mai 1818. (Avis du com. de l'int., 16 août 1833 ; Décis. min. de l'int. [Bas-Rhin], 13 fév. 1834.)

Ces divers prélèvements, et celui du dixième au profit du trésor sur le produit des octrois, sont les seuls qui nous paraissent devoir être classés au nombre de ceux que mentionne l'art. 30, n° 20, de la loi d'administration municipale.

§ 19. — *Dettes exigibles.*

279. La loi du 18 juill. 1837, art. 30, n° 21, en déclarant obligatoires les dettes exigibles des communes, n'a point entendu parler de celles qui sont qualifiées *dettes anciennes,* c'est-à-dire des dettes antérieures à la loi du 24 août 1793 (1). Celles-ci étant devenues dettes nationales, et les titulaires créanciers de l'état, les communes sont entièrement libérées à cet égard. (V. *suprà,* ch. 5.)

Il s'agit ici des dettes que les communes contractent journellement pour subvenir aux besoins de leurs services municipaux ou qui résultent soit d'engagements régulièrement contractés (2), soit de condamnations judiciaires passées en force de chose jugée.

280. Par engagements régulièrement contractés, il faut entendre tous ceux qui ont pour objet l'exécution d'une mesure arrêtée par une délibération du conseil municipal prise dans les formes légales, revêtue de l'approbation de l'autorité supérieure, et qui fait

titre à l'égard des tiers. Telles sont, par exemple, les délibérations des conseils municipaux par lesquelles des communes s'obligent à fournir un contingent déterminé, excédant le produit des centimes spéciaux, pour l'ouverture d'un chemin vicinal de grande communication.

281. Quand les délibérations de cette nature ont été approuvées par le préfet, que ce fonctionnaire a réglé en conséquence la part affectée à chaque commune intéressée dans la dépense de l'opération, aucune de ces communes ne peut plus être admise à refuser de payer tout ou partie de son contingent; et il y a lieu, en cas d'opposition, soit à comprendre d'office au budget la somme nécessaire, soit, à défaut de ressources, à faire imposer, également d'office, la commune récalcitrante jusqu'à concurrence de l'intégralité du contingent qu'elle doit fournir, le tout dans les formes prescrites par l'art. 39 de la loi municipale. (Décis. du min. de l'int. [Nord], 4 avril 1838.)

282. En un mot, toute délibération municipale approuvée par l'autorité supérieure compétente portant vote d'une dépense, même facultative, qui doit profiter à des tiers ou engager leurs intérêts, ouvre des droits en faveur de ceux-ci, et prend dès lors le caractère d'une dette exigible; ce qui donne à l'autorité supérieure le pouvoir d'en assurer l'exécution d'office et par les voies de droit au refus de la commune. (*Idem* [Seine-et-Oise], 20 juin 1839.)

Mais nous devons nous empresser d'ajouter qu'en principe, MM. les préfets doivent s'abstenir, autant qu'il est possible, d'autoriser les communes à prendre des engagements au delà des ressources qu'elles peuvent y affecter; car autrement, ce serait transformer indirectement une dépense facultative en dépense obligatoire, et forcer par suite l'autorité royale à sanctionner l'imposition à laquelle il faudrait recourir.

283. Il n'est pas inutile de faire observer qu'en effet les dépenses rendues obligatoires par des engagements dûment contractés doivent, quand il s'agit d'y pourvoir par voie d'imposition extraordinaire, donner lieu à ordonnance royale. De facultatif qu'il était dans l'origine, l'engagement est devenu obligatoire; mais il n'a pas pour cela changé de nature, et l'imposition extraordinaire à créer, comme moyen d'y subvenir, ne peut être autorisée que dans les formes prescrites pour

---

(1) Sur la dette publique, qui, en ordonnant que les biens des communes seraient réunis au domaine de l'état, a déclaré leurs dettes *dettes nationales.*

(2) « Il est nécessaire de bien s'entendre, dit une circulaire du ministre de l'intérieur du 8 août 1833, sur la nature des engagements qui constituent les dettes. Il ne faudrait pas ranger dans cette catégorie des dépenses qui, bien que créditées aux budgets, n'ont pas encore été acquittées, soit parce que les fournisseurs n'ont pas produit leurs mémoires, soit parce que la liquidation n'est pas entièrement terminée, soit enfin par toute autre circonstance analogue. Il est évident, en effet, que ce ne sont pas là des dettes à proprement parler, puisque les fonds nécessaires pour solder les dépenses existent dans les caisses municipales. Ce qu'il faut comprendre ici sous cette dénomination, ce sont, par exemple, les rentes ou redevances dues par les communes, soit à des établissements particuliers, en vertu de titres réguliers, et tous les engagements, en un mot, qui constituent pour la commune une charge de quelque durée, et à laquelle elle n'est pas libre de se soustraire. »

toute dépense qui n'est pas énumérée en l'article 30 de la loi municipale de 1837.

284. Il est une autre espèce de dettes auxquelles les communes sont obligatoirement tenues : ce sont les indemnités prononcées en exécution de la loi du 10 vendémiaire an IV (t. 6, bull. 188), au profit des victimes d'attentats commis par attroupement sur leur territoire, et dont les auteurs n'ont pu être mis sous la main de la justice. Nous parlerons plus loin de ces dettes, dans un chapitre spécial intitulé : *Responsabilité des communes.*

285. A l'administration seule appartient le devoir de prendre les mesures convenables pour opérer l'acquittement des dettes des communes, au cas où elles refuseraient elles-mêmes d'y pourvoir. Les créanciers peuvent bien, en vertu de leurs titres, s'adresser aux tribunaux; et ceux-ci peuvent, sans aucun doute, prononcer contre les communes les condamnations qu'elles sont dans le cas d'encourir; mais l'exécution forcée de ces condamnations ne peut jamais avoir lieu que du consentement et avec le concours de l'administration supérieure. La raison en est, d'une part, que les communes ne peuvent, en réalité, faire aucune dépense sans y être autorisées; de l'autre, que les fonds dont leur budget leur accorde la disposition ne peuvent, sous aucun prétexte, recevoir une autre destination que celle qui leur a été assignée.

En cas de refus par une commune de satisfaire à une condamnation prononcée contre elle, ou de faire un paiement qui ne peut être contesté, le créancier doit donc seulement s'adresser au préfet sans pouvoir recourir à aucun des moyens ordinaires d'exécution que la loi accorde contre les particuliers (décr. et ord. des 11 août 1808 [Schwab]; 17 janv. 1814 [comm. de Blagnac]; 1er mars 1815 [Bazire]; 11 déc. 1816 [Négel]; 19 oct. 1825 [comm. de Moupeyrax], etc.).

Mais pour que l'administration supérieure puisse intervenir, il faut que les dettes réclamées contre une commune résultent, soit de jugements ou arrêts passés en force de chose jugée, soit de tous autres titres incontestables, qui les rendent *exigibles* et *liquides* aux termes précis de la loi.

286. Lorsqu'une dette est ainsi établie, si la commune a en caisse des fonds suffisants pour se libérer, l'autorité supérieure n'a simplement qu'à porter d'office au budget la somme nécessaire.

287. Si n'ayant point de fonds libres, elle possède des rentes ou des propriétés immobilières susceptibles d'être aliénées, c'est au créancier porteur du titre à se pourvoir auprès du ministre de l'intérieur, pour obtenir l'autorisation d'en poursuivre la vente, aux termes de l'art. 46 de la loi du 18 juillet 1837 ainsi conçu :

« La vente des biens mobiliers et immobiliers des communes, autres que ceux qui servent à un usage public, pourra, sur la demande de tout créancier porteur de titres exécutoires, être autorisée par une ordonnance du roi, qui déterminera les formes de la vente. » Jusque-là, point de difficulté.

288. Que si la commune est dépourvue de toute ressource, il y a lieu de procéder par voie d'imposition d'office conformément au dernier paragraphe de l'art. 39 de la loi municipale, dans la limite du maximum déterminé par la loi de finances. Mais c'est ici que peut échouer le pouvoir confié à l'administration, car il arrive assez souvent que des dettes, d'ailleurs parfaitement établies, sont tellement hors de proportion avec les ressources créées par la loi, que l'imposition d'office des 20 centimes imposables suffit à peine au paiement des intérêts de la créance.—(V. Contributions communales.) Or, en pareil cas, l'impossibilité de faire peser indéfiniment sur les contribuables une imposition additionnelle qui aggraverait leurs charges d'une manière exorbitante, conduit inévitablement à faire déclarer l'insolvabilité de la commune débitrice.

C'est l'opinion que le comité de l'intérieur a eu plusieurs fois l'occasion d'exprimer dans des questions de cette nature. « Si la dette était tellement considérable, a-t-il dit, que pour l'acquitter il fallût imposer la commune pour des sommes excessives, ou pour un temps indéfini, l'administration serait dans la nécessité de regarder la commune comme insolvable, et de n'autoriser l'imposition qu'après avoir obtenu du créancier la réduction de sa créance dans une proportion qui permette à la commune d'y faire face : car, d'une part, on ne peut imposer à une commune des sacrifices qu'elle ne pourrait raisonnablement supporter, et d'autre part, le gouvernement ne peut autoriser l'établissement d'impositions locales dont l'effet serait d'épuiser la matière imposable, et, par suite, de nuire à la rentrée des contributions publiques. » (Avis des 27 oct. 1830 et 23 août 1836.)

289. Il est pourvu au paiement des dettes des communes au moyen, soit, 1° de fonds libres dans la caisse municipale ; 2° d'une imposition extraordinaire ; 3° d'une vente de biens communaux ou d'une aliénation de rente ; 4° d'un emprunt remboursable sur les revenus ordinaires ou par toute autre voie. On doit procéder, selon les cas, dans les formes prescrites par la loi pour ces diverses opérations.

290. En ce qui concerne spécialement les condamnations judiciaires, il est nécessaire, pour obtenir l'autorisation de s'imposer, de vendre ou d'emprunter, que la commune produise une expédition en forme du jugement et un mémoire des frais dûment taxé par le tribunal.

291. A l'égard des intérêts, ils ne sont dus qu'autant qu'il y a eu demande en justice et jugement qui en ordonne le paiement. Ils ne sont, dans tous les cas, exigibles que pour cinq ans.

§ 20. — *Dépenses mises à la charge des communes par une disposition de loi.*

292. Il faut comprendre parmi les dépenses non textuellement rappelées dans la nomenclature de l'art. 30 de la loi municipale, 1° celles qui concernent l'entretien des chemins vicinaux ; 2° les frais de logement des présidents des cours d'assises ; 3° les frais de route des indigents envoyés aux eaux minérales ; 4° les frais d'établissement et frais de service des entrepôts de douane ; 5° ceux d'entretien des aliénés indigents ; 6° les frais de casernement et des lits militaires.

§ 21. — *Chemins vicinaux.*

293. La dépense de l'entretien des chemins vicinaux est devenue obligatoire pour les communes, par l'effet de la loi du 21 mai 1836 (art. 2), jusqu'à concurrence de cinq centimes additionnels aux contributions directes, à défaut de fonds libres. Au delà de cette limite, elle est facultative, et il ne peut y être pourvu par voie d'imposition d'office. — V. Chemins vicinaux, chap. 2, sect. 2, § 1er.

§ 22. — *Frais de logement des présidents des assises.*

294. Aux termes du décret du 27 février 1811 (4e série, bull. 354), dans toute commune où se tiennent les assises, le magistrat qui vient les présider est logé, soit à l'hôtel de ville, soit au palais de justice, s'il s'y trouve des appartements commodes et meublés ; dans le cas contraire, dans une maison particulière et meublée qui aura été d'avance désignée par le maire (art. 1er).

Pour éviter toute charge qui retomberait souvent sur le même individu, le maire est tenu de désigner successivement les principales maisons de la commune qui offrent la possibilité de disposer d'un appartement décent et commode, sans que le propriétaire ou principal locataire de ladite maison soit obligé de l'abandonner (art. 2).

C'est simplement un article à porter en dépense au budget communal. Le chauffage et l'éclairage ne sont pas obligatoirement dus par les villes. (Décis. du min. de l'int., du 13 déc. 1842 [Dordogne].)

§ 23. — *Frais de voyage des indigents envoyés aux eaux.*

295. Le décret du 29 floréal an VII (2e série, bull. 283) décide, art. 6, que les dépenses et frais de route des indigents qui se présenteront, en exécution de l'arrêté du 23 vendémiaire de la même année, pour recevoir gratuitement le secours des eaux minérales, seront à la charge des communes qui les auront adressés, comme objet de dépense communale ; à l'effet de quoi, elles prendront les mesures convenables pour y pourvoir.

« Les communes, ajoute le même article, ont des revenus ou des secours du gouvernement sur lesquels elles doivent pourvoir à cette nature de dépenses. »

Nous devons faire observer toutefois que ceci n'est plus en rapport avec l'état actuel de la législation. Les communes ont aujourd'hui les revenus qui leur sont propres, et, à défaut de revenus, le produit des centimes ordinaires, qui suffisent rarement à pourvoir à leurs besoins les plus urgents. Quant aux secours du gouvernement, elles n'en reçoivent point pour cet usage ; c'est au surplus une erreur assez générale que d'admettre que le ministre de l'intérieur peut venir en aide aux communes pauvres, en leur allouant des subventions pour des dépenses d'intérêt local. Le budget de ce département ne contient aucun crédit sur lequel il soit possible d'imputer de semblables allocations. Excepté le fonds affecté aux secours pour la construction des ponts à péage sur les chemins vicinaux et celui qui s'applique à la conservation des monuments historiques, le département de l'intérieur ne dispose d'aucune somme à répartir au profit des communes. Les seules dépenses pour lesquelles celles-ci ont droit à des subventions, sont les dépenses qui intéressent le service de l'instruction primaire et celles qui sont relatives aux édifices du culte. Des crédits spéciaux sont ouverts à cet effet au budget de l'instruction publique et à celui des cultes : mais c'est jusqu'ici tout ce que le gouvernement a pu obtenir des Chambres en faveur des communes dénuées de ressources.

§ 24. — *Établissement des entrepôts de douane.*

296. Pour obtenir l'établissement d'un entrepôt, les villes auxquelles la faculté en a été accordée sur leur demande, doivent préalablement y avoir affecté un bâtiment spécial, isolé et distribué intérieurement de manière à ce qu'on y puisse classer séparément, selon qu'il pourra être prescrit par les ordonnances du roi, les marchandises d'origines diverses. Le même bâtiment doit offrir la distribution convenable pour l'établissement des corps de garde des préposés des douanes, ainsi que des logements et bureaux réservés à l'agent du commerce et à celui des douanes, dépositaires chacun d'une clef de l'entrepôt, le premier pour la conservation et la garde de la marchandise, le second, pour la garantie des droits du trésor. Ces édifices doivent avoir été agréés par le gouvernement. (Loi du 27 février 1832, art. 9, 9e série, bull. 63.)

Les villes qui avaient demandé et obtenu l'établissement d'un entrepôt demeuraient, aux termes de la loi du 27 février 1832, art. 10, chargées de pourvoir à la dépense spéciale nécessitée par la création et le service desdits entrepôts, tant pour les bâtiments que pour le salaire des employés et préposés chargés des écritures, de la garde, de la surveillance et de la perception.

Cette disposition a été modifiée par l'art. 11 de la loi de finances du 10 août 1839, qui a mis les dépenses relatives au service de la perception et de la surveillance à la charge de l'état, à partir du 1er janvier 1840.

Du reste, les villes jouissent des droits de magasinage dans les entrepôts, conformément aux tarifs concertés avec les chambres de commerce et approuvés par le gouvernement. Elles peuvent faire concession temporaire de ces droits, avec concurrence et publicité, à des adjudicataires qui se chargent de la dépense du local, de la construction et de l'entretien des bâtiments, ainsi que de tous les autres frais. (Loi du 27 février 1832, art. 10.)

La première chose dont les conseils municipaux doivent s'occuper, lorsqu'ils demandent la création d'un entrepôt de douane, c'est donc de satisfaire aux conditions exigées, et d'aviser au moyen le plus propre à en assurer l'accomplissement de la manière la plus conforme aux intérêts de la ville.

La délibération municipale, accompagnée des plans et devis, traités et avis divers des autorités compétentes, doit parvenir au ministre de l'intérieur, qui examine la question sous le point de vue de l'intérêt communal, et se concerte ensuite avec son collègue du commerce, qui demeure chargé de provoquer l'ordonnance royale de création, conformément à l'art. 1er de la loi de février 1832 (1).

§ 25. — *Entretien des aliénés indigents.*

297. Cette dépense, aux termes de la loi du 30 juin 1838 (9e série, bull. 581), est essentiellement départementale; c'est-à-dire qu'il doit y être pourvu (art. 28) sur les centimes ordinaires du département auquel appartient l'aliéné, à défaut ou en cas d'insuffisance de ressources, soit de la part de l'aliéné lui-même, soit de celle de sa famille; mais, dit le même article, « sans préjudice du concours de la commune du domicile de l'aliéné, d'après les bases proposées par le conseil général, sur l'avis du préfet, et approuvées par le gouvernement. »

L'instruction du ministre de l'intérieur du 23 juillet 1838 sur l'exécution de la loi, ajoute : « Vous aurez à cet égard à faire les propositions convenables au conseil général, en observant que le concours de la commune du domicile doit s'entendre dans le sens d'une

---

(1) Un avis du comité de l'intérieur, du 19 août 1834 [Haut-Rhin, Mulhausen], porte que, d'après la loi du 27 février 1832, la dépense des entrepôts de douanes, dans le cas où ils ont été établis sur la demande des villes, est à la charge desdites villes, qui par conséquent peuvent s'imposer pour cette dépense comme pour toute autre dépense communale.

Il vaut mieux néanmoins, dans le cas où les villes n'ont pas de revenus, mettre l'entrepôt en adjudication, aux termes de l'art. 10 de la loi.

subvention déterminée d'après des bases équitables, et non pas de manière à laisser la dépense tout entière à la charge de la caisse municipale. Quelques conseils généraux ayant tenté de faire prévaloir cette dernière interprétation, je crois devoir déclarer, dès à présent, qu'elle ne me paraît conforme ni à l'esprit, ni au texte de la loi, et que je ne saurais approuver les arrêtés de répartition qui seraient faits en conséquence. »

On voit par là l'espèce d'analogie qui existe entre les charges des communes touchant la dépense des enfants trouvés, et les obligations qui leur sont imposées relativement au service des aliénés indigents; c'est-à-dire que, dans l'un comme dans l'autre cas, les communes ne sont appelées à contribuer à la dépense que subsidiairement, et non comme directement débitrices, avec cette différence néanmoins que les enfants trouvés n'appartenant pas plus à telle commune qu'à telle autre, la contribution se répartit nécessairement sur toutes sans distinction, en raison de leurs facultés financières; tandis qu'ici la commune à qui appartient l'aliéné étant connue, c'est elle seule qui est engagée envers le département; il ne s'agit plus, dès lors, que de régler la proportion dans laquelle elle doit contribuer. C'est au conseil général du département que doit être laissé le soin de déterminer cette proportion. (Circ. du 5 août 1839.)

Toutefois, la loi du 30 juin 1831 a prévu le cas où des contestations pourraient s'élever sur la fixation du contingent communal, et décidé qu'il serait statué, dans ce cas, par le conseil de préfecture. Si donc il s'élevait une difficulté sur le chiffre de la subvention demandée à la commune, ou qu'il y eût refus de paiement de la part de celle-ci, l'allocation ne pourrait être portée d'office au budget qu'après qu'un arrêté du conseil de préfecture aurait fixé le montant de la dette.

§ 26. — *Frais de casernement.*

298. Il importe de constater d'abord que la propriété des casernes, hôpitaux, manutentions, corps de garde et autres bâtiments militaires a été conférée aux villes par un décret du 23 avril 1810 (4e série, bull. 389), à charge par elles de les entretenir, et, à cet effet, d'allouer dans leurs budgets les sommes nécessaires pour couvrir la dépense des travaux, qui, aux termes de l'art. 4 de ce décret, devaient être exécutés sous la direction des officiers du gé-

nie dans les places de guerre, et par les soins des ingénieurs des ponts et chaussées et des architectes, dans les autres villes. Ces sommes étaient payables annuellement par douzième, en exécution de l'ordonnance royale du 28 janvier 1815 (art. 7).

Mais les difficultés qui naissaient inévitablement de ce concours d'agents dépendant d'administrations diverses firent sentir la nécessité d'adopter d'autres principes: c'est à quoi a pourvu la loi de finances du 15 mai 1818, en décidant (art. 46) qu'il ne sera fait à l'avenir aucun prélèvement sur les revenus des communes, à l'exception : 1° du dixième du produit net des octrois; 2° des dépenses du casernement et des lits militaires, qui ne pourront, dans aucun cas, s'élever, par chaque année, au-dessus de 7 fr. par homme et de 3 fr. par cheval, pendant la durée de l'occupation ; au moyen de quoi les réparations et loyers des casernes et de tous autres bâtiments ou établissements militaires, ainsi que l'entretien de la literie et l'occupation des lits militaires, seront à la charge du gouvernement.

L'ordonnance du 5 août 1818, rendue pour l'exécution de cette disposition (7e série, bull. 230), en confirmant (art. 12) celle du décret de 1810, par suite de laquelle les établissements et terrains militaires sont devenus la propriété des communes, ajoute : « Cependant les cessions absolues de bâtiments et terrains qui faisaient l'objet d'un *bénéfice* et d'une *charge* déterminés ne seront maintenus qu'autant que la condition prescrite se trouvera *entièrement* remplie. Dans le cas contraire, les villes seront tenues d'exécuter cette condition, ou de renoncer à la propriété de l'immeuble à elles cédé. »

La même ordonnance, dans son art. 13, modifie les autres dispositions du décret du 23 avril 1810, en ce sens que les bâtiments et terrains cédés aux villes, à charge de conserver leur *destination* pour le service de la guerre, en vertu de ce décret, et qui y sont restés affectés, rentreront, pour leur conservation et police, comme pour leurs dépenses, sous l'administration *directe et exclusive* du ministre de la guerre ; mais que les communes en conserveront la *nue-propriété*, pour en être remises en possession, si, par suite de leur *inutilité absolue* pour le service militaire, ils étaient abandonnés par le département de la guerre.

Ainsi, les charges qui étaient imposées au

villes par les lois antérieures à celle du 15 mai 1818, touchant l'entretien des bâtiments militaires, sont maintenant réduites à un simple prélèvement, au moyen duquel les villes sont exonérées de toute obligation, tant relativement aux frais des réparations qu'elles étaient tenues de supporter, qu'en ce qui concerne le mode d'exécution des travaux, sans, toutefois, que ce principe nouveau ait anéanti l'effet que peuvent avoir les cessions faites aux villes à titre de propriété *absolue ou conditionnelle*, comme l'explique le préambule de l'ordonnance du 5 août 1818.

299. Outre les modifications essentielles qu'il a introduites dans les dispositions du décret du 23 avril 1810, l'art. 46 de la loi du 15 mai 1818 a donc abrogé virtuellement le décret du 15 octobre 1810, portant que les villes fourniraient les champs de manœuvre nécessaires aux troupes; celui du 16 septembre 1811, concernant le mode d'administration des bâtiments militaires dans les places de guerre et les villes non fortifiées (du moins pour ce dernier, quant à la part des communes dans l'exécution des mesures qu'il prescrit); enfin, toutes les lois et tous les règlements qui, depuis 1791, ont appelé les communes à concourir à l'administration des bâtiments et établissements nécessaires au casernement et au service des troupes de garnison.

Quant aux constructions neuves, il faut reconnaître qu'en principe la dépense est à la charge de l'état. (Avis du comité de l'intérieur du 29 avril 1834 (Cher, Bourges).) Toutefois, les villes ayant toujours intérêt à obtenir et à conserver une garnison dont la présence profite à la fois au commerce local et aux revenus communaux, en même temps qu'elle offre à l'administration un gage d'ordre et de sécurité, l'ordonnance du 5 août 1818 réserve au gouvernement (art. 11) la faculté d'admettre, sur le rapport du ministre de la guerre et les avis des ministres de l'intérieur et des finances, les votes des conseils municipaux qui auraient pour but de contribuer volontairement, et pour une somme déterminée, à la restauration ou à la construction d'établissements militaires destinés à assurer aux villes une garnison habituelle, dans l'assiette du casernement.

Ces prestations volontaires se prélèvent sur les revenus ordinaires, ou il y est pourvu au moyen d'emprunts ou d'impositions extraor-

dinaires. C'est au gouvernement à examiner si la commune peut faire, sans inconvénient pour son avenir financier, les dépenses que proposent, à cet égard, les conseils municipaux. Il devrait refuser son autorisation, s'il s'agissait de recourir à un emprunt ou à une imposition extraordinaire sans avoir obtenu une sorte de certitude que cette dépense ne sera pas en pure perte pour la ville, et qu'une garnison lui sera donnée ou conservée. (Avis précité du 29 avril 1834.)

300. Mais l'art. 46 de la loi du 15 mai 1818 et l'ordonnance réglementaire du 5 août suivant, n'ont pas eu seulement pour objet de régulariser le mode de paiement des subventions communales en ce qui concerne les bâtiments militaires; ils ont eu aussi pour but d'obvier désormais aux difficultés qui s'élevaient fréquemment entre l'administration de la guerre et les communes touchant la quotité des redevances imposées à celles-ci pour les frais de casernement en général et l'entretien des lits militaires.

301. Il est certain que, de tout temps, les communes ont été soumises à la charge du logement des gens de guerre. Un décret de l'assemblée constituante du 23 janvier 1790 y assujettissait tous les citoyens sans distinction; celui de l'assemblée législative du 23 mai 1792 déterminait le prix de loyer d'occupation des lits à fournir par l'habitant aux troupes de la garnison. Cependant les inconvénients et les frais du logement à domicile occasionnant souvent des réclamations et des plaintes, il intervint, à la date du 7 août 1810, un décret impérial qui, en considération des bénéfices que les consommations de la troupe procuraient aux communes, chargea celles qui percevaient des octrois du loyer d'occupation des lits militaires. Plus tard, et pour se rédimer de la charge de ce loyer, quelques villes demandèrent à meubler les casernes à leurs frais; ce qui motiva un avis au Conseil d'état, approuvé le 29 mars 1811 (4e série, bull. 360) et portant qu'il y avait lieu: 1° de renvoyer aux communes, en cas de réclamations, le paiement des loyers d'occupation des lits militaires fournis par l'habitant; 2° de décider que les communes qui demanderaient à meubler, à leurs frais, les casernes et pavillons, seraient autorisées à en proposer la dépense entière ou successive dans leurs budgets.

Tel était l'état de la législation et de la

jurisprudence, lorsque la loi du 15 mai et l'ordonnance du 5 août 1818 vinrent régler définitivement, suivant un principe admis depuis longtemps, la quotité des subventions communales en raison des sommes perçues à l'octroi sur les consommations de la troupe casernée; sommes dont, il faut le reconnaître, le gouvernement a droit, en effet, d'exiger la restitution, puisque rien ne l'oblige, à la rigueur, de caserner les régiments dans l'enceinte des villes, et qu'en accédant au vœu des localités qui sollicitent l'avantage de posséder une garnison, il ne serait pas juste qu'il supportât l'augmentation notable qu'apporterait l'impôt des octrois dans les frais d'entretien des troupes.

Ainsi, dès lors, il existe entre l'état et les communes une sorte de convention bilatérale résultant des divers actes que nous venons d'analyser, et dont les conditions sont, de la part de l'état, l'obligation de loger les troupes en garnison dans des casernes entretenues aux frais de l'administration de la guerre, et de la part des villes qui perçoivent des droits d'octroi, celle de restituer à l'état le montant de ces droits qui frappent sur les objets destinés à l'entretien de la garnison et à la consommation du soldat.

302. Mais si le principe était juste, l'application rencontrait d'assez graves difficultés. Ainsi en fixant à 7 fr. par homme et à 3 fr. par cheval la quotité de la redevance payable par les villes, la loi du 15 mai avait posé une base qui, dans sa généralité, se trouvait fréquemment en désaccord avec la réalité des faits; c'est-à-dire, par exemple, que si dans telle ville le taux de 7 fr. par homme était trop élevé, celui de 3 fr. par cheval était trop faible; que, dans telle autre localité, le contraire arrivait; que, dans plusieurs, les deux évaluations se trouvaient au-dessus de ce qu'il était équitable d'exiger; résultat presque inévitable d'une appréciation trop générale dans des besoins et des intérêts aussi divers.

Ce fut dans la vue d'obvier à ces inconvénients et d'établir le plus d'égalité possible entre les restitutions à faire par les communes et les bénéfices réellement acquis aux caisses municipales par les consommations de la troupe, que l'ordonnance du 5 août 1818 disposa, art. 10 : « Nous nous réservons de statuer, d'après le rapport de notre ministre de l'intérieur et les avis respectifs de nos ministres de la guerre et des finances, s'il y a lieu, sur les projets de lois ou d'ordonnances qui seront à proposer pour l'homologation des votes, ou pour l'admission des demandes des conseils municipaux tendant : 1° à convertir en *abonnement fixe* et d'une fraction constante de l'octroi le produit moyen de l'abonnement déterminé par le présent titre; 2° à obtenir des dégrèvements fondés sur des exceptions qui résulteraient soit d'événements de force majeure légalement constatés, soit de l'excédant du montant annuel des décomptes de l'abonnement sur les charges que les communes sont en état de supporter sans lésion, d'après leurs revenus ou leurs ressources. »

303. Pour l'exécution de ces dispositions, diverses circulaires ministérielles, entre autres celles des 15 juillet 1833 et 7 septembre 1836, ont tracé la marche à suivre dans l'instruction des demandes d'abonnement. Quant à la fixation du taux de l'abonnement en lui-même, un avis du Conseil d'état du 15 mai 1832 a établi que le prélèvement ne devait avoir lieu que pour les troupes logées dans les *bâtiments ou établissements militaires ;* qu'en conséquence, les hommes logés chez l'habitant, à l'hôpital ou en prison, aussi bien que les chevaux placés hors des casernes, devaient être déduits du chiffre de la garnison (1). C'est donc sur ce chiffre ainsi réduit et combiné avec le tarif de l'octroi que doivent s'établir les prévisions.

Quant aux objets soumis à l'octroi, l'instruction du 7 septembre prescrit d'en retrancher : 1° les matériaux; 2° les fourrages, dans les garnisons d'infanterie, qui, n'étant point consommés par la troupe, ne peuvent donner lieu à aucun prélèvement.

En prenant ensuite le chiffre du produit net de l'octroi, déduction faite de ces objets,

---

(1) En effet, dès que l'état négligeant de se procurer des casernes, place des troupes de garnison chez l'habitant, il ne remplit pas l'obligation qui, dans l'intention de la loi du 15 mai 1818, était la condition du prélèvement, et il devient dès lors équitable d'affranchir la commune de cet impôt.

Quant aux hommes à l'hôpital ou en prison, les motifs du prélèvement cessent d'exister à leur égard, puisque la consommation des malades et des prisonniers ne porte pas le plus ordinairement sur des objets soumis à l'octroi, et qu'en tout cas elle est bien moindre que celle des autres militaires.

et en le divisant par celui de la population, garnison comprise, on obtient la part de chaque consommateur qui, multipliée par le terme moyen de la garnison, pendant les cinq dernières années, donne le montant de l'abonnement annuel à autoriser.

304. Cette manière de procéder est sans contredit celle de laquelle il est permis d'attendre le résultat le plus équitable. Toutefois, on ne peut se dissimuler qu'en opérant de la sorte, on ne soit encore exposé à des mécomptes plus ou moins préjudiciables aux intérêts des communes. Ainsi, en faisant au soldat, dans la répartition des charges de l'octroi, une part égale à celle de l'habitant, il est à craindre que, dans beaucoup de cas, on n'excède une juste proportion. Sans doute on peut objecter que la population comprend les enfants et les femmes qui consomment moins que le soldat; mais il faut, d'un autre côté, considérer que celui-ci ne consomme guère de vin et de boissons en général qu'en dehors des barrières; qu'il ne fait que peu ou point d'usage de denrées coloniales, là où elles sont imposées à l'octroi; qu'il en est de même de beaucoup d'autres denrées, telles que le poisson, le gibier, la volaille, etc., qui lui sont cependant comptées comme au consommateur domicilié : ce qui tendrait à forcer la portion des droits d'octroi afférente à chaque militaire, de telle sorte que l'excédant se multipliant autant de fois que la garnison compte d'hommes sous les armes, le chiffre total pourrait, en résultat, dépasser de beaucoup la somme réellement due par la caisse municipale à titre de restitution.

305. Quoi qu'il en soit, trois ministres interviennent, comme on l'a vu par l'art. 10 de l'ordonnance du 5 août 1818, dans la fixation de l'abonnement; savoir : le ministre des finances, qui est appelé à donner son avis dans l'intérêt du trésor; le ministre de la guerre, qui discute la question sous le rapport des éventualités d'augmentation ou de diminution que peut occasionner, quant au nombre des militaires, le mouvement habituel des troupes de garnison; et enfin le ministre de l'intérieur, qui est chargé de faire rendre l'ordonnance, et à qui il appartient spécialement d'apprécier, dans l'intérêt des communes, les causes de réduction que nous venons de signaler, et de les combiner tant avec l'avis du ministre des finances qu'avec celui du département de la guerre, pres-

que toujours plus favorable aux villes. S'il y a désaccord entre ces diverses propositions, le comité de l'intérieur est consulté, et l'ordonnance n'est rendue qu'après qu'il en a délibéré.

Aucun autre élément ne peut être admis dans la fixation d'un abonnement de cette nature. Ce serait en vain que les autorités locales se prévaudraient de dépenses faites, par les villes, dans l'intérêt du casernement, à la décharge du ministère de la guerre. Le ministre des finances objecte, avec raison, en pareil cas, que les villes peuvent se pourvoir auprès de l'administration de la guerre pour se faire indemniser, s'il y a lieu; mais que le trésor ne peut abandonner ses droits comme compensation de sacrifices dont il n'a point profité.

306. En cas de refus, de la part des conseils municipaux, d'accepter la somme arbitrée par le ministre de l'intérieur, la perception doit avoir lieu à l'effectif à raison de 7 fr. par homme et de 3 fr. par cheval, sur des états de revue, et suivant les formes usitées dans l'administration militaire.

307. La situation financière des communes ne saurait d'ailleurs être invoquée, soit pour les affranchir des frais de casernement, soit pour leur faire obtenir un abonnement établi sur des bases différentes de celles que nous venons d'indiquer. Il ne faut pas perdre de vue que ces frais sont un véritable impôt, et qu'il n'est pas au pouvoir de l'autorité supérieure d'en exempter les villes, qui doivent, avant tout, en assurer l'entier acquittement (circul. du min. de l'int. du 14 avril 1821; *Rec.*, t. 4, p. 138), sauf à celles qui auraient droit à des dégrèvements, à user du bénéfice de l'art. 10 (n° 2) de l'ordonnance du 5 août 1818, et à se pourvoir, à cet effet, dans les formes voulues.

Il faut, au surplus, que les demandes en dégrèvement soient justifiées par les causes énoncées dans l'ordonnance réglementaire, ainsi que l'a fait observer le comité de l'intérieur dans un avis du 19 juin 1835 (Gironde; Libourne) : « L'abonnement consenti par le gouvernement, sur la proposition d'un conseil municipal, forme, entre l'état et les villes, un contrat aléatoire, dont les chances favorables ou contraires ont été acceptées d'avance et doivent être supportées par les parties. En conséquence, la ville ne pourrait, sous prétexte de circonstances accidentelles qui auraient momentanément réduit sa garnison, obtenir un dégrèvement; car l'état ne serait pas, de son côté, fondé à réclamer l'élévation du prix de l'abonnement dans le cas d'une augmentation de garnison; toute réduction du prix de l'abonnement serait d'ailleurs préjudiciable, puisque les abonnements forment au trésor une masse de revenus dont la diminution sur un point ne serait compensée par aucun accroissement sur un autre. »

308. La question s'est élevée de savoir si les frais de casernement sont dus, par les villes, pour les troupes logées dans des bâtiments militaires situés hors du rayon de l'octroi. Les dispositions des lois, décrets et ordonnances ci-dessus rappelés ayant été constamment interprétées, comme on vient de le voir, en ce sens que l'impôt des frais de casernement n'était que la représentation du trop perçu à l'octroi sur la consommation de la troupe, la conséquence de ce système est que là où il n'y a pas d'octroi, là non plus il n'y a point dette de la ville envers le trésor.

309. Nous savons qu'à l'occasion d'une réclamation formée par l'une de nos grandes villes de garnison, les administrations de la guerre et des finances ont cherché à faire prévaloir un principe contraire.

On a objecté que cette réclamation s'appuyait sur la circulaire ou instruction ministérielle du 8 octobre 1818, dans laquelle il est énoncé que l'abonnement imposé aux communes d'après la loi du 15 mai 1818, par l'ordonnance du 5 août suivant, a pour objet unique de faire profiter le trésor du bénéfice que les communes retirent par leurs octrois sur la consommation des troupes; et que dès lors les journées d'occupation des troupes sur les parties du territoire des communes situées hors du rayon des octrois, ne doivent pas être comprises dans le décompte servant à fixer la quotité de l'abonnement.

On ajoutait que les ministres, dans les instructions qu'ils adressent aux fonctionnaires de leur ressort pour éclairer et diriger leur action dans l'exécution des lois et ordonnances royales, n'ont ni la puissance ni la volonté de restreindre, étendre ou modifier en aucune manière ce que ces ordonnances ou lois ont pu dire; que, s'il y a erreur dans les instructions, les obligations résultant des actes qu'elles ont eu pour but d'expliquer n'en doivent pas moins être observées intégrale-

ment; qu'ainsi il devient nécessaire, pour apprécier la demande présentée, de ne pas s'arrêter à la circulaire du 8 octobre 1818 et de remonter à l'ordonnance du 5 août précédent, que cette circulaire a eu pour but d'expliquer.

Que, d'une autre part, en désignant les bâtiments ou établissements militaires d'une manière générale, l'ordonnance exclut toute distinction entre eux, et que pour tous indistinctement, quelle que soit leur situation par rapport à l'octroi, pourvu qu'ils soient situés sur le territoire de la commune, les journées pendant lesquelles ils sont occupés doivent entrer dans le décompte que l'ordonnance prescrit; qu'il n'y a donc pas, pour le décompte, à examiner s'il y a eu des droits d'octroi sur les consommations des troupes.

Qu'enfin c'est sans fondement qu'on prétendrait qu'il n'y a pas équité à assujettir la ville à un abonnement pour les logements militaires hors du rayon de l'octroi, parce qu'elle profite seulement des consommations en dedans de ce rayon; qu'il y a erreur à cet égard; que les villes profitent du séjour des troupes non-seulement par l'octroi, mais aussi par le développement de toutes les industries dont ce séjour est la cause ou l'occasion.

310. Mais nous ferons observer, d'abord, que, depuis 1818, les dispositions de la loi du 15 mai et de l'ordonnance du 5 août ont été constamment entendues et appliquées dans le sens que leur attribue la circulaire du 8 octobre 1818; et de plus, que la législation antérieure n'était pas moins précise à cet égard. En effet, le décret impérial du 7 août 1810, déjà cité, porte: « A compter du 1er janvier 1811, la dépense d'occupation des lits militaires cessera d'être à la charge de l'administration de la guerre dans toutes les communes qui reçoivent des droits d'octroi *sur les objets de consommation des troupes qui occuperont ces lits* (art. 3). Cette dépense sera supportée par les communes au profit desquelles ces droits seront perçus (art. 4). »

Ne peut-on pas induire de ces expressions que, bien que les villes ne fournissent plus les lits militaires en nature, néanmoins, dès qu'elles demeurent chargées, en compensation, de pourvoir aux frais de casernement, sous forme de restitution des taxes d'octroi payées pour le compte de la garnison, elles ne doivent cette restitution que pour les troupes *qui occupent les lits* placés dans des localités assujetties aux droits sur les objets qu'elles consomment, c'est-à-dire pour celles qui sont casernées dans l'intérieur du rayon de l'octroi?

Il est à remarquer d'ailleurs que la loi du 15 mai 1818 et l'ordonnance réglementaire du 5 août se sont uniquement occupées du mode de prélèvement, sans rien innover quant au principe et aux conditions de l'impôt. C'est ce qui explique pourquoi la circulaire du 8 octobre 1818, émanée du ministère de la guerre, a interprété ces dispositions comme confirmant implicitement celles du décret du 7 août 1810, qui, du reste, n'ont été abrogées par aucun acte postérieur.

Si donc il est vrai en principe, comme l'observent l'administration de la guerre et celle des finances, que les instructions et circulaires des ministres ne peuvent altérer l'effet des lois et ordonnances dont elles ont pour objet de régler l'exécution, on doit reconnaître que cette observation n'est pas applicable au cas dont il s'agit, puisque c'est dans la législation même, le décret du 7 août 1810 ayant force de loi, que l'instruction ministérielle du 8 octobre 1818 a puisé la règle qu'elle établit.

311. Ajoutons toutefois que la question est de sa nature essentiellement contentieuse. En effet, l'ordonnance du 5 août 1818, dont l'article 6 prévoit le cas de contestation dans le recouvrement des décomptes, dispose en ces termes : « Quand la contestation portera sur le paiement même des décomptes, il y sera statué comme pour le dixième de l'octroi. Le point de contestation une fois jugé par décision ministérielle, le paiement des décomptes, si la ville est en débet, sera poursuivi par la régie des contributions indirectes, sauf le recours de droit à nous en notre conseil, selon les règlements. »

C'est donc à la ville dont les droits seraient lésés par la décision du ministre des finances à se pourvoir devant le Conseil d'état, suivant les formes prescrites par le décret réglementaire du 4 juillet 1806.

Sect. 2. — *Dépenses facultatives. — Énumération de ces dépenses.*

312. Toutes les dépenses qui ne sont pas classées par la loi comme obligatoires pour les communes demeurent, par là même, dans la catégorie des dépenses facultatives.

On peut s'étonner de ne pas trouver rangées parmi les premières plusieurs de celles qui ont pour objet des nécessités en quelque sorte de premier ordre, surtout pour les villes d'une certaine importance. Ainsi la dotation des hospices, les dépenses de l'éclairage, celles de l'entretien du pavé, et quelques autres de même nature, semblaient devoir figurer dans la nomenclature de l'art. 30. Laissons parler ici le savant et judicieux rapporteur de la commission de la Chambre des députés :

« Sans doute, dit-il (*Rapp.*, p. 79), il est conforme à l'humanité que les communes consacrent une partie de leurs revenus aux asiles ouverts à l'indigence ; mais ne peuvent-elles pas juger convenable de soulager le malheur par d'autres moyens, et peut-on voir dans cette dépense une dette obligée dont le paiement doive être placé sous l'autorité du gouvernement? La plupart des hôpitaux et des hospices ont des ressources personnelles ; beaucoup peuvent se passer des subventions municipales. Plusieurs se fondant sur le droit qu'ils avaient de prétendre à ces subventions, ne se sont pas renfermés dans les limites que leur assignaient les besoins de la localité et les ressources financières de la commune. Il appartient au conseil municipal de statuer sur cette dépense, et nous n'avons pas pu la considérer comme susceptible d'être soustraite à sa libre appréciation.

« Nous n'avons pas hésité à déclarer facultatives les dépenses du pavé, de l'éclairage des jardins, promenades publiques, bibliothèques et musées. Ce sont là des objets sur lesquels il faut s'en rapporter aux convenances de la commune, et qui, s'ils intéressent l'art et la science, s'ils peuvent contribuer au bien-être des habitants, ne présentent pas toutefois le caractère de nécessité qui peut seul commander l'intervention du pouvoir supérieur. Toutes les considérations qui pourraient être invoquées pour les faire déclarer obligatoires, garantissent que ces dépenses seront faites toutes les fois qu'elles intéressent vraiment la commune. »

Il suit de là que parmi les dépenses facultatives, se trouvent rangées quelques-unes de celles qui ont le plus d'utilité réelle pour les villes ou communes. Mais il en est aussi beaucoup d'autres qui, par leur nature, devaient être abandonnées à l'appréciation des administrations municipales, à qui appartenait nécessairement l'initiative.

313. En général, on peut diviser les dépenses facultatives en deux classes, savoir :

les dépenses annuelles et ordinaires, et les dépenses accidentelles ou extraordinaires.

Au nombre des premières figurent principalement :

Les suppléments de traitement des curés, desservants et pasteurs ;

Le supplément de traitement de l'instituteur primaire, et le traitement de l'institutrice ;

Les secours annuels à d'anciens employés ou à leurs veuves qui n'ont pas droit à pension ;

Les subventions aux établissements de bienfaisance ;

La création de bourses dans les colléges royaux et communaux ;

L'entretien de l'horloge, des fontaines, lavoirs, abreuvoirs, halles, marchés ; des jardins, promenades, bibliothèques, musées et autres établissements communaux ;

L'entretien du pavé des rues non classées dans la grande voirie, quand l'usage local ne le met pas à la charge des propriétaires riverains (L. du 11 frim. an VII ; avis du Conseil d'état, 25 mars 1807 ; décret du 7 août 1810) ;

La solde des sapeurs-pompiers et l'entretien des pompes et seaux à incendie ;

L'éclairage et l'arrosage des promenades, places et autres voies publiques, etc.

Toutes ces dépenses, ainsi que plusieurs autres de même nature qui ne peuvent être exactement énumérées, lorsqu'il existe des fonds suffisants pour y pourvoir, sont portées au budget de l'exercice par le conseil municipal dans sa session de mai de chaque année.

314. En cas d'insuffisance des ressources locales, si le conseil municipal croit devoir recourir à une imposition de centimes additionnels, il se réunit aux plus imposés, comme nous le dirons plus loin (V. Contributions communales), et la délibération portant vote de l'imposition extraordinaire est transmise par le préfet avec son avis au ministre de l'intérieur, qui provoque l'ordonnance royale d'autorisation suivant les formes.

315. Les dépenses accidentelles ou extraordinaires sont celles qui ont pour objet, entre autres :

Les acquisitions de propriétés immobilières ;

Les constructions ou reconstructions des édifices communaux ;

Les subventions offertes par les communes, soit pour ouverture de chemins vicinaux de grande communication, construction de routes

départementales, redressement de rampes ou autres ouvrages d'art, soit pour construction ou restauration d'édifices publics à l'usage d'établissements que les communes auraient intérêt à conserver dans leur sein ;

Enfin toutes les dépenses, quelles qu'elles soient, qui ne sont point de nature à se renouveler, et qui ont pour but de satisfaire à des besoins d'intérêt commun dont le pouvoir municipal est juge.

Il est procédé à l'égard de ces diverses dépenses selon les distinctions établies par les lois et règlements. Ainsi, pour les acquisitions de propriétés, si la valeur de l'immeuble, suivant l'estimation, excède 3,000 francs dans les communes qui ont moins de 100,000 francs de revenus, et 20,000 francs dans les autres communes, une ordonnance royale doit intervenir. Au-dessous de ces sommes, le préfet est compétent pour rendre exécutoires les délibérations des conseils municipaux. (Art. 46 de la loi du 18 juillet 1837.)

316. Pour les constructions et reconstructions, si la dépense est inférieure à 30,000 francs, le préfet approuve les plans et devis et autorise l'exécution des travaux. Si l'évaluation est supérieure à cette somme, il transmet les projets accompagnés de la délibération et de son avis motivé au ministre de l'intérieur, dont l'approbation est rigoureusement exigée. (Art. 45, *id.*)

317. Pour toutes les autres dépenses facultatives, quel qu'en soit le chiffre, la compétence n'est déterminée que par celui des revenus de la commune. En un mot, c'est l'autorité à qui est remis par la loi le soin de régler le budget, qui est compétente pour approuver l'allocation ; savoir, dans les communes qui ont 100,000 francs et plus de revenus, l'autorité royale ; et le préfet, dans les autres.

Sect. 3. — Recettes ordinaires.

§ 1er. — Produit en argent des biens communaux.

318. Au nombre des articles de recette qui composent le revenu ordinaire des communes, figure, en première ligne, le produit en argent des biens qu'elles possèdent. (L. du 18 juill. 1837, art. 31.)

Nous avons exposé plus haut (chap. 5 et 6) les régles qui se rattachent à la propriété, à la possession et à l'administration de ces biens, ainsi qu'au revenu qu'ils procurent; nous n'avons donc plus à y revenir.

Nous ferons seulement remarquer que, par *produit en argent des biens communaux*, il faut entendre ici toute espèce de revenus dérivant du *droit de propriété*, par opposition aux recettes que les communes pourraient d'ailleurs tirer des mêmes biens, en vertu du pouvoir municipal ou conformément à des lois spéciales. Ainsi le produit de la location du droit de chasse dans les propriétés communales, bien que non désigné en termes exprès par l'art. 31 de la loi de 1837, se trouve implicitement compris au nombre des revenus énoncés d'une manière générale par le n° 1er de cet article; car c'est là un produit exactement de même nature que celui des fermages ou des baux; il en serait de même de tout produit analogue. Mais les redevances imposées aux habitants pour la jouissance des biens communaux, les droits de place dans les halles, foires et marchés, etc., ne doivent pas être considérés comme étant un produit des biens communaux : ce sont des recettes communales, qui ne peuvent être perçues qu'autant qu'elles sont expressément autorisées par la loi. Les revenus de cette nature sont du reste indiqués par les numéros suivants du même article; nous allons successivement les examiner.

§ 2. — *Cotisations imposées pour la jouissance des fruits qui se perçoivent en nature.*

319. Cet énoncé a été introduit, par voie d'amendement, lors de la discussion, à la Chambre des députés, de l'art. 31 de la loi de 1837. L'auteur de l'amendement (M. Gillon) a pris soin d'expliquer (séance du 7 fév. 1837) que le but de sa proposition était d'autoriser, dans le sens le plus large, les communes à s'imposer des redevances, non-seulement sur les coupes affouagères, mais aussi sur la jouissance des pâturages communs, comme, en général, sur tous les fruits qui se perçoivent en nature. Ce n'était, au reste, que la consécration légale d'un usage anciennement et généralement suivi, comme le prouve une circulaire du 13 mai 1818 (*Rec.*, t. 3, p. 304), qui a tracé la marche à suivre pour l'établissement des taxes de pâturage.

320. Les rétributions à payer par les habitants qui envoient paître leurs bestiaux dans les pâturages restés en jouissance commune doivent, aux termes de cette instruction, être établies à raison de l'espèce de bétail et du nombre d'animaux appartenant à chaque usager. C'est aux conseils municipaux à examiner si ces sortes de rétributions ne peuvent pas être imposées avec avantage pour les communes, lorsque leurs revenus ne couvrent pas leurs dépenses. (*Ibid.*)

D'autres instructions du ministre de l'intérieur ont posé les règles suivant lesquelles la répartition doit s'opérer entre les usagers. Une circulaire du 31 juillet 1819 (*Rec.*, t. 3, p. 305), après avoir indiqué le mode de recouvrement des contributions qui portent sur les biens en jouissance commune, et dont la répartition s'effectue conformément à la loi du 26 germinal an XI, ajoute : « Il doit en être de même pour les perceptions établies sous le titre de droits de pâturage des bestiaux, dans les biens restés en jouissance commune. Les perceptions de cette nature ne peuvent être considérées que comme un prix de location, avec d'autant plus de raison que, par l'ordonnance du 7 octobre 1818, les communes sont autorisées à mettre en ferme et en location tout ou partie des pâturages. »

A cet égard, rien n'est changé par la législation nouvelle, et la répartition des taxes de pâturage doit continuer de s'établir sur les bases déterminées par la loi du 26 germinal an XI (1). — V. Communaux.

321. Quant aux taxes d'affouage, c'est-à-

----

(1) « Lorsqu'une commune possédera des domaines utiles dont chaque habitant profitera également, et qui ne seront pas susceptibles d'être affermés, comme des bois, pacages et marais communaux, ou des bâtiments servant à l'usage commun, et qu'elle n'aura pas de revenus suffisants pour payer la contribution due à raison desdits domaines, cette contribution sera répartie en centimes additionnels sur les contributions foncière, mobilière et somptuaire de tous les habitants (art. 2).

» Lorsque tous les habitants n'auront pas un droit égal à la jouissance du bien communal, la répartition de la contribution assise sur ce bien sera faite par le maire de la commune, avec l'autorisation du préfet, au prorata de la part qui appartiendra à chacun (art. 3).

» Lorsqu'une partie seulement des habitants aura droit à la jouissance, la répartition de la contribution n'aura lieu qu'entre eux, et toujours proportionnellement à leur jouissance respective (art. 4). »

dire aux redevances imposées aux habitants d'une commune propriétaire de bois, sur les lots qui leur sont délivrés pour leur usage, elles sont soumises à des règles différentes. Ces taxes ne sont point fixes; elles peuvent varier d'une année à l'autre, suivant les besoins de la commune, et la nécessité où elle est de pourvoir à de nouvelles dépenses, ou à des dépenses extraordinaires; mais les instructions ministérielles recommandent aux préfets, comme moyen d'atténuer la cause la plus ordinaire des obstacles qu'éprouve la rentrée de ces produits, de veiller à ce que les taxes d'affouage ne soient pas trop élevées. Une circulaire du 10 janvier 1839 établit qu'en principe elles doivent servir seulement à payer les frais inhérents aux bois, c'est-à-dire les frais de garde et de coupe, la contribution foncière, etc., et qu'il n'y a qu'en cas d'extrême nécessité que les communes peuvent les accroître pour subvenir à d'autres dépenses.

La même circulaire établit, quant au mode de recouvrement, une distinction relativement à l'application de l'art. 44 de la loi de 1837, ainsi conçu : « Les taxes particulières dues par les habitants ou propriétaires, en vertu des lois et des usages locaux, sont réparties par délibération du conseil municipal approuvée par le préfet. Ces taxes sont perçues suivant les formes établies pour le recouvrement des contributions publiques. »

Ajoutons que l'art. 63 de la même loi, qui trace la marche à suivre pour la perception des recettes municipales à l'égard desquelles les lois et règlements n'ont pas prescrit un mode spécial de recouvrement, serait ici sans application, malgré la corrélation qui semble exister entre ses dispositions et celles de l'article 44, attendu que ce dernier article, en décidant que les taxes seront perçues suivant les formes usitées pour les contributions publiques, a, par là même, prescrit un *mode de recourrement* qui dispense de recourir à toute autre voie.

322. Nous n'avons dû nous occuper ici que des deux espèces d'impositions le plus communément admises; mais il est, selon la nature des produits du sol et les divers usages locaux, d'autres taxes qui peuvent également être autorisées par analogie et conformément à l'esprit dans lequel a été conçue la disposition législative précédemment rappelée, dont le but, comme nous l'avons fait remarquer, a été de laisser la plus entière latitude aux administrations municipales, dans l'exercice du droit qui leur appartient d'imposer la jouissance des fruits communs.

323. Quant aux taxes de pavage, de salubrité, etc., elles sont d'une autre nature et soumises à d'autres règles : nous nous en occuperons ailleurs.

§ 3. — *Centimes ordinaires affectés aux dépenses des communes.*

324. Il existe en général une très-grande inégalité dans la condition financière des communes du royaume. Celles des départements de l'est, par exemple, sont pour la plupart propriétaires de bois qui leur procurent des revenus souvent fort supérieurs à leurs besoins. Quelques autres, dans les contrées montagneuses, possèdent aussi des landes, bruyères ou pâturages qui sont pour elles une source de produits plus ou moins abondants. Mais dans le reste du royaume, presque partout, les communes rurales proprement dites sont dénuées de toutes ressources, et ne pourraient subvenir aux frais de leur administration, si la loi n'y avait pourvu en créant une imposition locale destinée à couvrir cette dépense.

La loi du 11 frimaire an VII, déjà citée, sur les recettes et dépenses publiques, rangeait parmi les recettes ordinaires des communes, art. 9 : 1° le dixième du produit des patentes; 2° la moitié des amendes de police; 3° la quantité de centimes additionnels aux contributions foncière et personnelle qu'il serait jugé nécessaire d'établir pour compléter le fonds des dépenses municipales, suivant le *maximum* qui en serait ultérieurement fixé.

L'arrêté du gouvernement du 4 thermidor an X (3e série, bull. 203) a décidé, art. 10, que les conseils municipaux détermineraient, dans leurs sessions annuelles, le nombre de centimes qui seraient perçus additionnellement aux contributions pour les dépenses de l'année suivante, dans les limites établies par la loi. Enfin ce nombre de centimes a été définitivement fixé à *cinq* par l'art. 31 de la loi du 15 mai 1818 (7e série, bull. 211). « Il sera aussi, dit cet article, comme précédemment, imposé en sus cinq centimes au principal de la contribution foncière et de la contribution personnelle et mobilière, pour subvenir aux dépenses des communes, à l'exception de celles qui auront déclaré que cette contribution leur est inutile. »

325. Mais il arrive fréquemment que ces cinq centimes sont insuffisants relativement à l'exigence des besoins ordinaires, et dans ce cas, les communes sont obligées de s'imposer un certain nombre de centimes en sus. L'arrêté de thermidor an X leur interdisait autrefois cette faculté, en déclarant, art. 4, que les conseils municipaux ne pourraient demander ni obtenir aucune imposition extraordinaire *pour les dépenses ordinaires des communes*. Mais la loi du 15 mai 1818 prévoit, art. 39, le cas où, les cinq centimes ordinaires épuisés, une commune aurait à pourvoir à une dépense *véritablement urgente*, et elle indique les formes dans lesquelles la commune doit procéder pour obtenir l'autorisation de s'imposer au delà des limites posées par l'article 31 (1).

326. Les frais du culte, l'indemnité de logement au curé ou desservant, le supplément de traitement au même, celui qui est attribué à l'instituteur, le traitement du vicaire, celui de l'institutrice, sont au nombre de ces besoins annuels qui exigent souvent une surimposition de centimes ordinaires.

327. Il y a lieu d'observer, dans le vote de ces centimes supplémentaires, la marche tracée pour les impositions extraordinaires par la loi du 15 mai 1818 et par l'art. 42 de celle du 18 juillet 1837, c'est-à-dire que le vote n'est régulier qu'autant que les plus imposés ont été appelés à y concourir.

Quant aux formes à suivre, il faut distinguer, dans les dépenses, ce qui est obligatoire de ce qui est facultatif : le préfet étant compétent pour statuer dans le premier cas, et une ordonnance n'étant exigée que dans le second, les délibérations municipales relatives à ces dernières dépenses doivent seules être adressées au ministre de l'intérieur.

328. Outre ces cinq centimes, nous avons dit que les communes sont imposées obligatoirement à trois centimes pour le service de l'instruction primaire, sauf modification par les lois ultérieures de finances (loi du 28 juin 1833), et à cinq pour l'entretien des che-

mins vicinaux (loi du 21 mai 1836). Le produit de ces impositions, aussi bien que celui des centimes affectés au salaire des gardes champêtres, doit figurer dans chaque budget communal, au chapitre des dépenses ordinaires. (Circulaire du 13 décembre 1842.)

§ 4. — *Attributions sur les patentes.*

329. La loi du 11 frimaire an VII rangeait parmi les recettes ordinaires des communes, le dixième du produit des patentes. Celle du 2 ventôse an XIII (4ᵉ série, bull. 34), porte, art. 40 : « Des quinze centimes dont le prélèvement est autorisé par les lois sur le montant des rôles des patentes, deux centimes sont affectés aux frais de confection des rôles ; les treize centimes restants sont pareillement affectés, d'abord aux décharges et réductions, et l'excédant aux dépenses municipales. »

Un avis du Conseil d'état, approuvé le 28 février 1809 (4ᵉ série, bull. 228), dispose qu'à l'avenir, sur le décompte qui sera fait au 1ᵉʳ juillet par le directeur des contributions, il y aura lieu de faire verser, dans chaque commune, ce qui restera, après les décharges et dégrèvements, sur les treize centimes, comme revenant aux villes, sans qu'en cas d'excédant des décharges sur le total des treize centimes, il puisse y avoir imputation ou rejet sur les centimes de l'année suivante.

Enfin la loi du 15 mai 1818, confirmant à peu près dans les mêmes termes l'art. 40 de celle du 25 mars 1817, a décidé, art. 27 : « Les dispositions des lois qui ordonnent, sur le produit des patentes, un prélèvement de dix centimes, dont deux pour confection de rôles et huit attribués aux communes, sont maintenues. »

Depuis lors, les lois annuelles de finances ont constamment rappelé ces dispositions (1).

330. Mais la loi sur les patentes, du 25 avril 1844, a déterminé désormais d'une ma-

---

(1) Sur trente-sept mille deux cent cinquante-deux communes dont se compose le royaume, il y en a vingt-neuf mille huit cent cinquante-cinq qui sont obligées de s'imposer tous les ans des centimes additionnels pour assurer leur service ordinaire. (*Rapport au roi sur la situation financière des communes*, 5 avril 1837.)

(1) On lit dans la colonne d'observations de l'état A annexé à la loi de finances du 10 août 1839 : « Le principal de la contribution des patentes est évalué à 20,300,000 fr. ; mais il doit en être déduit : 1° les 8 centimes que la loi du 2 ventôse an XIII attribue aux communes pour former, avec l'imposition spéciale de 5 centimes, un fonds de 13 centimes sur lequel s'imputent d'abord les réductions, décharges et non-valeurs, et dont l'excédant disponible vient ensuite accroître les ressources communales ; ci 2,360,000 fr. »

nière plus précise la part attribuée aux communes sur ce produit. Cette loi porte, art. 32, § 3 : « Il est en outre prélevé, sur le principal, huit centimes, dont le produit est versé dans la caisse municipale. »

331. Le décompte de la contribution des patentes dressé au mois de juillet de chaque année pour l'année précédente, détermine les sommes qui sont attribuées aux communes sur le produit de cette contribution. Les receveurs des finances en tiennent compte aux receveurs municipaux dès que le décompte des patentes a été réglé par les préfets. (Inst. gén. du min. des fin. du 15 décembre 1826.)

Une circulaire du ministre de l'intérieur, du 15 avril 1812 (*Rec.*, t. 2, p. 325), contenait ce passage : « Lorsqu'on ne porte (au budget communal) aucune somme pour *patentes*, il faut prouver que, dans les précédentes années, les dégrèvements et non-valeurs ont absorbé ce produit. Mais cette disposition n'a plus d'objet aujourd'hui, la loi du 25 avril 1844 ayant réglé à un chiffre fixe de huit centimes la portion qui revient aux communes, sans déduction des décharges et non-valeurs qui l'avaient grevée jusqu'alors.

§ 5. — *Produit des octrois.*

V. Octrois.

§ 6. — *Droits de place dans les halles, foires, marchés et abattoirs.*

V. Halles, Foires, Marchés, Abattoirs.

332 Relativement aux droits qui se perçoivent dans les *abattoirs communaux*, nous ajouterons ici quelques mots à l'article qui traite de ces établissements.

333. Une première remarque à faire, c'est que, bien que les droits d'abattoir figurent au nombre des recettes communales, les abattoirs en eux-mêmes ne doivent pas être considérés comme établissements productifs de revenus. Ce n'est pas une spéculation financière que fait une ville en créant un établissement de ce genre ; elle satisfait simplement à ce qu'exige le soin confié à l'administration municipale de pourvoir à la sûreté et à la salubrité publiques, également compromises par l'existence de tueries particulières au centre des quartiers populeux. Il suit de ce principe que les taxes d'abattage doivent être calculées, autant qu'il se peut, de manière à couvrir seulement la commune de l'intérêt de ses avances, et à l'indemniser en même temps

des frais d'entretien et d'agence de l'établissement. En général, l'administration de l'intérieur s'écarte rarement de cette règle, qui n'a souffert d'exception que dans le cas où des villes étant fortement obérées, il devenait indispensable de faire ressource de tous les moyens dont elles pouvaient disposer. Mais nous devons dire que, depuis quelques années, le Conseil d'état s'est fait à cet égard une jurisprudence inflexible. C'est ainsi qu'il n'admet pas qu'une commune qui contracte un emprunt pour construire un abattoir, puisse élever le tarif des droits à y percevoir de manière à assurer le remboursement de son emprunt dans un temps donné. Il faut que la ville tire ses moyens d'amortissement de ses propres revenus, ou bien qu'elle se crée des ressources extraordinaires et spéciales par une autre voie. (Avis du 20 avril 1842 [ville de Nevers].)

334. Il y a deux manières pour les communes de pourvoir à l'établissement de leurs abattoirs : l'une est simplement de le faire construire à l'aide de fonds votés à cet effet par le conseil municipal, sauf ensuite à mettre la perception des droits en ferme ou en régie ; l'autre consiste à traiter, comme en certains cas, pour la construction des halles et marchés publics, avec un entrepreneur qui s'engage à construire l'édifice à ses frais, à charge par la ville de lui abandonner le produit des droits pendant un nombre d'années déterminé. Toutefois la nouvelle jurisprudence dont nous venons de parler, fait obstacle, sinon d'une manière absolue, du moins le plus ordinairement, à l'adoption de ce dernier mode.

Dans l'un comme dans l'autre cas, au surplus, la création de l'établissement doit être autorisée, et le tarif des droits arrêté par une ordonnance royale (1).

335. Les abattoirs publics doivent être envisagés sous deux points de vue différents, d'abord comme établissements communaux placés, à ce titre, sous le contrôle et l'autorité du ministre de l'intérieur, mais aussi comme établissements insalubres ou incommodes, qu'il appartient au ministre de l'agriculture et du

---

(1) Lorsqu'il s'agit d'autoriser la perception de droits de place dans un abattoir existant, le tarif est arrêté par une décision du ministre de l'intérieur, comme pour les halles, marchés, etc.

commerce d'autoriser par application du décret du 15 octobre 1810 et de l'ordonnance du 14 janvier 1815. Cette double intervention appelait une disposition réglementaire qui déterminât, d'une manière précise, le départ d'attributions des deux ministres en cette matière. Il y avait, d'un autre côté, nécessité de pourvoir à l'inconvénient de laisser subsister les tueries particulières établies antérieurement au décret de 1810, qui pouvaient se prévaloir de l'exception prévue par l'art. 11 de ce décret (1), et se maintenir nonobstant la création de nouveaux abattoirs communaux. C'est en vue de donner à l'administration l'étendue de pouvoir en même temps que l'unité d'action nécessaire qu'est intervenue, à la date du 15 avril 1838, sur le rapport du ministre des travaux publics, de l'agriculture et du commerce, une ordonnance royale qui statue en ces termes : « Vu le décret du 15 octobre 1810 et l'ordonnance du 14 janvier 1815, portant règlement sur les établissements dangereux, insalubres ou incommodes, notre Conseil d'état entendu, etc. — Art. 1er. Sont rangés dans la première classe des établissements dangereux, insalubres ou incommodes, les abattoirs publics et communs à ériger dans toute commune, quelle que soit sa population. — Art. 2. La mise en activité de tout abattoir public et commun légalement établi entraînera, de plein droit, la suppression des tueries particulières situées dans la localité. — Art. 3. Quand il y aura lieu à autoriser une commune à établir un abattoir public, toutes les mesures relatives tant à l'approbation de l'emplacement qu'aux voies et moyens d'exécution, devront nous être soumises simultanément par nos ministres de l'intérieur et des travaux publics, de l'agriculture et du commerce, pour en être ordonné par un seul et même acte d'administration publique. »

336. De ces prescriptions et des principes de la jurisprudence administrative sur la matière, ressortent les règles suivantes, quant aux formes à suivre pour l'établissement des

abattoirs publics : 1° Le conseil municipal est appelé à délibérer : sur le choix de l'emplacement où l'abattoir sera édifié ; sur le mode d'exécution de l'opération, c'est-à-dire sur la question de savoir, selon la situation financière de la commune, si l'édifice sera construit aux frais de la caisse municipale, ou donné à l'entreprise moyennant l'abandon du produit pendant un temps fixé ; enfin, dans l'une et l'autre hypothèse, sur le tarif des droits à percevoir (1).

2° Le préfet adresse au ministre du commerce les pièces relatives au choix de l'emplacement, savoir, la délibération municipale sur cet objet, un procès-verbal d'enquête *de commodo et incommodo*, dressé conformément à l'ordonnance réglementaire du 23 août 1835, les observations du conseil municipal en réponse aux réclamations qui auraient pu s'élever; enfin, les avis motivés du sous-préfet et du préfet lui-même.

3° Le même fonctionnaire transmet en même temps au ministre de l'intérieur, avec la délibération municipale sur le mode d'exécution, le projet de traité, s'il y a lieu, accompagné du cahier des charges, les plans et devis de la construction, si la dépense doit excéder 30,000 fr. (L. 17 juillet 1837, art. 45), enfin le tarif des droits à percevoir.

L'affaire s'instruit simultanément dans les bureaux des deux ministères, qui règlent, de concert, les dispositions à arrêter, et il intervient une ordonnance royale qui prononce sur le tout.

337. L'ordonnance royale qui autorise la création d'un abattoir public, est un acte d'administration qui ne peut être attaqué par la

---

(1) « Art. 11. Les dispositions du présent décret n'auront point d'effet rétroactif; en conséquence, tous les établissements qui sont aujourd'hui en activité continueront à être exploités librement, sauf les dommages dont pourront être passibles les entrepreneurs de ceux qui préjudicieraient aux propriétés de leurs voisins. »

(1) Aux termes d'une instruction ministérielle du 22 décembre 1823 (*Recueil des circulaires*, t. 5, p. 491), « il est nécessaire que la délibération du conseil municipal contienne des renseignements positifs sur la population de la localité, sur le nombre des bouchers et charcutiers en exercice, sur celui des tueries ou échaudoirs particuliers, enfin, sur la quantité de bestiaux de chaque espèce abattus annuellement pour la consommation. Il faut encore que le vote du conseil, bien motivé à cet égard, soit accompagné d'une enquête *de commodo et incommodo*, conformément aux dispositions prescrites par le décret du 15 octobre 1810 et par l'ordonnance du roi du 14 janvier 1815, concernant les ateliers insalubres ou incommodes. »

voie contentieuse. (Ord. du 2 janv. 1835 [Mahé et consorts, C. la ville de Bordeaux].)

338. Il n'y a pas et il ne peut y avoir de proportion déterminée pour la fixation des droits d'abattage, qui varient nécessairement selon les localités et l'importance des consommations. L'essentiel, comme nous l'avons déjà dit, est de ne point forcer la quotité de ces taxes, qui ne doivent représenter, autant qu'il est possible, que l'intérêt du capital employé à la construction, plus *les frais* d'entretien et de personnel. Autrement, on tomberait dans l'inconvénient attribué à la trop grande élévation des droits d'octroi, celui de nuire aux intérêts de la production et de la consommation générale. Ce qu'il faut surtout éviter, c'est que les droits d'abattage ne dégénèrent en un impôt sur la viande de boucherie, et que, par suite, les bouchers, trouvant leur profit à tuer au dehors, ne désertent l'abattoir communal au détriment des finances de la ville, qui perdrait ainsi l'intérêt de ses avances. Toutes ces considérations commandent donc d'apporter beaucoup de mesure et de modération dans l'établissement des tarifs.

339. Il est arrivé quelquefois que, dans la vue de prévenir l'abandon, par les bouchers, d'un abattoir où les droits étaient trop élevés, et de se rédimer de l'obligation d'indemniser le fermier, des conseils municipaux ont demandé l'autorisation de réunir les droits d'abattage aux droits d'octroi et de les faire percevoir à l'entrée des villes, en assujettissant les viandes par quartier à un droit proportionnel. Ces propositions ont dû être écartées.

En confondant ainsi deux taxes essentiellement distinctes, on dénaturerait le droit d'abattage qui n'a point pour effet, nous le répétons, de frapper les viandes de boucherie d'un impôt supplémentaire, mais bien de faire payer aux bouchers le prix d'un service que leur rend un abattoir qu'ils seraient obligés d'établir à leurs frais, si la ville ne le leur procurait pas.

Il est évident que ce serait, d'ailleurs, faire obstacle à la concurrence des bouchers du dehors. Vainement objecterait-on que ceux de l'intérieur, qui sont assujettis à un loyer plus cher, à une plus forte patente, ainsi qu'aux charges urbaines, ont, sous ce rapport, un certain désavantage de position. Si les bouchers forains sont, à quelques égards, placés dans des conditions moins onéreuses,

ils ont aussi à supporter les frais de transport, outre le loyer d'un étal en ville ; ils ne sont point d'ailleurs exempts des frais d'abattage de leurs bestiaux, car il faut ou qu'ils fassent construire des abattoirs à leurs frais, ou qu'ils en prennent à location : ainsi, bien que grevés de charges à peu près égales à celles des bouchers de l'intérieur, ils seraient encore tenus de payer un nouveau droit d'abattage sans avoir fait usage de l'abattoir, dont ces derniers profiteraient seuls. On n'arriverait donc, en résultat, qu'à créer, au profit des bouchers de la ville, une sorte de prime qui détruirait l'égalité de conditions que l'administration doit s'efforcer, au contraire, de maintenir entre les producteurs domiciliés et ceux de l'extérieur, autant par esprit d'équité que dans l'intérêt des consommateurs, à l'avantage desquels tourne toujours la liberté de la concurrence. (Décis. du min. de l'int., 23 juin 1837 [Orne]; même date [Marne].) —V. Boucherie, § 6.

Si ces principes, d'une sage administration, ont pu néanmoins fléchir à l'égard d'un petit nombre de villes, que des entreprises d'abattoirs mal calculées avaient jetées dans des embarras financiers fort graves, on ne saurait s'autoriser de ces rares exceptions pour s'écarter d'une règle dont tous les intérêts s'accordent à réclamer le maintien.

340. Ajoutons toutefois que, dans la vue de faciliter la perception et d'en économiser les frais, diverses décisions du ministre de l'intérieur ont permis que les droits d'abattage fussent perçus à l'entrée des villes par les préposés de l'octroi, mais à condition d'en faire une recette entièrement distincte et inscrite sur des registres séparés ; autrement, ce produit subirait le prélèvement du dixième au profit du trésor comme celui des octrois. Rouen, Alençon, Reims et quelques autres villes, ont obtenu cette autorisation.

341. L'instruction du ministre de l'intérieur, du 22 décembre 1825, portant règlement sur la police de la boucherie et de la charcuterie, contient au sujet des abattoirs quelques autres dispositions utiles à consulter.

Les maires de quelques villes qui possèdent des abattoirs publics, y est-il dit, ont obligé les bouchers et charcutiers des communes de la banlieue à venir abattre leurs bestiaux à la tuerie commune ; on a même fait dépendre de l'accomplissement de cette obligation la concession de la faculté de vendre sur les marchés de l'intérieur : l'administration a jugé qu'une telle mesure serait contraire au droit commun et aux règles de l'équité. En effet, elle forcerait les commerçants, qui paient leur quote-part de contributions dans le lieu où se trouve leur domicile, à contribuer encore aux revenus communaux d'une ville qui n'est pas le siège habituel de leur commerce ; aussi, dans tous les règlements approuvés par l'administration, a-t-on établi formellement que l'usage des abattoirs publics des villes devait être facultatif et non obligatoire pour les bouchers et charcutiers du dehors, et que ceux-ci pouvaient tenir des abattoirs et des étaux au lieu de leur domicile sans l'approbation de l'autorité locale...

342. A ces instructions, on doit ajouter que l'abattage des porcs offrant, sous le rapport de la sûreté publique, de moins graves inconvénients que celui des gros bestiaux, il a paru juste et dans l'intérêt de l'agriculture de conserver aux propriétaires la faculté d'abattre chez eux, dans des lieux clos et séparés de la voie publique, les porcs destinés au service de leurs maisons.

343. Il demeure donc établi que l'usage des abattoirs publics et communs est *entièrement facultatif* pour les bouchers des banlieues. Nous irons plus loin, et nous ajouterons qu'il doit en être de même pour ceux de la ville, en ce sens que, s'il leur convient d'abattre leurs bestiaux au dehors, et de les introduire ensuite par quartiers ou comme viande dépecée, en acquittant le droit d'octroi, on ne saurait s'y opposer.

Encore une fois, il ne faut pas perdre de vue que les abattoirs communaux sont créés dans un intérêt de police et non dans un but de fiscalité ; que le principal objet de leur institution est d'empêcher l'abattage des bestiaux au centre de la cité, et de prévenir ainsi les dangers qui en sont la suite, et que, du moment que les bouchers cessent d'abattre dans l'intérieur de la ville, ce résultat étant obtenu, on n'a plus rien à exiger d'eux.

C'est ce qui justifie les instances de l'administration pour que le taux des droits d'abattage soit fixé de telle manière que les bouchers aient intérêt à préférer l'abattoir public à ceux qu'ils pourraient louer au dehors.

344. Nous devons noter toutefois que la jurisprudence de la Cour de cassation semble être ici en opposition avec celle de l'autorité administrative. Par un arrêt du 18 oct. 1827 (J. P. 3ᵉ édit.), cette cour a décidé que si un

arrêté municipal enjoint à tout boucher d'abattre le bétail *à la tuerie publique et non ailleurs*, cet arrêté doit, d'après sa nature, comme d'après ses expressions, être exécuté dans toute l'étendue de la commune, et qu'une contravention à cet arrêté ne saurait être excusée par le motif que le bétail aurait été abattu hors de la ville et des faubourgs.

Aux termes d'un autre arrêt du 1ᵉʳ juin 1832 (J. P. 3ᵉ édit. ; D. P. 32. 1. 259), l'obligation subsiste, même pour les bouchers qui demeurent hors des limites de l'octroi ; et ceux-ci, tant que l'arrêté municipal n'est pas rapporté, ne peuvent refuser de s'y conformer sous le prétexte qu'en raison de leur domicile ils sont affranchis du paiement.

Mais d'autres considérations ont prévalu, aux yeux de l'administration, contre le droit, trop absolu peut-être, que cette jurisprudence tend à reconnaître au pouvoir municipal.

Rigoureusement, en effet, les attributions des maires, dans la matière qui nous occupe, se bornent à prévenir les dangers résultant de l'abattage des bestiaux au milieu des habitations, et le droit de police qu'ils tiennent à cet égard de la loi des 16-24 août 1790 (tit. 11, art. 3, n° 5) ne saurait s'étendre jusqu'au pouvoir de contraindre, en vue d'assurer la perception des droits d'abattage, les bouchers de la ville et encore moins ceux de la banlieue à se servir de l'abattoir communal, s'ils trouvent dans leur intérêt ou dans leur convenance de se pourvoir ailleurs.

Aussi ne doit-on considérer les arrêts de cassation précédemment cités que comme un hommage rendu par la cour suprême au grand principe de la séparation des pouvoirs, mais non comme devant lier l'autorité administrative supérieure dans les décisions qu'elle est appelée à rendre, en cas de recours à son intervention contre de semblables arrêtés de police municipale, qui nous paraissent également attaquables, soit pour excès de pouvoir, soit comme attentatoires à la liberté de l'industrie. — V. Abattoirs.

§ 7. — *Droits de stationnement.*

345. Ces droits ne figuraient pas au nombre des perceptions autorisées par la loi du 11 frimaire an VII : ils ont été réellement créés par celle du 18 juillet 1837 sur l'administration municipale (art. 31, n° 7) : c'est simplement une redevance attribuée aux villes pour les

permissions qu'elles accordent à certains établissements, et particulièrement aux entreprises de voitures de place ou de transport en commun, de séjourner sur les parties du sol communal ou de la voie publique qui leur sont temporairement concédées pour cet usage.

Au premier aperçu, ces sortes de taxes semblent différer des locations de place proprement dites, en ce que celles-ci se perçoivent en raison de la superficie occupée, tandis que le droit de stationnement des voitures publiques varie nécessairement selon le nombre et l'espèce de ces voitures; et c'est la principale raison qui avait porté l'administration supérieure à refuser sa sanction aux demandes formées à cet égard par quelques villes avant que la loi eût consacré le principe de la perception (1).

Mais, selon nous, l'ordre de classification dans lequel la loi de 1837 a rangé ce droit et sa dénomination même attestent que c'est bien réellement comme droit d'occupation de place que le législateur a entendu en autoriser la perception, et l'on ne saurait le considérer comme un impôt établi sur l'industrie elle-même, sans s'écarter des intentions évidentes comme des termes de la loi.

346. L'essentiel, dans une perception de ce genre, est de consulter les besoins publics et de s'assurer préalablement si rien ne s'oppose, dans l'intérêt général, à ce que de semblables concessions soient accordées à prix d'argent. Il ne faut pas d'ailleurs perdre de vue que ce n'est point la circulation des voitures qui doit être taxée. Ce droit exorbitant n'appartient pas à l'administration municipale, les rues étant des propriétés du domaine public communal dont l'usage est commun à tous; à la vérité, le maire peut, en vertu de la loi du 24 août 1790, réglementer la voie publique dans l'intérêt de l'ordre et de la

libre circulation; mais son intervention ne peut s'exercer que sous forme d'interdiction de tout ce qui tendrait à embarrasser la voie publique. C'est là un acte de police municipale qui perdrait son caractère du moment que le maire n'userait, à cet égard, du pouvoir qui lui est confié que pour établir une sorte de privilège de circulation concédé à prix d'argent au profit de la commune, et non-seulement ce serait sortir de la légalité, mais ce serait en même temps compromettre les attributions les plus essentielles de l'autorité; car l'administration aliénerait par là le droit qu'elle doit toujours conserver de prohiber la circulation des voitures, si quelque circonstance imprévue venait à rendre cette prohibition indispensable.

347. Sous le point de vue purement légal, on pourrait soutenir qu'à la rigueur nul n'a besoin d'autorisation pour faire circuler ses voitures sur la voie publique, et que ce n'est que par mesure de prohibition que l'autorité municipale peut intervenir, si ces voitures gênent la circulation.

On objectera sans doute que, dans la pratique, toutes les industries de nature à embarrasser la voie publique réclament l'autorisation préalable de l'administration; mais il n'en faut rien conclure contre le principe. On ne doit pas effectivement s'étonner que les entrepreneurs que pourraient ruiner l'action répressive de la police municipale, se soient soumis spontanément à la demande d'une autorisation préalable; l'administration n'a pu qu'encourager cette disposition qui lui épargnait le devoir pénible de froisser des intérêts privés; mais on ne saurait voir dans cet état de choses qu'une combinaison favorable à tous les intérêts, sans pouvoir en induire la faculté absolue de disposer de la circulation comme d'une espèce de propriété.

348. Il suit de ces observations, comme conséquences rigoureuses, 1° que le stationnement sur la voie publique pouvant seul être taxé, l'administration n'aurait rien à exiger des entreprises de voitures publiques qui stationneraient sur des propriétés particulières : seulement elle resterait toujours libre d'interdire l'exploitation de celles de ces entreprises qui se seraient formées sans son autorisation, et qu'elle jugerait ne pouvoir tolérer dans l'intérêt de la sûreté et de la liberté de la circulation; 2° que, dès lors, il ne s'agit plus d'*imposer l'industrie* elle-même, mais seule-

---

(1) Deux avis du comité de l'intérieur, le premier du 27 janvier 1828, le second du 3 août 1831, avaient conclu au rejet des demandes formées par les conseils municipaux de Saint-Germain et de Saint-Denis, à l'effet de percevoir des droits pour le stationnement des voitures publiques dans ces deux villes. On lit dans le dernier de ces avis : « Considérant que la taxe que se propose d'imposer la commune de Saint-Denis sur les voitures publiques, a le caractère d'une imposition frappant une entreprise particulière et est essentiellement de nature d'impôt, etc. »

ment de faire payer aux entrepreneurs le loyer de l'emplacement que leur concède la ville, et qu'autrement ils seraient obligés de se procurer à leurs frais.

349. En résumé, le droit dont il s'agit nous semble réunir le double caractère d'un prix de location pour les places que les voitures occupent sur la voie publique, et d'une indemnité pour l'augmentation des frais d'entretien du pavé des villes, que la permanence du stationnement des voitures tend constamment à détériorer. Il ne se percevait, avant la loi du 18 juillet 1837, que dans quelques grandes villes, telles que Paris et Lyon, en vertu de décrets spéciaux. L'art. 34, n° 7, de la loi précitée en a généralisé aujourd'hui la perception, comme nous l'avons dit plus haut, en le classant parmi les recettes ordinaires des communes.

350. Quant aux formes dans lesquelles ces taxes doivent être autorisées, l'analogie qu'elles paraissaient avoir, jusqu'à un certain point, avec les droits de voirie, et, d'une autre part, la circonstance que c'est en vertu d'actes du pouvoir souverain qu'elles ont été créées dans quelques villes avant la loi de 1837, avaient fait douter si l'approbation des tarifs ne devait pas rentrer dans le domaine de l'ordonnance royale. Mais si l'on considère que le droit de stationnement n'est autre, en effet, qu'un droit de location de place, comme nous l'avons établi ; que, dès lors, rien n'empêche de l'évaluer en raison de l'espace occupé ou censé occupé par chaque voiture et son attelage, en ayant égard dans cette évaluation au surcroît de dépense qui résulte pour la ville d'un entretien de pavage plus coûteux, on en conclura que c'est à l'autorité ministérielle qu'il appartient d'approuver les tarifs, comme en matière de droits de place aux halles et marchés. — V. Halles et Marchés.

§ 8. — *Locations sur la voie publique.*

351. Ceci n'est qu'une extension de la faculté accordée aux communes par la loi du 11 frimaire an VII, de percevoir des droits d'occupation sur les rivières, les ports et promenades publiques. Il résulte des termes dans lesquels la loi de 1837, art. 34, n° 7, s'exprime à ce sujet, que les communes ont désormais la faculté de percevoir le droit de place sur toutes les parties de la voie publique sans distinction; c'est-à-dire sur les rues qui appartiennent à la grande voirie comme sur celles qui dépendent de la voirie urbaine. Ainsi, dans certaines localités où les foires et marchés se tiennent à proximité des grandes routes, la commune peut être autorisée à percevoir, à son profit, un droit de place sur la partie des accotements de la route occupée par les marchands, bien que le sol ne lui appartienne pas.

Il n'est pas inutile toutefois d'ajouter que ces concessions ne peuvent être faites que lorsqu'il a été constaté, suivant le vœu de la loi du 11 frimaire an VII et par un rapport des ingénieurs, que la largeur de la route et la situation des lieux permettent de les accorder sans inconvénients pour la liberté de la circulation.

En conséquence, ce document doit toujours être produit à l'appui des propositions de l'administration municipale, que le préfet transmet au ministre de l'intérieur pour recevoir sa sanction. Du reste, la jurisprudence est absolument la même, sur tous les points, que pour les droits de place aux halles, foires et marchés. — V. Halles et marchés.

§ 9. — *Locations sur les ports.*

352. Les principes sont toujours ici les mêmes que pour les droits de place en général, c'est-à-dire que la quotité du droit se détermine en raison de la superficie occupée. Seulement, comme il peut arriver que l'étendue du port d'embarquement ne soit pas en rapport avec les besoins et le mouvement de la navigation, la règle qui fixe à vingt-quatre heures la durée de l'occupation souffre, dans ce cas, une exception inévitable, et il convient de la modifier en raison de la nécessité de presser l'embarquement ou le débarquement des marchandises; c'est un point qu'on ne peut, au surplus, qu'abandonner à l'appréciation des administrations locales; mais il importe qu'elles précisent leurs propositions en conséquence, afin que le ministre de l'intérieur appelé à statuer sur les tarifs soit pleinement éclairé dans ses décisions. Ce qu'il est essentiel d'observer, c'est que, dans aucun cas, le droit ne peut porter sur une unité de marchandise comme le sac de blé, la pièce de vin, le stère de bois, etc., parce que ce serait taxer la marchandise même, et conséquemment tendre à convertir indirectement le droit en impôt d'octroi.

Ici encore la taxe se perçoit au profit des communes, abstraction faite de la propriété du

sol, et bien qu'il fasse partie du domaine de l'état. A cet égard, la loi du 18 juillet 1837 n'a fait que confirmer l'extension donnée par celle du 11 frimaire an VII aux droits des communes. C'est au gouvernement à examiner si les taxes proposées n'excèdent pas la juste proportion qu'il convient d'observer, d'une part, afin de ne point grever le commerce local d'un impôt trop onéreux, de l'autre d'éviter que, par suite, il ne s'éloigne de la localité pour se porter sur d'autres points où il serait affranchi de semblables charges.

§ 10. — *Locations sur les rivières.*

353. On a contesté aux communes la faculté de percevoir, sous la dénomination de *droits d'attache* ou *d'amarrage*, des droits de location de place sur le cours des rivières navigables. Déjà cependant la loi du 11 frimaire an VII avait établi ce principe; mais on objectait que cette disposition avait été modifiée, au moins implicitement, par l'art. 538 du Code civil publié postérieurement, et qui porte : *Les fleuves et rivières navigables ou flottables, les ports, havres et rades, etc., sont considérés comme des dépendances du domaine public.* Le ministre du commerce et des travaux publics réclamait, de son côté, dans l'intérêt du commerce, contre l'aggravation des frais de transport par des taxes locales de cette nature (1).

Mais, à notre avis, on ne saurait voir dans de semblables droits une augmentation de charges obligatoires pour le commerce, puisqu'il dépend toujours des conducteurs de bateaux et navires de s'en affranchir en stationnant en dehors des limites de la perception. Que s'ils préfèrent s'amarrer au port même pour y prendre charge, ou pour y débarquer des marchandises, c'est qu'ils y trouvent ap-

paremment, soit par la police qui s'y exerce, soit par la facilité des abords, des avantages que la commune, qui les leur procure, est dès lors en droit de leur faire acheter.

D'autre part, on a vu que la loi du 18 juillet 1837, loin de restreindre les prérogatives accordées aux communes par la loi du 11 frimaire en matière de droits de place, les a, au contraire, étendues en faisant à celles-ci une part encore plus large sur le domaine de l'état.

354. Il faut donc considérer, comme désormais acquis aux communes, nonobstant toute prétention contraire, le droit que leur reconnaissait la loi du 11 frimaire et que leur a confirmé celle du 18 juillet, de percevoir un prix de location pour les emplacements qu'elles concèdent sur les rivières comme sur les ports. Mais nous devons nous hâter d'ajouter que l'exercice de ce droit demeure toujours subordonné à l'autorisation du gouvernement, qui reste juge des conditions auxquelles il doit l'accorder. Ces conditions sont essentiellement, 1° que les besoins financiers de la commune exigent la création d'une semblable ressource; 2° que le stationnement des bateaux, trains de bois, etc., puisse être permis sans gêner le service de la navigation ; 3° que les intérêts du commerce en général n'en soient point lésés.

355. Quant au mode de perception, le principe ne varie point; il s'agit d'un prix de location de place : c'est donc la place elle-même, c'est-à-dire l'étendue superficielle qui doit faire la base du droit, abstraction faite de la charge du bateau et de la nature des objets transportés ; car rien ici n'intéresse l'approvisionnement des localités; il n'importe donc en aucune façon de déterminer, comme pour les places aux halles et marchés, des prix différents selon l'espèce des marchandises. D'un autre côté, il est certain qu'un bateau vide occupe autant d'espace qu'un bateau chargé ; et dès que c'est sur la superficie que se règle la quotité de la taxe, évidemment l'un doit payer autant que l'autre (1).

356. Il se peut que, dans quelques localités, soit en raison de circonstances exception-

---

(1) Une circulaire de ce ministre, en date du 11 juillet 1835, contient le passage suivant : « La dernière enquête et les informations qui parviennent chaque jour à mon département ont mis hors de doute, pour moi comme pour vous, que tous les embarras de notre position industrielle prennent leur source dans la difficulté et la cherté des communications intérieures. L'administration, à mon avis, loin de laisser aggraver les transports par des taxes locales, doit tendre à diminuer progressivement les charges publiques qui grèvent les transports; c'est une amélioration que j'appelle de tous mes vœux, et qui ne peut manquer d'être féconde en bons résultats. »

---

(1) Il y a toutefois des exemples de tarifs approuvés avec cette distinction, entre les bateaux chargés et ceux qui ne le sont pas, que ces derniers ne paient que le demi-droit.

nelles. soit parce que les principes de la matière n'avaient pas encore été suffisamment éclaircis, le gouvernement ait autorisé des perceptions de ce genre sur des bases différentes. Mais nous ferons observer qu'on ne peut s'écarter des règles que nous venons de tracer sans méconnaître la nature de la taxe qui ne doit pas perdre le caractère de droit de place. Ainsi, elle ne pourrait être établie à raison de la contenance des bateaux et de la valeur présumée des marchandises, sans rentrer dans la catégorie des droits de péage dont il sera question ailleurs, et qui sont créés par la loi pour des cas spéciaux et à des conditions déterminées.

357. Les pièces à produire à l'appui des demandes formées par les administrations municipales pour obtenir l'autorisation de percevoir des droits de location sur les rivières sont, outre les délibérations des conseils municipaux : 1° l'avis des ingénieurs en ce qui concerne le service de la navigation ; 2° le budget et la situation financière de la commune, afin de justifier de la nécessité de cette ressource relativement aux charges dont elle est grevée; 3° un aperçu du produit du droit proposé; 4° l'avis du sous-préfet et celui du préfet sur lequel doit intervenir la décision du ministre de l'intérieur.

Les chambres de commerce doivent aussi, dans certains cas, être consultées en ce qui touche les intérêts du commerce par eau, et le ministre exige la production de leur avis comme élément d'instruction.

§ 11. — *Péages communaux.*

V. Péages et ponts.

§ 12. — *Droits de pesage, mesurage et jaugeage.*

V. Pesage, mesurage et jaugeage publics.

§ 13. — *Droits de voirie.*

V. Voirie.

§ 14. — *Concessions dans les cimetières.*

V. Cimetières.

§ 15. — *Concessions d'eau.*

358. Ces sortes de produits représentent le bénéfice que les villes peuvent retirer des travaux qu'elles feraient exécuter pour procurer de l'eau à domicile aux habitants, moyennant un prix d'abonnement déterminé en raison combinée de l'intérêt des fonds avancés pour dépenses de premier établisse-ment et des frais d'entretien et d'agence. C'est ici réellement une spéculation financière, et la seule à laquelle il soit permis légalement aux communes de se livrer. Il ne peut y avoir d'ailleurs de règle fixe de jurisprudence à l'égard de ces opérations, dont l'utilité et la possibilité d'exécution ne sauraient être appréciées qu'à l'aide d'une connaissance exacte des intérêts, des besoins, et, jusqu'à un certain point, des habitudes et des usages du pays.

359. Si la ville traite avec un entrepreneur ou une compagnie concessionnaire, et ce sera le cas le plus ordinaire, l'autorité locale devra suivre les règles tracées pour la construction des halles, abattoirs ou autres établissements semblables, avec abandon temporaire des droits. Dans ce cas, la perception du droit ou prix d'abonnement doit être autorisée par une ordonnance royale, sur le rapport du ministre de l'intérieur, auquel les propositions doivent parvenir accompagnées de l'avis des autorités administratives locales, et de tous les documents nécessaires comme éléments de décision.

360. Que si elle fait établir, à son compte et de ses deniers, les aqueducs, réservoirs, conduites d'eau, etc., l'opération rentrera alors, quant aux détails d'exécution, dans la catégorie des travaux communaux ordinaires, sauf à régler, sur les bases indiquées plus haut, la quotité du prix d'abonnement à payer par chaque habitant à raison du volume d'eau dont il aura la jouissance.

361. Il faut considérer aussi que, sous quelques rapports, les concessions d'eau ont une grande analogie avec les concessions de biens communaux, et qu'elles peuvent faire l'objet de véritables baux d'une plus ou moins longue durée, dont le règlement et l'approbation demeurent soumis aux dispositions combinées des art. 17, 18, 19, 20 et 47 de la loi du 18 juillet 1837. D'où il suit que si la durée n'excède pas dix-huit ans, le préfet est compétent pour homologuer la proposition municipale.

362. Nous insistons sur ce point, que les concessions d'eau indiquées dans la loi comme sources de produits, ne peuvent s'entendre que de celles qui se font *à domicile*. En principe, la fourniture de l'eau nécessaire aux besoins journaliers des habitants d'une ville, est une mesure dont l'autorité locale doit faire en sorte d'assurer gratuitement le bien-

fait aux citoyens. Il serait contraire aux règles d'une bonne administration, à moins de circonstances tout à fait exceptionnelles, d'établir une taxe pour la jouissance d'une fontaine publique. (Décis. du min. de l'int., [Sarthe], 23 juin 1837.)

363. On tolère, il est vrai, dans certains cas, la perception d'un droit pour l'usage des lavoirs publics, mais c'est à titre de droit de place dans un local construit aux frais de la commune. Il n'en faut pas moins considérer que les lavoirs étant des établissements particulièrement utiles aux classes pauvres, l'usage en doit être plus spécialement gratuit. L'administration supérieure ne consentirait pas à ce que la jouissance d'un lavoir fût taxée dans une ville ayant des revenus suffisants pour subvenir à ses dépenses. Ce n'est que dans les petites communes, privées de toute autre ressource, qu'une semblable perception pourrait être autorisée par exception. (Décis. du min. de l'int. [Seine-Inférieure], 20 fév. 1838.)

§ 16. — *Enlèvement des boues et immondices de la voie publique.*

364. Si cette opération, qu'il faut considérer autant comme une mesure de police urbaine que comme un moyen d'accroître les recettes communales, offre souvent un produit assez considérable, quelquefois aussi elle n'est qu'une charge pour les communes qui sont obligées de payer pour le service du nettoiement des rues. — V. Circul. du 14 avril 1812.

365. Dans tous les cas, les marchés relatifs à l'enlèvement des boues doivent être passés avec publicité et concurrence dans les formes prescrites par l'ordonnance réglementaire du 14 novembre 1837. (V. cette ord. et l'inst. du 9 juin 1838.)

366. Dans quelques villes, les administrations municipales se sont prévalu du pouvoir qui leur est confié par la loi des 16-24 août 1790, de régler tout ce qui touche aux intérêts de la salubrité, pour charger des entrepreneurs choisis par elles de la vidange des fosses, à l'exclusion de tous autres.

Sans doute il appartient à l'autorité municipale de faire des règlements de police sur le mode d'exercice de certaines professions qui, si elles n'étaient point surveillées, pourraient devenir incommodes ou même dangereuses pour les habitants ; mais ce droit ne

saurait jamais s'étendre jusqu'à interdire ces professions à certaines personnes pour les attribuer exclusivement à d'autres, car ce serait constituer une sorte de monopole contraire aux lois, et violer le principe fondamental de la liberté de l'industrie. La circonstance que les villes tirent un profit de ces concessions ajouterait encore aux motifs qui doivent porter l'autorité supérieure à y refuser sa sanction, attendu que la raison de police paraîtrait n'être qu'un prétexte pour atteindre un but fiscal. (Décis. du min. de l'int. [Gironde], 7 sept. 1837.)

367. Mais lorsqu'une ville, en affermant le produit des vidanges, laisse en même temps aux propriétaires la faculté de faire exécuter sans frais le curage de leurs fosses, en leur réservant d'ailleurs le droit d'y faire procéder par eux-mêmes, si bon leur semble, en se conformant aux règlements de police relatifs à ce service, tous les droits et tous les intérêts sont ainsi ménagés, et la mesure ne présente dès lors que des avantages qui doivent la faire adopter. (Décis. du min. de l'int. [Sarthe], 31 déc. 1833.)

§ 17. — *Produit des expéditions des actes administratifs.*

368. Cette perception est autorisée par l'art. 37 de la loi du 7 messidor an II, et réglée par l'avis du Conseil d'état du 4 août 1807, approuvé le 18 du même mois (1re série, bull. 56). Il nous suffira de rapporter les termes de ce dernier acte : « Vu, y est-il dit, l'art. 37 de la loi du 7 messidor an II, portant : Tout citoyen pourra demander, dans tous les dépôts, aux jours et heures qui seront fixés, communication des pièces qu'ils renferment ; elle leur sera donnée sans frais et sans déplacement, et avec les précautions convenables de surveillance ; les expéditions et extraits qui en seront demandés seront délivrés à raison de quinze sous du rôle ; considérant que les administrations publiques expliquent diversement le vœu de la loi, en ce qui doit constituer les archives publiques, ainsi que relativement à la nature des actes dont les expéditions ou extraits doivent être passibles de la taxe, et qu'il convient de fixer à cet égard les droits des citoyens et des administrations de préfectures, sous-préfectures et municipalités, est d'avis : 1° que toutes les premières expéditions des décisions des autorités administratives de préfectures, sous-

préfectures ou de municipalités doivent être, aux termes des lois, délivrées gratuitement; 2° que les secondes ou ultérieures expéditions desdites décisions, ou les expéditions des titres, pièces ou renseignements déposés dans les bureaux des administrations, doivent être payées au taux fixé par l'art. 37 de la loi du 7 messidor an II; 3° que le présent avis doit être inséré au bulletin des lois. »

369. Une circulaire du ministre de l'intérieur, en date du 4 mai 1808 (*Rec.*, t. 2, p. 80), établit que le produit des droits d'expédition des actes administratifs doit faire un objet de recette à ajouter au fonds dont les préfets, sous-préfets et maires peuvent disposer pour leurs bureaux, et que, « pour prévenir les abus, il est nécessaire de faire ouvrir, partout où besoin sera, un registre où ces recettes seront enregistrées, afin que nul ne puisse se les approprier indûment. »

Par une autre circulaire du 26 du même mois (*Rec.*, t. 2, p. 86), le même ministre a statué « que les droits de cette nature, qui seront perçus au profit des communes, doivent figurer en recette au budget, ainsi que cela a déjà été décidé en ce qui concerne le produit de la délivrance des extraits des actes de l'état civil. »

§ 18. — *Produit des expéditions des actes de l'état civil.*

370. La perception de ce droit au profit des communes a été consacrée par les lois des 20 septembre et 19 décembre 1792, et 3 ventôse an III.

Il est de principe, aux termes de l'art. 45 du Code civil, que toute personne peut se faire délivrer des *extraits* des rezistres de l'état civil par les dépositaires de ces registres. Le droit à payer pour l'expédition de ces extraits est réglé par le décret du 12 juillet 1807, contenant un tarif gradué suivant la population des villes ou communes (1).

L'art. 4 de ce décret porte : « Il est défendu d'exiger d'autres taxes et droits à peine de concussion.

» Il n'est rien dû pour la confection desdits actes, et leur inscription dans les registres. »

371. Une circulaire du ministre de l'intérieur aux préfets, en date du 6 août 1807 (*Rec.*, t. 2, p. 48), recommande à ces fonctionnaires de veiller à ce qu'un exemplaire du décret du 12 juillet soit constamment affiché en placard dans les bureaux de l'état civil des mairies. Le ministre fait observer en même temps qu'il n'est dû aucun droit pour les deux publications de mariage qui se font dans chacune des municipalités où résident les parties, parce que ces publications sont dans les devoirs gratuits des officiers publics; mais que les parties doivent rembourser le prix du timbre de chaque affiche : enfin que, relativement à ces publications et affiches, les parties ne doivent aucun droit d'expédition à la municipalité où le mariage doit être proclamé, puisque cette expédition n'est point

---

franc vingt-cinq centimes; d'où il résulte que le tarif en question est modifié comme il suit :

Pour chaque expédition d'un acte de naissance, d'un acte de décès ou de publication de mariage................... » f. 30 c.

Plus, pour droit de timbre, au lieu de 83 centimes...................... 1   25
____
1   55

Pour celle des actes de mariage et de divorce........................ » 60
Timbre............... 1   25
____
1   85

Dans les villes de cinquante mille âmes et au-dessus, pour chaque expédition d'actes de naissance, de décès et de publication de mariage............... » 50
Timbre.............. 1   25
____
1   75

Pour celle des actes de mariage, d'adoption et de divorce................ 1   »
Timbre............. 1   25
____
2   25

A Paris, pour chaque expédition d'acte de naissance, de décès et de publication de mariage.... .... » 75
Timbre...... 1   25
____
2   »

Pour celle des actes de mariage, de divorce et d'adoption............ 1   50
Timbre. 1   25
____
2   75

---

(1) Ce tarif doit se combiner avec les art. 62 et 63 de la loi du 28 avril 1816 sur le timbre. Le dernier de ces articles décide que toute expédition ou extrait d'acte dressé par les notaires, greffiers, etc., ne sera délivré que sur papier d'un

nécessaire et n'est pas délivrée: mais qu'elles doivent payer cette expédition pour chacune des autres municipalités où les publications et affiches ont eu lieu, parce qu'elle leur est effectivement délivrée, comme moyen de justification de l'observation des formalités prescrites.

372. Suivant une autre circulaire du 30 juillet de la même année (*Rec.*, t. 2, p. 47), les extraits des actes de l'état civil ne peuvent être délivrés par des employés de mairie, qui se rendraient passibles de poursuites s'ils y apposaient leur signature.

273. Sont exemptes de la formalité du timbre les expéditions demandées par des fonctionnaires publics pour le service de l'administration. (Loi du 13 brumaire an vii, art. 16) (1).

Les expéditions destinées à des indigents son également délivrées gratis.

374. On lit dans l'instruction générale des finances du 15 décembre 1826, art. 646 : « Ces droits étant perçus par les employés des municipalités, le produit doit en être versé, à la diligence des maires, dans les caisses municipales. Les receveurs municipaux doivent réclamer ce versement à l'expiration de chaque trimestre. »

§ 19. — *Produit des amendes.*

375. Un décret impérial du 17 mai 1809 (*Rec.* des circ.. t. 2, p. 148) a statué à cet égard en ces termes : « L'administration de l'enregistrement et des domaines cessera de faire verser par ses préposés, dans les caisses communales, le montant des amendes de police municipale, correctionnelle et rurale, qui auront été recouvrées depuis le 1er janvier dernier (Art. 1er). — A compter de la même époque, les attributions des communes dans les amendes seront des deux tiers du produit net (Art. 2). — L'autre tiers de ce produit sera attribué aux hospices du chef-lieu du département (Art. 3). — Les inspecteurs de l'enregistrement feront compter les receveurs de la totalité de ces amendes, et en verseront le produit net, avec le décime par franc; savoir, pour les deux tiers du principal revenant aux

communes et pour la totalité du décime, à la caisse du receveur-général du département; et pour le tiers affecté à la nourriture des enfants abandonnés, dans celle du receveur de l'hospice, ainsi qu'il est prescrit par l'arrêté du 25 floréal an viii (Art. 4). — Les deux tiers du principal desdites amendes, versées à la caisse du receveur général, formeront un fonds commun qui sera réparti par le préfet sur ses mandats proportionnels aux besoins de chaque commune (Art. 5. »

376. Plus tard, est intervenu l'art. 466 du Code pénal qui dispose que les amendes pour contravention de police prononcées depuis 1 fr. jusqu'à 15 fr. inclusivement, seront appliquées au profit de la commune où la contravention aura été commise. Il résultait, comme on voit, de cette disposition une dérogation, en ce qui concerne les amendes pour contraventions de police, au décret de 1809.

Le Conseil d'état fut saisi de la question, et par un avis qui fut approuvé le 9 nov. 1814 (*Rec. des circ.*, t. 2, p. 558), exprima l'opinion : 1° que le produit des amendes en police correctionnelle doit être appliqué au profit des communes conformément au décret du 17 mai 1809, auquel il n'a été formellement dérogé par aucun article du Code pénal ; 2° que le produit de ces amendes, ainsi que celui des amendes pour contravention, doit être appliqué au profit de la commune dans laquelle la délit ou la contravention a été commis, ainsi qu'il a été statué relativement aux amendes pour contravention par l'art. 466 du Code pénal.

377. Il est certain que cet article avait créé un droit nouveau en faveur des communes qui se trouvaient légalement en possession de la totalité du produit des amendes pour contravention, dont le décret de 1839 ne leur attribuait que les deux tiers.

Mais la régie des domaines chargée du recouvrement des amendes ayant objecté que l'exécution rigoureuse de l'art. 466 du Code pénal, suivant lequel le produit devait être appliqué spécialement à chaque commune, entraînait une comptabilité trop minutieuse et trop compliquée, en même temps que des frais de registres et d'écritures qui absorbaient souvent le montant des amendes prononcées, il a fallu pourvoir à la difficulté.

378. Après une ordonnance du 19 fév. 1820, qui prescrivait des mesures transitoires, une règle définitive a été posée par celle du 30 dé-

___

(1) La Cour de cassation a décidé que les conseils de fabrique n'étant pas des administrations publiques, ne pouvaient profiter de cette exception. (6 nov. 1832, S.-V. 32. 1. 808; J. P. 3e édit.)

cembre 1823 ; bull. 1er sem. de 1824, n° 634), qui a statué :

« Art. 4. Les amendes de police rurale et municipale qui seront recouvrées à compter du 1er janvier 1824, appartiendront exclusivement aux communes dans lesquelles les contraventions auront été commises : le tout ainsi qu'il est prescrit par l'art. 466 du Code pénal. Le produit en sera versé dans leur caisse, distraction faite préalablement des remises et taxations des receveurs, sur les mandats qui seront délivrés au nom des receveurs municipaux, par les préfets, immédiatement après la remise ou la vérification des états de recouvrement.

» Art. 5. Les amendes de police correctionnelle qui seront recouvrées à compter dudit jour 1er janvier 1824, seront versées par les receveurs des domaines, distraction faite de leurs remises et taxations, et sur les mandats des préfets, délivrés également au vu des états de recouvrement au nom des receveurs des finances, à la caisse de ces derniers comptables, qui en feront recette distincte au profit des communes, comme des produits communaux centralisés à la recette générale de chaque département, pour être employés sous la direction des préfets.

» Art. 6. Le produit des amendes versé à la caisse des receveurs des finances formera un fonds commun qui sera tenu à la disposition des préfets, et qui sera applicable : 1° au remboursement des frais de poursuite tombés en non valeurs, soit en matière de police correctionnelle, soit en matière de simple police ; 2° au paiement des droits qui seront dus aux greffiers des tribunaux pour les relevés des jugements mentionnés en l'art. 2 ; 3° au service des enfants trouvés et abandonnés jusqu'à concurrence du tiers du produit excédant lesdits frais ; 4° et, pour les deux autres tiers, aux dépenses des communes qui éprouveront le plus de besoins, d'après la répartition qui en sera faite par les préfets, et, par eux, soumises dans le cours du premier semestre de chaque année à l'approbation de notre ministre secrétaire d'état de l'intérieur. »

379. Ainsi, il résulte de cette ordonnance, pour les receveurs des domaines, chargés de poursuivre le recouvrement des amendes de police municipale, l'obligation d'en tenir une comptabilité distincte et séparée de celle des amendes prononcées par voie de police correctionnelle ; de transmettre au préfet, au mois de janvier de chaque année, un état sommaire, et par commune, des sommes recouvrées dans le cours de l'année précédente, et de les verser dans les caisses communales, distraction faite de leurs remises et taxations, sur les mandats qui en seront, par le préfet, délivrés au nom des receveurs municipaux.

Elle oblige également les receveurs des domaines, à remettre, chaque année, au préfet un état particulier des amendes prononcées par voie de police correctionnelle. Le Code pénal ne dérogeant point, pour leur application, aux dispositions du décret du 17 mai 1809, le produit doit en être versé, à l'instar des fonds de cotisations municipales, sur mandats du préfet, par les receveurs des domaines, distraction faite de leurs remises et taxations, dans les caisses des receveurs de finances, où il forme un fonds commun applicable aux charges énoncées en l'art. 6 de l'ordonnance, et pour l'excédant, aux dépenses des municipalités qui éprouvent le plus de besoins, et notamment à celles qui sont indiquées au dernier paragraphe de la circulaire du 29 mars 1820 (1), d'après la répartition qui en est soumise, dans le cours du premier semestre de chaque année, par le préfet à l'approbation du ministre de l'intérieur.

380. Il est essentiel d'ajouter que les allocations provenant du fonds commun autorisé par le décret du 17 mai 1809, ne peuvent être appliquées qu'à des dépenses municipales de leur nature ; que ce sont exclusivement les communes pauvres et sans ressources qu'il importe d'appeler aux répartitions, et que c'est au nom des receveurs municipaux des communes que les préfets doivent délivrer leurs mandats pour être par eux employés, sur les ordonnances du maire, au paiement des dépenses énoncées dans les états de répartition. (Instruc. du 29 janvier 1824. *Rec.*, t. 5, p. 204.)

____

1 Le ministre, dans ce paragraphe de la circulaire d'envoi de l'ordonnance du 19 février 1820, que nous ne croyons pas nécessaire de reproduire *in extenso*, disait aux préfets : « Je ne vous prescrirai rien sur la nature des dépenses auxquelles on pourrait, de préférence, appliquer les produits ; toutefois, je vous ferai remarquer qu'il est des dépenses communes à plusieurs municipalités, telles que celles qui concernent les justices de paix, les dépôts de sûreté et des prisons communes de police municipale, auxquelles on pourrait en faire une juste et convenable application. »

Le ministre adressait en outre aux préfets les recommandations suivantes : « Les dispositions des art. 2 et 3 de l'ordonnance vous assurant tous les moyens de contrôle et de vérification, je me bornerai à vous faire observer qu'aux termes des instructions du 11 janvier 1814, vous aurez à pourvoir au paiement des relevés qui vous seront adressés par les greffiers des tribunaux, dans la proportion des droits qui leur sont attribués par l'art. 49 du décret du 18 juin 1811 (1). »

381. Nous devons rappeler aussi que, par une instruction postérieure (la circulaire du 25 novembre 1836, sur le service des fonds de cotisations municipales, déjà citée), il a été décidé que ce service, qui comprend la centralisation du produit des amendes à la caisse des receveurs des finances, sera fait gratuitement par les comptables.

En conséquence, le ministre de l'intérieur n'admet, dans les états de répartition soumis à son approbation, aucune remise ni taxation en faveur de MM. les receveurs généraux et particuliers. (V., en outre, la circulaire du 22 janvier 1840 au *Bull. offic.*)

382. Il est à remarquer que le § 12 de l'article 31 de la loi de 1837 parle seulement de la portion que les lois accordent aux communes dans les produits des amendes prononcées par les tribunaux de simple police, par ceux de police correctionnelle et par les conseils de discipline de la garde nationale (2). Or, outre ces amendes, les lois accordent aux communes un tiers de celles qui sont prononcées en matière de grande voirie (décret du 16 décembre 1811, art. 115), et moitié des amendes et confiscations pour contraventions

aux règlements de l'octroi (ordonn. du 9 décembre 1814, art. 84).

On ne saurait néanmoins conclure du silence de la loi de 1837 à cet égard, que les communes ont cessé d'avoir droit à la portion des amendes que leur attribuent le décret du 16 décembre 1811 et l'ordonnance du 9 décembre 1814. D'une part, les amendes en matière d'octroi étant prononcées soit par le tribunal de simple police, soit par le tribunal correctionnel, suivant les cas, elles rentrent, par là même, dans la catégorie de celles dont parle l'art. 31. Quant aux amendes en matière de grande voirie, le décret de 1811 ne pourrait être considéré comme abrogé virtuellement qu'autant que la loi municipale aurait déclaré répudier toute perception communale autre que celles qui y sont spécialement énoncées ; mais loin de là, les dispositions générales de cette loi font clairement ressortir l'intention de maintenir toutes les dispositions antérieures qui assuraient aux communes un produit quelconque. C'est ainsi que le n° 8 de l'art. 31 leur conserve expressément tous les droits légalement établis, le n° 12 le produit de toutes les taxes de ville et de police dont la perception est autorisée par les lois, etc.

Il faut donc reconnaître que si les attributions sur les amendes de grande voirie ne figurent pas dans la nomenclature des recettes ordinaires énoncées par la loi municipale de 1837, il n'en a pas moins été dans la pensée du législateur de maintenir les communes en possession de ce produit qu'elles doivent continuer de percevoir (1).

---

(1) Les greffiers ne sont pas tenus de délivrer gratuitement ces relevés. L'instruction du 11 janvier 1814 décide que les droits qui leur sont attribués par l'art. 49 du décret du 18 juin 1811 (dix centimes) pour les expéditions, conformément à l'art. 600 du Code d'instruction criminelle, seront payés à ces greffiers sur le produit des portions d'amendes à distribuer aux communes.

(2) L'analogie existant entre les amendes prononcées par les conseils de discipline de la garde nationale et les amendes de police municipale, doit faire ranger les premières dans la classe des amendes de simple police ; elles rentrent, à ce titre, dans les termes de l'art. 466 du Code pénal, pour être appliquées au profit des communes où la contravention a été commise. (Lett. du min. de l'int., 27 juillet 1831.)

(1) Quelques auteurs font figurer, sur la foi de l'instruction générale du ministre des finances du 15 décembre 1826, art. 600, le produit des amendes pour contraventions aux lois sur le roulage parmi les recettes ordinaires des communes : c'est une erreur. Il suffit, pour s'en convaincre, de se reporter au texte du décret du 23 juin 1806 (4e série, bull. 102), dont l'art. 32 porte : « Il appartiendra un quart dans les amendes à celui des agents qui l'aura constatée, et qui aura affirmé et déposé son procès-verbal. L'amende sera versée dans la caisse de la commune où la contravention aura été constatée. Les trois quarts seront versés, par le receveur de la commune, au receveur de l'enregistrement, et le dernier quart sera payé à l'agent qui aura constaté la contravention, sur le mandat du préfet et sans autre forme. »

Évidemment, tout ce que cette disposition a voulu prescrire, c'est que l'amende serait versée

383. Il faut ranger parmi les amendes attribuées aux communes celles qui sont prononcées contre les comptables en retard de présenter leurs comptes. (Art. 482 de l'ord. roy. du 21 mai 1838.)

Enfin la loi du 3 mai 1844 sur la chasse attribue (art. 19) aux communes, sur le territoire desquelles les infractions auront été commises, les amendes prononcées, mais prélèvement opéré des gratifications accordées aux gardes et gendarmes rédacteurs des procès-verbaux ayant pour objet de constater les délits.

384. Outre les droits et taxes qui y sont particulièrement spécifiés, l'art. 31 de la loi du 18 juillet 1837 comprend, dans son dernier §, généralement toutes les taxes de ville et de police dont la perception est autorisée par la loi.

Au nombre de ces droits, que n'a point rappelés nominativement la loi précitée figurent : 1° les taxes attribuées aux communes, à défaut des fabriques, pour les convois funèbres et les transports de corps: 2° les droits de magasinage aux entrepôts de douane; 3° les taxes de pavage; 4° celles qui concernent l'exécution des travaux intéressant la salubrité publique, ou relatifs à l'entretien des digues et autres ouvrages d'art ; 5° le produit des eaux minérales ; 6° les droits de marque.

§ 20. — *Transport des corps et convois funèbres.*

385. C'est le titre 3 du décret du 18 mai 1806 (4ᵉ série, bull. 91) qui règle cette matière. Aux termes de ce décret, ce sont les fabriques qui font adjuger, aux enchères et pour leur compte, l'entreprise du transport des corps et des travaux nécessaires à l'inhumation et à l'entretien des cimetières (art. 10). Le même décret porte (art. 11) : « Le transport des morts

____

dans la caisse communale comme étant la plus voisine du lieu de la contravention; mais en ordonnant que le receveur municipal verserait les trois quarts au receveur de l'enregistrement, et paierait le quatrième à l'agent qui a constaté la contravention, il est clair qu'elle n'a nullement entendu en laisser une part quelconque à la commune. Cette erreur, au surplus, a été reconnue et rectifiée par la circulaire du directeur de la comptabilité générale des finances, du 25 septembre 1827.

indigents sera fait décemment et gratuitement. Tout autre transport sera assujetti à une taxe fixe. Les familles qui voudront quelque pompe traiteront avec l'entrepreneur, suivant un tarif qui sera dressé à cet effet. Les règlements et marchés qui fixeront cette taxe et le tarif, seront délibérés par les conseils municipaux et soumis ensuite, avec l'avis du préfet, par notre ministre de l'intérieur à notre approbation. »

Puis l'art. 14 dispose : « Les fournitures précitées dans l'art. 11, dans les villes *où les fabriques ne fournissent pas par elles-mêmes*, seront données ou en régie intéressée, ou en entreprise, à un seul régisseur ou entrepreneur. Le cahier des charges sera proposé par le conseil municipal, d'après l'avis de l'évêque, et arrêté définitivement par le préfet. »

Ce dernier article prévoit ainsi le cas où les fabriques renonçant à fournir par elles-mêmes, le produit pourrait être, à leur défaut, recueilli par la commune. Déjà le décret du 13 prairial an XII, tit. 5, tout en attribuant (art. 22) aux fabriques et aux consistoires le droit exclusif de fournir les voitures, tentures, ornements, etc., suivant les tarifs proposés par les administrations municipales et arrêtés par les préfets (art. 25), statuait (art. 26) : « Dans les villages et autres lieux où le droit précité ne pourra être exercé par les fabriques, les autorités locales y pourvoiront, sauf l'approbation des préfets. »

De l'ensemble de ces dispositions ressort, comme on voit, le droit des communes de percevoir à leur profit, au défaut ou sur le refus des fabriques, les taxes autorisées pour les convois funèbres et le transport des corps, et ce produit figure effectivement en recette au budget de quelques villes.

386. Conformément à l'art. 15 du décret de 1806, les adjudications doivent être faites selon le mode établi par les lois et règlements pour tous les travaux publics. En cas de contestation entre les autorités civiles, les entrepreneurs et les fabriques sur les marchés existants, il est statué par l'autorité souveraine, sur les rapports des ministres de l'intérieur et des cultes.

§ 21. — *Droits de magasinage dans les entrepôts de douane.*

387. Ces droits, dont la perception a été prévue par la loi du 27 février 1832 (9ᵉ série, bull. 63) ne figurent pas non plus dans la no-

menclature de l'art. 31 de la loi municipale.

On a vu plus haut que les villes qui demandent l'établissement d'un entrepôt réel de douane sont tenues, aux termes de l'art. 10 de la loi de 1832, de pourvoir à toutes les dépenses de construction. « Ces villes, dit le même article, jouiront des droits de magasinage dans l'entrepôt, conformément aux tarifs, qui seront concertés avec les chambres de commerce et approuvés par le gouvernement. Elles pourront faire concession temporaire de ces droits, avec concurrence et publicité, à des adjudicataires qui se chargeraient de la dépense du local, de la construction et de l'entretien des bâtiments, ainsi que de toutes les autres charges de l'entrepôt.

En conséquence de ces dispositions, et quant à ce qui concerne l'approbation du tarif, c'est le ministre de l'agriculture et du commerce qui est compétent pour prononcer sur l'avis des chambres de commerce, et c'est dès lors à ce ministre que les préfets doivent transmettre directement les délibérations des conseils municipaux, projets de tarif et autres documents qui doivent être produits à l'appui de leurs propositions.

§ 22. — *Taxes de pavage.*

388. Quant aux taxes de frais de pavage des rues dans les villes où l'usage met ces frais à la charge des propriétaires riverains, et qui sont nommément rappelées dans l'art. 8 de la loi de finances du 10 août 1839, elles sont régies par les dispositions combinées de la loi du 11 frimaire an VII, et de l'avis du Conseil d'état du 25 mars 1807 (1re série, bull. 110).

Depuis, est intervenu l'art. 28 de la loi de finances, du 25 juin 1841 (budget des recettes), qui porte que « dans les villes où, conformément aux usages locaux, le pavage de tout ou partie des rues est à la charge des propriétaires riverains, l'obligation qui en résulte pour les frais de premier établissement ou d'entretien pourra, en vertu d'une délibération du conseil municipal, et sur un tarif approuvé par ordonnance royale, être convertie en une taxe payable en numéraire et recouvrable comme les cotisations municipales. »

Cette disposition, il importe de le faire remarquer, n'introduit pas un droit nouveau dans la législation sur le pavage des villes. Elle ne modifie en rien les usages locaux qui mettent les frais de premier établissement ou d'entretien du pavé des rues à la charge des

propriétaires riverains : seulement, et c'est en ceci qu'elle innove, lorsque, pour assurer l'uniformité et la bonne exécution des travaux, les administrations municipales voudront en charger des entrepreneurs choisis par elles, et obliger les riverains à payer leur contingent *en numéraire*, une ordonnance royale devra intervenir pour approuver le tarif de la taxe. Dans ce cas, une enquête *de commodo et incommodo* est un préliminaire indispensable pour éclairer l'opinion de l'autorité supérieure sur la convenance de la mesure.

§ 23. — *Taxes pour travaux de salubrité et autres.*

389. Les lois annuelles de finances, depuis celle du 10 août 1839, mentionnent aussi les taxes pour travaux de salubrité, qui sont celles auxquelles donne lieu l'application de la loi du 16 sept. 1807, sur le desséchement des marais (4e série, bull. 162), et celles qui ont pour objet la conservation et la réparation des digues et autres ouvrages d'art, conformément à la loi du 14 floréal an XI (3e série, bull. 278). —V. Desséchements, Travaux publics.

§ 24. — *Eaux minérales.*

390. Le régime des eaux minérales a été réglé par l'arrêté du gouvernement du 5 niv. an XI (3e série, bull. 239), et par le titre 3 de l'ordonnance du 18 juin 1823 (7e série, bulletin 613).

Une instruction du ministre de l'intérieur du 5 juillet 1823 (*Rec.*, t. 5, p. 163), sur l'exécution de ces dernières dispositions, trace la marche à suivre relativement à l'administration et à la police des établissements thermaux. Nous ne pouvons que nous référer à ces différents actes qui statuent, sans distinction, pour les établissements appartenant à l'état, aux départements, aux communes ou aux hospices.

§ 25. — *Droits de marque sur les étoffes et autres produits de fabrique.*

391. Ces droits ne constituent pas, à proprement parler, une recette communale, bien que le receveur municipal soit chargé d'en faire le recouvrement; l'emploi en est spécialement déterminé dans un but d'intérêt commercial. Voici dans quels termes statue, à cet égard, l'art. 9, tit. 2, sect. 1re du décret du 11 juin 1809 (4e série, bull. 240), contenant règlements sur les conseils de prudhommes

« S'il était nécessaire, comme dans les ouvrages de quincaillerie et de coutellerie, de faire empreindre la marque sur des tables particulières, celui à qui elle appartient paiera une somme de six francs entre les mains du receveur de la commune. Cette somme, ainsi que toutes les autres qui seraient comptées pour le même objet, seront mises en réserve et destinées à faire l'acquisition des tables et à les entretenir. » Cette disposition est reproduite à peu près dans les mêmes termes par l'art. 6 du décret du 5 septembre 1810 (4e série, bull. 312), qui ajoute seulement : « Le préfet en surveillera la comptabilité. »

§ 26. — *Droits irrégulièrement établis.* — *Languéyage des porcs.* — *Colliers et marques pour les chiens.* — *Livrets d'ouvriers.* — *Dépôt de matériaux sur la voie publique.*

392. Nous devons mentionner, en outre, quelques autres taxes dont la légalité a été justement contestée, et qu'à ce titre il est utile de signaler ici comme ne pouvant figurer au nombre des ressources communales, et devant être soigneusement retranchées des budgets où elles se seraient introduites.

393. *Languéyage des porcs.* — Tel est le droit qui se percevait pour le languéyage des porcs, et qui avait été admis en principe par un avis du Conseil d'état du 18 octobre 1808, approuvé le 22 du même mois. (*Rec. des circ.*, t. 2, p. 317.) Cet avis portait qu'il n'y avait pas lieu à faire un décret général pour autoriser l'établissement d'un droit de languéyage sur les porcs; mais que, lorsqu'une commune croirait utile d'établir ce droit et de prendre des mesures pour la visite des porcs, afin de vérifier s'ils sont atteints de ladrerie et à quel degré, le ministre de l'intérieur, sur l'avis des autorités locales, pourrait proposer un décret spécial, pour être ensuite, par le gouvernement en Conseil d'état, statué ce qu'il appartiendrait.

Quelques instructions postérieures, entre autres la circulaire du 14 avril 1812 déjà citée, ont rappelé cet avis en s'y référant; mais la loi de finances du 15 mai 1818 et celles qui l'ont suivie n'ayant point classé le droit de languéyage au nombre des perceptions autorisées, il s'ensuit qu'il a cessé d'être légal, et c'est ce que, dès le 22 décembre 1825, le ministre reconnaissait dans une circulaire adressée aux préfets à cette date. (*Rec.*, t. 5, p. 491.)

« C'est encore ici, dit cette instruction, le lieu de signaler comme *non autorisée par les lois* la perception d'un droit de languéyage des porcs, lequel a été imposé comme obligatoire dans quelques règlements de police, etc. » C'est donc par erreur que quelques auteurs font figurer le droit en question parmi les recettes régulières des communes; il ne peut y avoir doute sur l'illégalité d'une semblable perception.

394. *Colliers et marques pour les chiens.* — Il est arrivé aussi que, dans quelques villes, les administrations municipales, préoccupées du danger que présente la divagation des chiens dans les rues, ont pris des arrêtés pour obliger les propriétaires de ces animaux à se munir, à la mairie, d'un collier avec plaques portant l'indication du nom de leur maître, et dont le prix, fixé uniformément, était versé à la caisse municipale. Le ministre de l'intérieur a fait observer à ce sujet que si la mesure était bonne et utile dans son principe, la disposition qui forçait les propriétaires de chiens à *acheter*, au bureau de police, les colliers et les plaques, quelque modéré que fût le prix fixé, n'en constituait pas moins une perception que la loi n'autorise pas, et qui dès lors ne saurait être justifiée.

Au fond, on ne peut contester à l'autorité municipale le droit de prescrire ce moyen de sûreté, aussi bien que tout autre : c'est même un devoir qu'on doit lui savoir gré de remplir avec exactitude; mais là s'arrête sa mission. Il faut que le propriétaire du chien, tout en se soumettant à une mesure de prévoyance et d'intérêt commun, qui oblige également tous les habitants de la cité, reste libre de faire confectionner le collier et la plaque selon ses moyens et ses convenances.

C'est donc à l'industrie particulière qu'on doit laisser le soin de pourvoir à de semblables besoins, et il ne serait ni régulier ni convenable que l'administration y fît concurrence. Une fois la plaque poinçonnée à la mairie, et le nom du propriétaire inscrit sur le registre ouvert à cet effet, celui-ci doit être quitte de toute obligation envers la police locale, qui n'a plus rien à exiger de lui, sauf à elle à traduire, s'il y a lieu, les récalcitrants devant le tribunal de simple police, en vertu de l'art. 471, n° 15, du Code pénal. (Décision du min. de l'int., 16 mars 1837 [Isère]; 29 juin 1839 [Bas-Rhin].)

395. *Livrets d'ouvriers.* — Le même prin-

cipe s'applique à l'égard des livrets dont les maires de quelques villes ont cru pouvoir obliger les ouvriers à se fournir à la mairie. Il faut également ici distinguer ce qui est mesure de police de ce qui constitue une recette municipale.

Les administrations municipales sont parfaitement autorisées à user d'un moyen de surveillance spécialement indiqué d'ailleurs par la loi. Mais on ne saurait légalement contraindre l'ouvrier à acheter de l'administration même, à un prix quelconque, le livret dont il doit se pourvoir; car rien ne prouve qu'il ne pourrait pas se le procurer ailleurs à un prix moindre, et, dans ce cas, la différence qu'il supporterait serait une sorte d'impôt déguisé que percevrait, à son préjudice, la caisse municipale.

Ici, comme dans la question traitée sous le numéro précédent, de deux choses l'une : ou l'administration municipale spécule sur le produit de l'opération pour augmenter les revenus communaux, ou elle n'a en vue que de se créer un moyen de police et de surveillance efficace. Dans le premier cas, elle prélève en réalité un impôt que la loi n'autorise pas, et, d'ailleurs, les principes d'une bonne administration interdisent rigoureusement aux communes toute espèce de spéculation commerciale; dans le second, il lui suffit, pour atteindre le but qu'elle se propose, de décider, ce qui est parfaitement dans son droit, le principe de la mesure, mais sans obliger les citoyens au paiement d'une taxe quelconque, dont nous avons fait voir que la légalité serait toujours contestable. (Décision du min. de l'int. [Bas-Rhin], 29 juin 1839.)

396. *Dépôt de matériaux sur la voie publique.* — L'abus du droit qui appartient, dans une certaine mesure, aux propriétaires riverains de la voie publique et aux constructeurs de bâtiments, de déposer des matériaux sur le sol des rues et places, a donné lieu de penser qu'une taxe qui frapperait sur l'usage de cette faculté remédierait à l'inconvénient qu'elle présente pour la liberté de la circulation dans l'intérieur des villes.

Mais, sur la proposition qui en avait été formulée par un conseil municipal et soumise à l'approbation du ministre de l'intérieur, il a été observé qu'une perception de ce genre tendrait au contraire à consacrer l'abus des dépôts de matériaux, et aurait pour effet de perpétuer, et, pour ainsi dire, de sanc-

tionner l'envahissement de la voie publique.

En pareille matière, on ne peut guère admettre ni une prohibition, ni une tolérance absolue ; mais il appartient toujours à l'autorité municipale de discerner les cas où l'usage dégénère en abus, et c'est alors pour elle un devoir d'user des moyens de répression que la loi lui confie. Ce serait à tort qu'elle se croirait sans pouvoir pour contraindre les récalcitrants à débarrasser le sol des rues. Ce n'est pas seulement, en effet, par voie judiciaire que l'administration municipale est autorisée à procéder en pareil cas ; elle a encore le droit, sur le refus du contrevenant mis en demeure par une sommation préalable, de faire enlever, d'office et à ses frais, les objets qui font obstacle à la circulation, sans préjudice des poursuites à intenter devant le tribunal de simple police pour la condamnation à l'amende encourue par application de l'art. 471, n° 4, du Code pénal.

L'établissement d'une taxe de cette nature n'aurait sans doute rien d'illégal en ce qu'elle constituerait proprement un droit d'occupation et de location de place sur la voie publique, autorisé par la loi; mais ce moyen serait inadmissible en bonne police. (Décision du min. de l'int. [Calvados], 21 juin 1838.) — V., au surplus, Règlement municipal et de police, Voirie.

397. Nous avons donné, en son lieu, l'indication des formes dans lesquelles il doit être procédé en ce qui concerne l'aliénation des biens communaux. Quant à l'emploi du produit, nous avons eu également occasion de rappeler les règles qui veulent que toute somme disponible, non affectée à une dépense d'utilité communale, soit convertie en achat de rentes sur l'état, par préférence à tout autre mode de placement.

On a vu aussi que les deniers provenant de biens appartenant en propre à une section doivent être versés dans la caisse communale, pour être employés indistinctement aux besoins de toute la commune. Plusieurs décisions récentes du ministre de l'intérieur ont confirmé cette doctrine.

§ 3. — *Remboursement des capitaux exigibles et des rentes rachetées.*

398. L'observation ci-dessus, touchant l'emploi du produit des biens aliénés, trouve également ici son application : les remboursements de toute nature sont, à cet égard, soumis au même principe; à défaut d'affectation déterminée, ils doivent être, sans distinction, placés en rentes sur l'état.

399. Les remboursements de capitaux placés sur les particuliers peuvent être faits aux communes quand les débiteurs le proposent : mais ceux-ci doivent avertir les maires un mois d'avance pour que ces fonctionnaires avisent aux moyens de placement et demandent les autorisations nécessaires. (Avis du Conseil d'état, approuvé le 21 décembre 1808.)

400. Les rentes constituées sont d'ailleurs régies par l'art. 530 du Code civil.

401. Quant aux inscriptions de rentes sur l'état, possédées par les communes, elles ne peuvent être aliénées qu'en vertu d'une ordonnance du roi quand le capital excède 3,000 fr.

402. Une instruction du 24 septembre 1825 (*Rec.*, t. 5, p. 418) invite les préfets à faire délibérer les commissions administratives des hospices et bureaux de bienfaisance, sur le rachat des rentes dues par des particuliers, au moyen de l'abandon d'un cinquième du capital. Les mêmes prescriptions sont appliquées à l'égard des communes.

§ 4. — *Produit des coupes extraordinaires de bois.*

V. Forêts.

§ 5. — *Dons et legs.*

V. Dons et legs faits aux établissements publics.

§ 6. — *Emprunts.*

403. Il ne faut pas moins que des besoins urgents et manifestes pour déterminer l'autorité supérieure à permettre aux communes de contracter des emprunts, faculté dont on conçoit que l'abus pourrait les entraîner dans des embarras ruineux : aussi la loi a-t-elle établi des conditions plus rigoureuses pour les emprunts que pour les autres opérations financières des communes. D'une part, le concours des plus haut cotisés, qui n'était prescrit que pour les impositions extraordinaires par la législation antérieure; de l'autre, le recours au Conseil d'état et même au pouvoir législatif, sont autant de garanties dont le législateur a voulu entourer les intérêts des communes, en les préservant du danger qu'une trop grande latitude laissée aux administrations locales pourrait avoir en pareil cas pour leur avenir financier.

« Aucun emprunt, dit l'art. 41 de la loi municipale, ne pourra être autorisé que par ordonnance du roi, rendue dans la forme des règlements d'administration publique, pour les communes ayant moins de 100,000 fr. de revenus, et par une loi s'il s'agit d'une commune ayant un revenu supérieur.

» Néanmoins, en cas d'urgence et dans l'intervalle des sessions, une ordonnance du roi, rendue dans la forme des règlements d'administration publique, pourra autoriser les communes dont le revenu est de 100,000 fr. et au-dessus à contracter un emprunt jusqu'à concurrence du quart de leurs revenus (1). »

404. Il est d'ailleurs procédé pour les emprunts, comme pour les impositions extraordinaires, selon le vœu de l'art. 42 de la loi municipale, c'est-à-dire que pour les communes ayant moins de 100,000 fr. de revenus, les plus forts contribuables sont appelés à délibérer avec le conseil municipal et dans les mêmes formes.

405. Les emprunts communaux ont lieu, soit avec publicité et concurrence, c'est-à-dire par voie d'adjudication sur un cahier des charges préalablement rédigé et qui détermine un *maximum* d'intérêt (ordinairement 4 et demi pour cent), soit, ce qui est préférable, par un traité avec la caisse des dépôts et consignations, qui prête moyennant 4 et demi pour cent, et en donnant aux communes toutes les

____

(1) Suivant la jurisprudence du comité de l'intérieur, cette disposition ne peut toutefois recevoir son application qu'autant que la dépense projetée n'excède pas en totalité le quart des revenus de la commune. Si ces revenus s'élèvent à cent mille francs, par exemple, et qu'il s'agisse d'une dépense de deux cent mille francs, on ne pourrait faire autoriser un emprunt de cinquante mille francs par voie d'ordonnance, sauf ratification ultérieure par voie législative, attendu que ce serait engager par avance le vote des chambres et leur enlever de fait le droit de contrôle que la loi leur a réservé.

Elle ne serait pas non plus applicable si la commune était déjà grevée d'emprunts antérieurs excédant le quart de ses revenus.

facilités compatibles avec ses règlements (1).

406. Le comité de l'intérieur se montre contraire à tout mode d'emprunt par l'effet duquel la dette de la commune serait divisée en coupons transmissibles par voie d'endossement, et comme effets de commerce. « Ce mode, dit-il, aurait de graves inconvénients. L'un des principaux serait de mettre la commune dans l'impossibilité de se libérer avant le terme fixé, si ses ressources venaient à le lui permettre. » (Avis du 6 janvier 1835 [Sarthe, le Mans].)

407. Les emprunts avec prime ne sauraient non plus, selon le comité, être autorisés par ordonnance. « Ces sortes d'autorisations tendraient à établir un jeu de loterie interdit par la loi. La loi seule, qui interviendrait dans des cas spéciaux, pourrait apporter une exception à ce principe d'interdiction. » (*Id.* 11 janvier 1832 [Charente, Bille-du-Mans]; 19 septembre 1834 [Calvados, Orbec].)

Il a fait observer aussi avec raison qu'une commune ne peut créer des bons au porteur pour l'acquittement de ses dettes, sans contracter un véritable emprunt et sans y être dès lors autorisée dans les formes ordinaires. (*Id.*, 16 nov. 1831 [Loire-Inférieure, Nantes].)

408. Selon l'ancienne jurisprudence, la commune ne pouvait donner, pour gage de son emprunt, hypothèque sur ses biens, attendu le grave inconvénient de forcer le gouvernement à consentir des aliénations qu'il doit toujours rester libre d'autoriser ou de refuser suivant les circonstances. (*Idem.* 24

octobre 1832.) Le conseil d'état lui-même avait posé ce principe dans un avis du 20 mars 1834 (Dordogne, Périgueux), et l'administration de l'intérieur l'avait également admis comme règle. (Lettre au préfet du Bas-Rhin, 30 janvier 1835.) Mais l'article 46 de la loi sur l'administration municipale ayant modifié profondément le droit ancien sur ce point en décidant que la vente des biens des communes, autres que ceux qui servent à un usage public, pourra, sur la demande de tout créancier porteur de titres exécutoires, être autorisée par une ordonnance du roi, il s'ensuit nécessairement que les communes sont rentrées dans le droit commun, quant à la faculté que peuvent avoir leurs créanciers de prendre hypothèque sur leurs biens, sauf toutefois l'autorisation du gouvernement, qui demeure toujours réservée.

409. Il a été établi d'ailleurs qu'un conseil municipal ne peut, sans remplir les formalités exigées pour les emprunts, traiter avec un entrepreneur pour la construction d'un bâtiment, l'ouverture d'une rue ou autre opération d'utilité communale, en stipulant que cet entrepreneur ne sera payé qu'en plusieurs années, et sauf à la ville à lui tenir compte de l'intérêt de ses avances : ces dispositions constituent un véritable emprunt. (Décisions du ministre de l'intérieur [Loiret], 27 janvier 1835; [Seine-Inférieure] 13 mai 1839, et autres espèces.)

410. Les communes ne peuvent pas non plus être autorisées à prêter à d'autres communes; on doit insister, dans ce cas, pour que les fonds libres des caisses municipales soient placés au trésor ou en rentes sur l'état (Avis du Cons. d'état. 9 août 1838 [Doubs, Cabrial]). Cette dernière condition est conforme aux principes constamment soutenus dans la correspondance administrative, et que nous avons rappelés ci-dessus.

411. A l'égard des emprunts qui ont pour gage l'augmentation des droits d'octroi, il faut se reporter à la loi du 11 frimaire an VII que nous avons citée plusieurs fois, et qui dispose, art. 56 : « Les administrations et bureaux centraux auront égard dans leurs projets de taxes municipales :

» 1° A ce que le tarif et le produit en soient, le plus qu'il se pourra, proportionnés au montant des sommes reconnues rigoureusement nécessaires ;

» 2° A ce que ce mode de perception en-

---

(1) Les principales conditions auxquelles la caisse des dépôts et consignations consent à prêter aux communes, sont : 1° que l'intérêt sera servi à raison de quatre et demi pour cent;

2° Que l'époque de remboursement du capital ne devra pas excéder douze années;

3° Que les sommes prêtées seront relevées directement de la caisse des dépôts et consignations à Paris; que ces sommes seront remboursées sans frais, entre les mains du caissier de la direction générale, et que les intérêts y afférents seront payés également sans frais, tous les six mois;

4° Que les communes souscriront des obligations pour le remboursement, tant du capital que des intérêts, aux échéances convenues, dans l'espace de douze ans. —V. Caisse des dépôts, etc., n° 47.

(V. au surplus, au *Bulletin officiel*, la circulaire du 2 août 1840, et l'instruction de la caisse des dépôts et consignations qui y fait suite.)

traine le moins de frais possible et le moins de gène qu'il se pourra pour la liberté des citoyens;

» 3° **Aux** exemptions et franchises qui pourront être jugées nécessaires au commerce de la commune et à raison de sa position. »

Le comité de l'intérieur (Avis du 14 fév. 1840 [Loire, Montaud]), en rappelant la disposition ci-dessus, recommande de ne recourir à l'élévation des taxes d'octroi comme moyen de remboursement d'un emprunt, qu'à défaut de toute autre ressource, dans des cas urgents, et à condition que la durée de cet accroissement sera limitée au terme du remboursement.

§ 7. — *Recettes extraordinaires accidentelles.*

412. Au nombre des recettes extraordinaires doivent encore être comprises : 1° les tourbages extraordinaires qui sont autorisés dans certains départements du nord de la France, notamment dans la Somme et dans le Pas-de-Calais (1); 2° le produit des tarifs additionnels d'octrois; 3° l'excédant de recette constaté au moment de la clôture de l'exercice.

113. Quant aux recettes accidentelles, il faut ranger dans cette catégorie : 1° le montant des dommages-intérêts prononcés en faveur des communes; 2° celui des débets mis à la charge des receveurs municipaux; 3° le produit des cessions de terrains sur la voie publique, et, en général, toute espèce de produits non prévus soit par le cadre normal du budget de la commune, soit dans les nomenclatures établies par la loi.

Chap. 8. — *Responsabilité des communes.*

§ 1er. — *Principe de la responsabilité des communes. — Loi du 10 vendémiaire an IV.*

414. Ce n'est pas seulement des contrats formés par elles que naissent les obligations des communes. Elles peuvent encore être responsables de certains crimes ou délits commis dans l'enceinte de leur territoire, et tenues de les réparer. C'est ce que la loi du

10 vendémiaire an IV, résumé de la législation antérieure, a déclaré, d'une manière générale, en ces termes : « Tous citoyens habitant la même commune, dit cette loi, sont garants civilement des attentats commis sur le territoire de la commune, soit envers les personnes, soit contre les propriétés. » (Tit. 1, art. 1er.)

415. Les règles générales d'après lesquelles ce principe doit être appliqué, sont énoncées dans le titre 4 de la même loi. Il en résulte qu'une commune est responsable :

1° Lorsque des délits, soit contre les personnes, soit contre les propriétés, ont été commis à force ouverte ou par violence sur son territoire, par des *attroupements* ou *rassemblements* armés ou non armés (art. 1er);

2° Lorsque des ponts ont été rompus, des routes coupées ou interceptées par des abattis d'arbres ou autrement (art. 7);

3° Quand les cultivateurs tiennent leurs voitures démontées, ou n'exécutent pas les réquisitions qui sont faites légalement pour transports et charrois (art. 9);

4° Lorsque des cultivateurs à part de fruits refusent de livrer, aux termes du bail, la portion due au propriétaire (art. 10);

5° Lorsqu'un adjudicataire de domaines nationaux a été contraint, à force ouverte, par suite de *rassemblements* ou d'*attroupements*, de payer tout ou partie du prix de son adjudication à d'autres qu'au trésor (art. 12);

6° Lorsque, dans les mêmes circonstances, un fermier ou locataire a été contraint de payer tout ou partie du prix de son bail à d'autres qu'au propriétaire (même art. 12).

416. Ce n'est pas sans difficulté qu'on arrive à déterminer exactement le principe de cette responsabilité. Se trouve-t-il dans un quasi-délit ? Mais, comme le remarque fort bien M. Foucart (3e édit., t. 3, p. 117), la règle de l'art. 1382 du Code civil « est difficilement applicable aux corporations, parce que l'on ne peut admettre, en thèse générale, que tous les membres qui les composent soient responsables des fautes commises par quelques-uns d'entre eux. » De plus, ce ne sont pas tous les habitants qui sont responsables, c'est la commune; et l'on a peine à comprendre comment celle-ci pourrait commettre un délit ou un quasi-délit. La commune, comme personne morale, ne peut agir que par ses mandataires légaux. Or, de la part de ces man-

---

(1) Jusqu'en 1837, les tourbages extraordinaires étaient autorisés par de simples décisions ministérielles; depuis la loi municipale du 18 juillet 1837, on a reconnu que ces sortes d'opérations entraînant aliénation d'une partie du sol, l'intervention d'une ordonnance du roi était nécessaire quand le produit présumé excédait 3,000 fr.; et c'est ainsi qu'il est procédé aujourd'hui.

dataires, toute action en dehors des limites tracées par la loi est une usurpation de pouvoirs; toute négligence dans l'accomplissement de leurs devoirs est une faute qui leur est personnelle. D'un autre côté, lorsque des habitants d'une commune commettent un attentat, en quelque nombre qu'ils soient, ce sont toujours des particuliers qui agissent, ce n'est pas la commune. Nous pourrions pousser plus loin ce développement. Nous en avons dit assez pour démontrer que la responsabilité des communes est l'œuvre directe de la loi de vendémiaire an IV, et non une application de l'art. 1382 du Code civil.

417. Il est facile de voir que la loi de vendémiaire a été surtout une loi de circonstance et le résultat d'une nécessité politique. Aussi, lorsque l'époque révolutionnaire fut passée, demeura-t-elle longtemps sans application; et lorsque, plus tard, les circonstances y firent recourir, la question s'éleva de savoir si elle n'était pas tombée en désuétude et ne se trouvait pas implicitement abrogée par la fin des temps malheureux qui l'avaient vue naître. Mais la jurisprudence n'a pas hésité à la considérer comme étant au contraire toujours en vigueur, d'abord parce qu'aucune loi postérieure n'en a prononcé l'abrogation; ensuite, parce que les circonstances pour lesquelles elle avait été créée peuvent se reproduire à toutes les époques. (V. Cass. 17 juin 1817, Devillen. et Car. 5. 1. 331; D. A. 3. 150; — 24 avril 1821, Devillen. et Car. 6. 1. 424; D. A. 3. 153; — Toulouse, 15 juillet 1830, J. P. 3e édit.; D. P. 31. 2. 254; — Paris, 29 août et 22 déc. 1834, S.-V. 35. 2. 97 et 96; D. P. 35. 2. 89 et 90; — Orléans, 8 fév. 1839, S.-V. 39. 2. 285; D. P. 39. 2. 217.)

418. Il faut, en effet, reconnaître que cette loi, destinée à réprimer les brigandages et les attentats par attroupements, offre à la fois, dans les temps de trouble, aux intérêts privés une protection efficace et à l'ordre public menacé une garantie nécessaire. On peut la considérer comme un des meilleurs préservatifs contre les émeutes, les pillages, les crimes et les délits qui en sont la suite, en ce qu'elle stimule et force à agir les citoyens honnêtes, dont la présence et l'énergie suffisent souvent pour paralyser les efforts des perturbateurs. Toutefois, il faut également le dire, son application rigoureuse pourrait être parfois injuste à l'égard des communes,

qui ne sont pas toujours en mesure de se garantir des troubles. On verra, du reste, dans le paragraphe suivant, que la jurisprudence tend à concilier, à cet égard, ce qu'exige l'équité avec la conservation du principe.

§ 2. — *Cas dans lesquels la loi du 10 vendémiaire an IV est ou n'est pas applicable.*

419. Pour qu'il y ait lieu à l'application de la loi et qu'une commune soit responsable des dommages causés aux personnes ou aux propriétés sur son territoire, la première condition est, d'après l'art. 1er (tit. 4), analysé n° 415, que ces dommages aient été causés par des *rassemblements* ou des *attroupements*. Ainsi, du moment qu'il n'y a pas eu *attroupement*, une commune cesse d'être responsable, si ce n'est dans les cas prévus par les art. 9 et 10 du même titre (Cass. 27 avril 1813, S.-V. 20. 1. 470; D. A. 3. 148; Toullier, t. 11, n° 239).

420. La jurisprudence a d'ailleurs consacré plusieurs autres exceptions qui adoucissent, d'une manière remarquable, la rigueur de la loi.

421. Ainsi, il a été jugé dans de nombreuses espèces, 1° que les communes ne sont pas responsables des dévastations commises sur leur territoire, même par une réunion d'habitants de la localité, lorsqu'elles ont pris toutes les mesures propres à empêcher les dévastations (Cass. 30 décemb. 1824, S.-V. 25. 1. 347; — Agen, 30 nov. 1830, S.-V. 31. 2. 272; D. P. 31. 2. 76; — Cass. 6 avril 1836, S.-V. 36. 1. 257; D. P. 36. 1. 163; — Bordeaux, 22 août 1839, S.-V. 40. 2. 51; D. P. 40. 2. 81; — Cass. 15 mai 1841, S.-V. 41. 1. 373; J. P. 1841. 2. 8);

2° Qu'une commune ne peut être responsable de pillages commis sur son territoire, lorsque ces pillages ont eu lieu dans un moment de guerre civile, où tous les liens sociaux étaient rompus, les lois sans force et les magistrats sans autorité; en telle sorte que les moyens indiqués par la loi comme propres à prévenir ou à réprimer les délits et à en faire connaître les auteurs, avaient momentanément perdu toute influence (Cass. 27 juin 1822, S.-V. 22. 1. 428; D. A. 3. 154);

3° Qu'il n'y a pas non plus lieu à responsabilité lorsque les communes se sont trouvées, au moment du désordre, dans des circonstances telles que le pouvoir municipal était paralysé dans son action (Cass. 11 mai 1836, S.-V. 36. 1. 665; D. P. 36. 1. 166).

422. Toutefois, si la jurisprudence a, comme on le voit, une tendance bien marquée à n'appliquer la loi de vendémiaire qu'avec une extrême modération, peut-être faut-il reconnaître que les circonstances de fait exercent en cette matière une grande influence sur ses décisions.

423. Ainsi il a été jugé, dans un sens en apparence contraire à celui des solutions que nous venons d'indiquer : 1° Que les communes encourent la responsabilité des délits commis sur leur territoire, par cela seul que ces délits ont été commis par des attroupements d'individus appartenant à la commune, et encore bien qu'elles aient fait tous leurs efforts pour les prévenir (Cass. 24 juillet 1837, S.-V. 37. 1. 657; D. P. 37. 1. 428; J. P. 1837. 2. 148; — 5 mars 1839, S.-V. 39. 1. 343; D. P. 39. 1. 124; J. P. 1839. 1. 419; — Montpellier, 16 mars 1840, S.-V. 40. 2. 292; D. P. 40. 2. 155). Dans le système de ces arrêts, la circonstance que les communes ont fait tout ce qui dépendait d'elles pour prévenir les désordres, ne les met à l'abri de la responsabilité qu'autant que les attroupements auraient été composés d'individus étrangers à la commune. Cette interprétation est, du reste, conforme au texte rigoureux de la loi. (V. infrà, n° 425); 2° que les communes sont encore responsables, alors même qu'elles établiraient que les rassemblements se sont formés spontanément et que les dégâts ont immédiatement suivi, de sorte qu'elles n'ont pu ni les prévoir ni les empêcher. (Nîmes, 3 août 1837, S.-V. 38. 2. 59; D. P. 38. 2. 14; J. P. 1837. 2. 266.)

424. Une question grave et complexe s'est élevée, qui consiste à savoir si la loi du 10 vendémiaire an IV était applicable, tant au cas de rébellion armée ayant pour but le renversement du gouvernement, que spécialement à la ville de Paris. Par un premier arrêt du 6 avril 1836 (S.-V. 36. 1. 257; D. P. 36. 1. 163), la Cour de cassation, cassant un arrêt de la cour royale de Paris qui s'était prononcée affirmativement sur les deux points, décida, sans s'expliquer relativement à la position particulière de la ville de Paris, que la loi de vendémiaire an IV était uniquement relative à la police intérieure de chaque commune, et n'était pas destinée à réprimer les actes de rébellion à main armée dirigés contre le gouvernement. L'affaire ayant été renvoyée devant la cour royale d'Orléans, cette cour rendit, le 8 février 1839 (S.-V. 39. 2. 285; D. P. 39. 2. 217; J. P. 1839. 2. 572), un arrêt par lequel elle déclara la loi applicable à Paris comme aux autres communes, et décida d'ailleurs qu'il n'y avait pas lieu de distinguer les attroupements qui ont un but politique de ceux qui ont un but de pillage, toutes les fois qu'il ne s'agissait pas d'une crise politique qui paralysait complétement l'autorité. Mais, sur un nouveau pourvoi, la Cour de cassation, sections réunies, et conformément aux conclusions de M. le procureur général Dupin, a cassé l'arrêt de la cour d'Orléans, et, se prononçant plus explicitement que dans son premier arrêt, a décidé que la loi du 10 vendémiaire an IV n'est pas applicable à la ville de Paris. Les motifs qui ont déterminé la cour suprême sont que la commune de Paris est placée sous un régime spécial, qui refuse à ses officiers municipaux le droit de diriger la force armée et d'en disposer; que cette position, qui lui a été faite par les décrets des 3 et 4 vendémiaire an IV et la loi du 10 du même mois, subsiste encore aujourd'hui; que Paris étant le siége du gouvernement, c'est au gouvernement que doivent appartenir exclusivement dans cette ville la surveillance et la police générale, la direction et la disposition de la force publique, puisque l'indépendance du gouvernement serait compromise si les moyens de conserver la tranquillité publique dans le lieu où il siége, pouvaient dépendre d'une autre autorité que la sienne; enfin, que c'est dans ce but que l'arrêté des consuls, du 12 messidor an VIII, a concentré dans les mains du préfet de police de Paris cette portion d'autorité qui est ailleurs confiée aux maires, et qui a pour objet le maintien de la tranquillité publique, ainsi que la réquisition de la force armée.

Cet arrêt, qui est du 15 mars 1841 (S.-V. 41. 1. 373; D. P. 41. 1. 252), paraît avoir fixé la jurisprudence sur le point en question.

425. Il peut arriver que les attroupements aient été formés d'habitants de plusieurs communes, ou encore d'individus étrangers à la commune sur le territoire de laquelle les délits ont été commis. La loi du 10 vendémiaire an IV a prévu ces deux circonstances dans les termes suivants : « Si les attroupements ou rassemblements ont été formés d'habitants de plusieurs communes, toutes seront respon-

sables des délits qu'ils auront commis, et contribuables tant à la réparation des dommages-intérêts qu'au paiement de l'amende (tit. 4, art. 3). Dans les cas où les rassemblements auraient été formés d'individus étrangers à la commune sur le territoire de laquelle les délits ont été commis, et où la commune aura pris toutes les mesures qui étaient en son pouvoir à l'effet de les prévenir et d'en faire connaître les auteurs, elle demeurera déchargée de toute responsabilité (tit. 4, art. 5). »

426. Il résulte de cette dernière disposition que la commune sur le territoire de laquelle les désordres ont été commis ne cesse d'être responsable qu'autant qu'elle *prouve :* 1° que les attroupements étaient composés d'habitants d'une autre commune ; 2° qu'elle a fait tout ce qui était en son pouvoir pour empêcher les dommages. (Cass. 4 déc. 1827, S.-V. 28. 1. 206 ; D. P. 28. 1. 43).

Nous verrons, *infrà*, § 5, nos 441 et suiv., comment se répartissent les sommes mises ainsi à la charge de plusieurs communes par suite de leur responsabilité.

§ 3. — *A qui appartient l'action autorisée par la loi du 10 vendémiaire an IV. — Constatation des dégâts. — Procédure.*

427. L'action en réparation des délits commis par des attroupements sur le territoire d'une commune appartient, en première ligne, au ministère public. (L. 10 vendém. an IV, tit. 5, art. 2 et 3.)

428. Mais elle appartient également à la partie lésée, qui peut d'ailleurs toujours, lorsque le ministère public a pris l'initiative, intervenir sur le débat et y former telles réclamations qu'elle juge convenables (Cass. 24 juillet 1837, S.-V. 37. 1. 657 ; D. P. 37. 1. 428 ; J. P. 1837. 2. 141 ; — Paris, 29 déc. 1834, S.-V. 35. 2. 97), même en appel (Cass. 4 juillet 1834, S.-V. 34. 1. 816 ; D. P. 34. 1. 296). Peu importe que la partie lésée soit ou non elle-même domiciliée dans la commune. Il suffit qu'elle y ait souffert dans sa personne ou dans ses biens pour avoir droit à la réparation ordonnée par la loi (tit. 4, art. 6).

429. La même action appartient au préfet dans le cas où, par suite de rassemblements, des dommages ont été causés aux propriétés nationales, aux bureaux de douanes, aux préposés dans leurs personnes ou leurs propriétés ; mais il faut qu'il soit constaté que la commune n'a pas pris les mesures nécessaires pour prévenir les faits coupables, et qu'elle n'en ait pas fait connaître les auteurs. (Arrêté du 1er jour compl. an XI (S.-V. 7. 2. 839.)

430. Les étrangers ont, comme les nationaux, le droit de former l'action en réparation contre la commune sur le territoire de laquelle ils ont éprouvé des dommages par suite d'attroupements. La loi du 10 vendémiaire an IV est une loi obligatoire réciproquement pour les étrangers et pour les nationaux. (Cass. 17 nov. 1834, S.-V. 41. 1. 544 ; D. P. 34. 1. 416.)

Peu importe que l'étranger qui en réclame l'application n'ait pas été admis à établir son domicile en France, et que la législation de son pays ne présente pas de dispositions semblables dont les Français puissent se prévaloir. La distinction que l'on ferait à cet égard serait aussi contraire à l'esprit et aux tendances de la civilisation actuelle qu'au principe de la loi du 14 juillet 1819, qui a aboli le droit d'aubaine, ainsi que le fait justement remarquer M. Armand Dalloz (*ubi suprà.*). Cette distinction avait été faite toutefois par la cour de Metz, dont l'arrêt a été cassé par celui de la cour suprême que nous venons d'indiquer. (Metz, 1er août 1832, S.-V. 32. 2. 485 ; D. P. 32. 2. 147.)

431. Le mode de constatation des dégâts et la procédure à suivre pour leur réparation, sont ainsi réglés par la loi du 10 vendémiaire an IV. Les officiers municipaux sont tenus de faire constater sommairement le délit dans les vingt-quatre heures, et d'en adresser procès-verbal, sous trois jours au plus tard, au commissaire du pouvoir exécutif près le tribunal civil du département (art. 2, tit. 5). Ce magistrat (aujourd'hui le procureur du roi) doit suivre la réparation des dégâts et demander les dommages-intérêts devant le tribunal qui décide sur le vu des procès-verbaux et autres pièces constatant les voies de fait, excès et délits (*ibid.*, art. 4). Cette décision doit être rendue dans la décade qui suit l'envoi des procès-verbaux (art. 5). Le procureur du roi est chargé d'envoyer le jugement du tribunal civil, portant fixation des dommages-intérêts, dans les vingt-quatre heures, à l'administration départementale, qui l'enverra, sous trois jours, à la municipalité ou à l'administration du canton (art. 7).

432. La question s'est élevée de savoir si les excès commis par les rassemblements pouvaient être constatés par d'autres pièces

que les procès-verbaux de l'administration municipale. Cette question a été ainsi résolue par un avis du Conseil d'état, en date du 5 floréal an XIII :

« Considérant que la loi du 10 vendémiaire an IV, tit. 5, art. 4, suppose nécessairement d'autres pièces que les procès-verbaux des officiers municipaux, puisqu'elle statue que les dommages-intérêts seront fixés sur le vu des procès-verbaux et *autres pièces* constatant les voies de fait, excès et délits :

» Considérant que ce serait rendre illusoire la mesure de responsabilité des communes, que de considérer la formalité du procès-verbal des officiers municipaux, comme absolument indispensable pour son application, en ce que les officiers municipaux, par faiblesse, par ménagement et même par vues d'intérêt personnel, se dispensent presque toujours de dresser procès-verbal des délits qui entraînent la responsabilité ;

» Considérant, par ces derniers motifs, que l'admission de cette mesure aurait surtout de funestes effets relativement à la perception des contributions indirectes et à la prohibition de certaines marchandises à l'entrée et à la sortie :

» Est d'avis que lorsqu'une commune est dans le cas de responsabilité, le procès-verbal des officiers municipaux n'est pas absolument indispensable pour l'application de cette responsabilité. » (Duvergier, *Coll. des lois*, t. 15, p. 194.)

433. Ces principes ont été consacrés par la Cour de cassation, qui a décidé que les procès-verbaux des autorités municipales pourraient, dans les cas supposés par la loi, être suppléés par les procès-verbaux des préposés des douanes. (9 déc. 1806 [douanes c. comm. de Lées], D. P. 1. 724.)

434. La cour de Paris a également décidé, conformément aux mêmes principes, que la preuve des faits de pillage pouvait, en l'absence des procès-verbaux dressés dans les vingt-quatre heures, être établie par témoins sur la demande des citoyens lésés. Suivant cette cour, la représentation des procès-verbaux n'est nécessaire que lorsque le ministère public poursuit directement la réparation et les dommages-intérêts auxquels donnent lieu les crimes et délits commis. (29 août 1834, S.-V. 35. 2. 97 ; D. P. 35. 2. 89 ; — 22 déc. 1834, S.-V. 35. 2. 96 ; D. P. 35. 2. 90.)

435. Lorsque la valeur des objets pillés et

détruits n'a pas été indiquée par les procès-verbaux, les juges doivent ordonner une expertise, afin de pouvoir apprécier le dommage causé. (Cass. 20 fév. 1837 [commune de Bergheim], D. P. 37. 1. 257.)

§ 4. — *De la réparation civile, des dommages-intérêts et de l'amende que les communes peuvent encourir, de leur nature et de leur quotité.*

436. Voici, sur ces divers points, les règles qui ressortent tant de la loi du 10 vendémiaire an IV, que de la jurisprudence. Tous les habitants de la commune sont tenus de la restitution *en même nature* des objets pillés et choses enlevées par force, ou d'en payer le prix sur le pied *du double* de leur valeur, au cours du jour où le pillage aura été commis. (Art. 1er, tit. 5.)

La responsabilité à l'égard des objets *pillés* et *volés* sur le territoire de la commune s'étend aux objets *détruits* ou *incendiés*. (Cass. 4 déc. 1827, S.-V. 28. 1. 206 ; D. P. 28. 1. 33.)

437. Lorsque la restitution des objets pillés ou détruits n'est pas faite en nature, il faut évaluer les réparations civiles dues à la partie lésée d'après le prix de fabrication au cours du jour du pillage, et non d'après le prix moyennant lequel on a vendu au consommateur. (Paris, 29 août et 22 déc. 1834, arrêts cités au n° 434.)

438. Les dommages-intérêts dont les communes sont tenues aux termes des dispositions qui précèdent, sont fixés par le tribunal civil du département, sur le vu des procès-verbaux et autres pièces constatant les voies de fait, excès et délits. (Art. 4, tit. 5.)

Les dommages-intérêts ne pourront jamais être moindres que la valeur entière des objets pillés et choses enlevées. (Art. 6, même titre.)

439. Relativement à cette dernière disposition, M. Dalloz aîné a soulevé la grave question de savoir si les dommages-intérêts dont elle parle, doivent être alloués dans le cas où les objets pillés ne peuvent être restitués en nature, et où, par conséquent, l'indemnité *du double* est encourue aux termes de l'art. 1er. Ce savant jurisconsulte incline à penser que, dans le cas de non restitution, des dommages-intérêts ne sont pas dus, parce qu'alors une commune pourrait être condamnée à payer le triple de la valeur des objets pillés, savoir,

le double, par application de l'art. 1er, titre 3 de la loi, et de plus la valeur de ces mêmes objets, aux termes de l'art. 6 ; tandis que, dans le cas où les objets pillés sont restitués en nature, la commune est condamnée seulement à restituer le double de ces mêmes objets, savoir, ces objets en nature, et, à titre de dommages-intérêts, une somme égale à leur valeur. (Art. 1er et 6 de la loi.)

Mais la Cour de cassation a adopté un système contraire à cette opinion, et elle décide constamment que, lorsque la restitution en nature ne peut avoir lieu, les communes doivent, à titre de dommages-intérêts, une somme au moins égale à la valeur des objets pillés, outre le paiement du double de cette valeur. De cette façon, la condamnation entière peut s'élever jusqu'au triple de la valeur des objets pillés ou détruits. (Cass. 4 déc. 1827 [comm. de Montagnac], D. P. 28. 1. 43; — 24 juillet 1837 [ville de Toulouse], S.-V. 37. 1. 657; D. P. 37. 1. 428; — 17 juillet 1838 [comm. de Belesta], S.-V. 38. 1. 627, D. P. 38. 1. 321; *add*, dans le même sens, Riom, 14 juin 1843, S.-V. 43. 2. 329; D. P. 43. 2. 197.)

La Cour de cassation a encore décidé que les communes déclarées responsables ne peuvent, à défaut de la représentation en nature, se libérer par la remise d'objets semblables à ceux qui ont été pillés ou détruits. (Cass. 20 fév. 1837 [comm. de Bergheim]. D. P. 37. 1. 257.)

440. Indépendamment de ces réparations civiles, les communes peuvent être frappées d'une amende envers l'état. La loi de vendémiaire s'exprime à cet égard en ces termes : « Dans le cas où les habitants de la commune auraient pris part aux délits commis sur son territoire par des attroupements ou rassemblements, cette commune sera tenue de payer à la république une amende égale au montant de la réparation principale. » [Art. 2, tit. 4.]

§ 5. — *Répartition et paiement des sommes mises à la charge des communes par suite de leur responsabilité.*

441. Les dommages causés par des rassemblements peuvent, comme on l'a vu, être à la charge de plusieurs communes ou à la charge d'une seule. Dans le premier cas, toutes les communes qui ont pris part au désordre sont, ainsi qu'on l'a également vu *suprà*, n° 425, déclarées responsables; et il faut en induire

que, quelle que soit la part de responsabilité qui incombe à chacune d'elles, il y a, à cet égard, solidarité entre toutes (Cass. 17 juillet 1838, S.-V. 38. 1. 627; — Riom, 14 juin 1843, S.-V. 43. 2. 329; D. P. 43. 2. 197); dans le second, la solidarité se partage entre les habitants, et la somme à laquelle se montent les dommages-intérêts déclarés dus, ainsi que l'amende, devient une dette communale à la charge de la commune entière.

442. Mais dans un cas comme dans l'autre, il peut y avoir lieu à recours, de la part des habitants qui n'ont pas pris part aux désordres, contre les auteurs de ces désordres. « Les habitants de la commune ou des communes contribuables, qui prétendraient n'avoir pris aucune part aux délits, dit l'art. 4, tit. 5 de la loi, et contre lesquels il ne s'élèverait aucune preuve de complicité ou participation aux attroupements, pourront exercer leur recours contre les auteurs et complices des délits. »

443. Quant au mode de répartition et de perception des sommes au paiement desquelles une commune a été condamnée, l'article 8. tit. 5 de la loi de vendémiaire, avait ordonné que l'avance des condamnations serait faite dans les dix jours par les vingt plus forts contribuables de la commune ; mais les principes posés dans les lois de finances, à dater de celle du 28 avril 1816, ont sans doute fait considérer comme abrogée cette disposition, qui semble être en effet devenue incompatible avec les formes prescrites pour le recouvrement des impositions applicables aux dépenses communales : toujours est-il que, dans la pratique, elle a, depuis longtemps, cessé d'être invoquée.

La seule disposition de la loi de vendémiaire qui s'applique aujourd'hui, et qui, au fond, en constitue le principe essentiel, est donc celle de l'art. 9, en exécution duquel les indemnités à payer doivent être réparties entre les habitants de la commune. En effet, le but de cette loi a été de faire supporter, non par les communes, mais par les habitants eux-mêmes, le châtiment de leur indifférence coupable, sinon de leur connivence avec les auteurs de crimes commis sous leurs yeux, et qu'ils ont laissé consommer sans porter secours aux victimes. Si donc il est dans l'équité de rendre les contribuables domiciliés responsables de faits qu'ils étaient à portée de prévenir, il n'en saurait être de même pour les propriétaires forains, qui sont parfaitement irréprochables sous ce rapport, et qui dès lors ne peuvent, avec justice, être astreints au paiement de la contribution.

444. Nous devons ajouter cependant que ce principe n'a pas toujours prévalu dans l'application : une loi du 31 mai 1834 (9e série, bull. 128) a autorisé la ville de Metz à s'imposer extraordinairement pendant trois années, pour payer les réparations des dommages causés par une émeute, et il n'a pas été fait de distinction, dans cette loi, entre les domiciliés et les forains. Une ordonnance rendue en 1835 a également imposé d'office et sans distinction la commune de Miglos (Ariége), pour acquitter de semblables condamnations.

Mais on ne doit considérer cette loi et l'ordonnance en question, ainsi que quelques autres que nous pourrions citer, que comme de simples mesures financières, appliquant la règle généralement admise en matière d'impositions communales extraordinaires, sans qu'il en puisse ressortir un principe nouveau qui ne blesserait pas moins la raison que l'équité.

445. Le comité de l'intérieur a émis, à l'occasion d'une affaire semblable, en rappelant la loi rendue dans celle de Metz, un avis conforme à l'opinion que nous exprimons ici. « Les Chambres, a-t-il dit, n'ont point entendu, lors de cette loi, statuer d'une manière générale et réglementaire qui pût lier l'administration, et cette décision toute spéciale ne fait pas obstacle à ce que, dans les limites de la compétence, elle ne fasse exécuter la loi du 10 vendémiaire an IV de la manière qui lui paraît la plus conforme à l'esprit et au texte de cette loi. (24 avril 1835.)

446. Dans un avis de principe plus récent (29 mai 1839), le même comité s'est surtout attaché à restituer à la loi de vendémiaire son véritable caractère. Nous en reproduisons le texte :

« Considérant que, par son titre 1er, la loi du 10 vendémiaire an IV a déclaré tous les *citoyens habitant* la même commune garants civilement des attentats commis sur le territoire de la commune, soit envers les personnes, soit contre les propriétés; qu'il résulte de ces dispositions que la loi du 10 vendémiaire an IV a entendu rendre responsables et atteindre non point les communes considérées comme *êtres collectifs*, mais seulement les *citoyens habitant* la commune au moment où se sont passés les faits qui ont donné naissance aux condamnations; que c'est ainsi qu'aux termes de l'art. 9 du tit. 5, la répartition et la perception pour le remboursement des dommages-intérêts doivent être faits sur tous les habitants de la commune, d'après le tableau des domiciliés;

» Considérant qu'aucune de ces dispositions de la loi du 10 vendémiaire an IV n'a été abrogée par la législation postérieure;

Est d'avis que lorsqu'une commune a été condamnée, en vertu de la loi du 10 vendém. an IV, à payer des dommages-intérêts, l'imposition doit être répartie exclusivement entre les contribuables domiciliés au moment du délit. »

D'autres avis du même comité ont d'ailleurs établi comme règles de la matière : 1° que la commune possédât-elle des propriétés susceptibles d'être vendues, elle ne pourrait être autorisée à les aliéner pour en employer le prix à se libérer des condamnations prononcées qui frappent sur les habitants domiciliés (20 juin 1823); 2° qu'elle doit y pourvoir par une imposition spéciale, qui ne peut peser sur les propriétaires non résidants, et ne peut être assise que sur les citoyens portés au rôle de la contribution personnelle de l'année où les attentats ont été commis (25 janvier 1822, 30 avril 1823.); 3° que l'imposition doit atteindre même les habitants qui, depuis, auraient quitté la commune; « car le changement de domicile ne change pas l'origine et la nature de la dette, et la dette n'étant pas communale mais personnelle, il importe peu que les débiteurs aient, depuis le délit, transporté ailleurs leur domicile » (25 janv. 1822, 6 août 1823.); 4° que le seul moyen juste et raisonnable d'asseoir la répartition est de prendre pour base toutes les contributions directes payées dans la commune par les domiciliés (28 septemb. 1821, 27 janvier 1828); 5° que, de même, si la condamnation frappait deux communes simultanément, « il paraîtrait juste de fixer la part de chacune d'elles en raison de leur force contributive, en ne prenant en considération que les impositions des citoyens appelés à contribuer au paiement » (28 sept. 1821) (1); 6° qu'enfin la con-

---

(1) Cette base de répartition a été adoptée par l'arrêt déjà cité de la cour de Riom, du 14 juin 1843 (S.-V. 43. 2. 329; D. P. 43. 2. 197).

tribution ainsi payée, les domiciliés qui l'ont supportée conservent leur droit de recours contre les coupables, s'ils étaient plus tard reconnus et condamnés (*idem*).

Chap. 9. — *Des actions des communes.*

Sect. 1re. — *A qui appartient l'exercice des actions communales.*

447. Toute action intéressant une commune ne peut être intentée ou soutenue qu'avec l'assentiment du conseil municipal à qui appartient, en première ligne, la tutelle des intérêts communaux; c'est ce qui résulte de l'art. 19 de la loi du 18 juillet 1837, portant : « Le conseil municipal délibère sur........... 10° les actions judiciaires et les transactions. » Mais, ainsi qu'on a dû le remarquer dans tout le cours de cet article, le conseil municipal n'a reçu de la loi, en aucun cas, le pouvoir d'agir directement relativement aux intérêts de la commune; il délibère : à d'autres appartient de faire exécuter ses délibérations.

448. Dès avant la loi du 18 juillet 1837, c'était un principe reconnu que le maire, et à son défaut, l'adjoint, avait seul qualité pour exercer les actions actives et passives des communes. (L. 28 pluviôse an VIII ; ordonn. des 19 juill. 1826 [commune de Bellechassaigne]; 6 sept., même année [commune de Peyriac], etc.)

449. Ce principe a été reproduit par la loi du 18 juillet 1837 dans les termes suivants : « Le maire, porte l'art. 9 de cette loi, est chargé, sous l'autorité de l'administration supérieure..... de représenter la commune en justice, soit en demandant, soit en défendant. »

450. Il suit de là que, tant que le maire et l'adjoint ne sont pas dans l'impossibilité de remplir, à cet égard, le mandat que la loi leur confie, nul autre ne saurait exercer les actions communales, en leur lieu et place. Un conseiller municipal, alors même qu'il aurait été choisi ou délégué par le conseil de préfecture sur la présentation du conseil municipal, et d'après le refus du maire et de l'adjoint de soutenir un procès intéressant la commune, n'aurait pas qualité pour représenter cette dernière. (Cass. 17 juin 1834, S.-V. 34. 1. 454; D. P. 34. 1. 291 ; — 21 nov. 1837, S.-V. 38. 1. 165; D. P. 38. 1. 10.)

451. Ce n'est donc qu'au cas d'absence ou d'empêchement du maire et de l'adjoint que les actions communales peuvent être exercées par d'autres que par eux. On retombe alors sous l'empire du principe général posé par l'art. 5 de la loi du 21 mars 1831 portant : « En cas d'absence ou d'empêchement, le maire est remplacé par l'adjoint disponible, le premier dans l'ordre des nominations. En cas d'absence ou d'empêchement du maire et des adjoints, le maire est remplacé par le conseiller municipal le premier dans l'ordre du tableau. »

452. Toutefois, une autre exception à la règle générale doit encore être faite pour le cas où le maire et les adjoints se trouvent avoir un intérêt opposé à celui de la commune. Dans cette hypothèse, il est admis que le conseil de préfecture peut substituer au maire ou à l'adjoint un agent qui représente utilement la commune. (Cass. 13 juin 1838, S.-V. 38. 1. 792; D. P. 38. 1. 290.)

Du reste, il est évident que, dans ce cas, comme dans celui d'empêchement, l'agent délégué ne peut être autre que le conseiller municipal le premier dans l'ordre du tableau. Au cas où ce conseiller municipal se trouverait lui-même, relativement aux intérêts de la commune, dans la même position que le maire et l'adjoint, ce serait celui venant immédiatement après qu'il faudrait choisir pour représenter la commune. (Sol. impl. Cass. 2 juin 1840, S.-V. 40. 1. 734.)

453. On a beaucoup agité, surtout avant la loi du 18 juillet 1837, la question de savoir si les habitants d'une commune peuvent exercer, *ut singuli*, les droits et actions qui leur appartiennent seulement *ut universi*. La doctrine et la jurisprudence ont, à cet égard, fait la distinction que voici : ou le fond du droit est contesté, c'est-à-dire l'on dénie à la commune entière la propriété de l'objet dont l'un des habitants réclame personnellement la jouissance; ou la propriété de la commune est reconnue, et l'on conteste seulement à l'habitant qui réclame son droit particulier de jouissance. Dans le premier cas, comme il s'agit en réalité des intérêts communaux, l'on décide que la commune a seule qualité pour agir; dans le second, comme la propriété communale n'a aucune chance à courir dans le litige, et qu'il ne s'agit plus que d'un droit individuel sur la chose reconnue commune, les habitants peuvent agir individuellement. (L. du 29 vendém. an V, art. 29; — Cass. 16 juill. 1822, S.-V. 23. 1. 73; D. A. 3. 12; — 25 juill. 1826, S.-V. 27. 1. 194; D. P. 26. 1. 113; — 31

mars 1825, S.-V. 25. 1. 765 ; D. P. 25. 1. 211 ;
— Colmar, 16 mars 1826, S.-V. 29. 2. 270 ;
D. P. 29. 2. 87 : — Lyon, 15 juill. 1828, S.-V.
29. 2. 222 ; D. P. 29. 2. 13. — Garnier.
Traité des chemins, n° 328 ; Proudhon. *Traité
du domaine de propriété*, n°° 935 et 936 ;
Cormenin, v° *Communes*, n° 11 ; Henrion de
Pansey. *Des biens communaux*, 1re partie,
chap. 32 ; Pardessus. *Des servitudes*, n° 335.

454. La loi du 18 juillet 1837 semble, au
surplus, avoir voulu mettre fin à toute controverse, sur ce point, par la disposition qui suit :

« Cependant, tout contribuable inscrit au
rôle de la commune a le droit d'exercer, à ses
frais et risques, avec l'autorisation du conseil
de préfecture, les actions qu'il croirait appartenir à la commune ou section, et que la commune ou section, préalablement appelée à en
délibérer, aurait refusé ou négligé d'exercer.
La commune ou section sera mise en cause, et
la décision qui interviendra aura effet à son
égard. » (art. 49, § 3.)

455. Lors de la discussion de la loi, il a été
entendu que si le tiers obtenait une décision
favorable, la commune en profiterait ; que si,
au contraire, il perdait son procès, il en supporterait les frais et que la commune demeurerait
indemne ; mais dans les deux cas, la décision ac-
quiert force de chose jugée contre la commune.

SECT. 2. — *Autorisation nécessaire aux communes pour ester en justice.*

§ 1er. — *Nécessité de l'autorisation.*

456. Les prescriptions de la législation moderne en ce qui concerne la nécessité pour les
communes d'une autorisation du pouvoir supérieur avant d'agir en justice, sont renouve-
lées des anciens édits sur la matière. M. Reverchon cite, dans le préambule de son Traité
des autorisations de plaider nécessaires aux
communes, un édit d'avril 1683 et deux déclarations du roi, des 2 août 1687 et 2 octobre 1703. Il faut ajouter à ces actes l'édit
de 1764, art. 13, 14 et 15 ; un arrêt du conseil du 8 août 1783 ; les lois des 11 déc. 1789,
art. 54, 29 vendém. an V, 28 pluv. an VIII, et
le Code de procédure, art. 1032.

457. L'art. 49 de la loi du 18 juillet 1837
décide, conformément à ces précédents législatifs, que nulle commune ou section de commune ne peut introduire une action en justice sans être autorisée par le conseil de préfecture, et qu'après tout jugement intervenu,

la commune ne peut se pourvoir devant un
autre degré de juridiction qu'en vertu d'une
nouvelle autorisation du conseil de préfecture.

458. Les mêmes obligations sont imposées
à celui qui, en vertu du § 3 du même article,
exerce une action au nom de la commune.
(V. *supra*, n° 454.)

459. La commune contre laquelle une action est intentée a également besoin de l'autorisation du conseil de préfecture pour y défendre. C'est ce qui résulte des dispositions
des art. 52 et suivants de la même loi, qui,
après avoir réglé les formalités particulières
que doit remplir celui qui actionne la commune (V. *infrà*, sect. 3), ajoute (art. 54) :
« En aucun cas, la commune ne pourra défendre à l'action qu'autant qu'elle y aura été
expressément autorisée. »

460. Seulement, on s'est demandé si, dans
ce dernier cas, il était besoin d'une autorisation nouvelle pour chaque degré de juridiction, comme dans le cas où l'action est intentée par la commune. M. Duvergier (*Collection de lois*, t. 37, p. 251) a émis l'opinion, d'après la discussion des deux chambres,
qu'une nouvelle autorisation est toujours nécessaire à la commune lorsqu'il s'agit de plaider devant une juridiction supérieure. Mais
la jurisprudence de la Cour de cassation a fait,
à cet égard, une distinction qui nous paraît
plus conforme au texte de la loi, et que nous
n'hésitons pas à adopter. Si la commune a
succombé en première instance, et que ce
soit elle qui veuille exercer le recours devant
une juridiction supérieure, il lui faudra évidemment, d'après les termes de l'art. 49, une
nouvelle autorisation pour se *pourvoir*. Le
conseil de préfecture, éclairé par le jugement
rendu, aura à examiner de nouveau les droits
de la commune (Cass. 14 janv. 1840, S.-V.
40. 1. 135 ; D. P. 40. 1. 92 ; J. P. 1840, 1.
111.) Mais si la commune a obtenu gain de
cause et que le recours soit exercé par son
adversaire, elle n'aura pas besoin de requérir
une autorisation nouvelle pour y défendre.
Le jugement rendu à son profit est un précédent favorable qui ne fait que confirmer le
bien jugé de l'autorisation déjà accordée, et
qui en rend dès lors une seconde inutile.
(Cass. 4 mai 1840, S.-V. 40. 1. 655 ; D. P.
40. 1. 196.)

461. Du reste, l'autorisation donnée à une
commune pour intenter une action ou pour
y défendre, s'étend naturellement à tous les

incidents auxquels cette action peut donner naissance. (Cass. 7 janv. 1835, S.-V. 35. 1. 264; D. P. 35. 1. 321; — 1er déc. 1835, D. P. 36. 1. 265; — 26 fév. 1838, S.-V. 38. 1. 813; D. P. 38. 1. 138; — 13 nov. 1838, S.-V. 38. 1. 959; D. P. 39. 1. 10; — 7 mai 1839, S.-V. 39. 1. 483; D. P. 39. 1. 227; — 23 juin 1840, S.-V. 40. 1. 918; D. P. 40. 1. 311.)

462. Toutefois, il faut que ces incidents se rattachent nécessairement à la défense de l'action principale; autrement, une autorisation spéciale deviendrait indispensable. Ainsi, une commune autorisée à défendre à une action dirigée contre elle ne pourrait, sans une autorisation spéciale, former contre son adversaire une demande reconventionnelle. (Grenoble, 2 août 1833, S.-V. 33. 2. 36; J. P. 3e édit.)

463. Les communes ont-elles besoin d'être autorisées pour se pourvoir en cassation? Avant la loi de 1837, la jurisprudence s'était prononcée pour la négative. (Cass. 28 janvier 1824, Devillen. et Car. 7. 1. 380; — Ord. en Cons. d'état du 1er nov. 1826, *ibid.*, 8. 2. 286.) Mais il résulte de la discussion à laquelle l'article 49 de la loi nouvelle a donné lieu devant les deux chambres, que l'autorisation est, dans ce cas, aussi nécessaire qu'en première instance ou en appel, et que cette expression de l'article précité, *pour chaque degré de juridiction*, est une expression générale qui comprend même le recours en cassation. C'est du reste dans ce sens que se prononcent généralement les auteurs modernes. (Reverchon, *Des autorisations de plaider nécessaires aux communes*, no 14; Foucart, *Droit adm.*, t. 3, no 179; Serrigny, *Compét. et procéd. adm.*, t. 1, no 397; — *contrà*, Laferrière, *Droit pub. et adm.*, 2e édit., p. 554.)

464. Mais la loi n'exigeant l'autorisation préalable que pour les actions judiciaires, il est évident que les communes n'ont pas besoin d'y recourir pour se pourvoir au conseil de préfecture dans les contestations qui sont de son ressort, ou au Conseil d'état, soit contre des arrêtés de conseils de préfecture, soit contre des décisions ministérielles, soit contre des ordonnances royales, qui leur porteraient préjudice (édit de 1764, art. 44; — ordonn. des 16 fév. 1826 [comm. d'Ervy], 1er nov. 1826 [comm. d'Istres], 16 janv. 1826 [comm. d'Étréchy]. — Cormenin, vo Communes, no 35 (1).

465. Du reste, pour ce qui concerne les actions judiciaires elles-mêmes, la loi a eu soin de pourvoir à ce que les délais nécessaires pour obtenir l'autorisation ne pussent tourner au préjudice de la commune.

C'est ce qui a fait l'objet de l'art. 55 portant : « Le maire peut toutefois, sans autorisation préalable, intenter toute action possessoire, ou y défendre, et faire tous autres actes conservatoires ou interruptifs des déchéances. »

Des doutes se sont élevés sur le point de savoir si cette disposition de la loi de 1837 ne devait pas être entendue comme dispensant les communes de demander une autorisation pour se pourvoir en cassation dans les instances au possessoire. Mais il faut reconnaître, à cet égard comme à l'égard des autres sortes d'instances, que le pourvoi en cassation ne peut être formé qu'en vertu d'une autorisation spéciale (V. *suprà*, no 463). Les raisons de le décider ainsi sont en effet les mêmes; c'est ce qui résulte implicitement d'une ordonnance récente par laquelle le Conseil d'état a décidé que le conseil de préfecture de la Nièvre a sagement agi, en refusant à la commune de Moulins-Engilbert l'autorisation de déférer à la Cour de cassation un jugement du tribunal de Château-Chinon, rendu sur l'appel d'une décision du juge de paix, dans une

---

(1) « Si une commune est appelée à plaider devant les juridictions administratives, aucune autorisation ne lui est nécessaire, » dit M. Reverchon, p. 70. Et d'abord, où serait en effet l'utilité d'obliger la commune à demander au conseil de préfecture la permission de venir plaider devant lui? Quant aux pourvois à porter au Conseil d'état, on ne saurait admettre que le conseil de préfecture pût être appelé à décider si la commune sera autorisée à attaquer ses propres décisions devant la juridiction supérieure. Que si le pourvoi ne portait pas sur un arrêté de ce conseil, la décision contre laquelle il serait dirigé aurait presque toujours été rendue par un ministre ou par une autorité sur laquelle, ainsi que le fait judicieusement observer le même auteur, il ne conviendrait pas de donner juridiction aux conseils de préfecture. Enfin, et pour les recours à exercer devant les ministres ou autres autorités administratives, il n'y a pas de frais à exposer.

Ces différents motifs avaient porté le Conseil d'état à décider, dès avant la loi du 18 juillet 1837, qu'en pareil cas une autorisation n'était pas nécessaire (ord. des 16 fév. 1826 [commune d'Ervy] et 15 janv. 1828 [section de Nointel]).

instance possessoire engagée entre la commune et le sieur Dumas-Faure (ordonn. du 10 janv. 1845).

§ 2. — *Comment et dans quels cas l'autorisation doit être accordée.*

466. Avant la loi du 18 juillet 1837, les conseils de préfecture et le garde des sceaux devant le Conseil d'état désignaient trois jurisconsultes qui devaient, par une consultation, les éclairer sur la question d'autorisation demandée, en décidant quel était l'intérêt de la commune à plaider et quelles étaient ses chances de succès. Cette formalité, qui était imposée dans le principe par l'art. 43 de l'édit de 1764, et à laquelle les communes recouraient souvent d'elles-mêmes, a été abandonnée depuis la loi du 18 juillet 1837. Aujourd'hui le Conseil d'état se borne à communiquer la demande au ministre pour avoir son avis. (V., à cet égard, Cormenin, p. 406, 5ᵉ édit., en note.)

467. L'autorisation doit être accordée toutes les fois que l'action que la commune veut intenter ou soutenir s'appuie sur des titres, sinon incontestables, du moins qui font présumer un succès.

468. Elle doit être limitée à la défense des seuls droits qui résultent des titres produits par la commune (ord. du 24 janv. 1827 [commune de Meyrargues], J. P. *Jurispr. adm.* ; D. P. 27. 3. 22).

469. Le conseil de préfecture peut d'ailleurs, lorsqu'il ne se trouve pas suffisamment éclairé, ajourner l'autorisation jusqu'à ce que, par une production nouvelle, ou par de nouveaux moyens, la commune ait justifié la demande qu'elle a soumise au conseil (ordonn. du 11 février 1820).

470. Le conseil de préfecture n'est pas appelé à juger le fond du procès : mais il entre dans ses devoirs d'apprécier les chances de succès que présente l'action judiciaire qu'il s'agit d'intenter ou de soutenir. Ce n'est même que de cet examen qu'il peut former sa conviction et tirer sa principale raison de décider.

Ce droit d'appréciation avait d'abord été contesté aux conseils de préfecture, attendu, disait-on, que l'administration fait ici acte de tutelle et non de juridiction. Mais, ainsi interprétée, la disposition de la loi du 18 juillet 1837, dont nous nous occupons, n'aurait ni sens ni portée ; elle serait complétement illusoire sous le rapport des garanties que la loi

a voulu assurer aux communes : ce serait, en un mot, une véritable déception. Aussi le Conseil d'état l'a-t-il appliquée dans un sens plus large à la fois et plus conforme à la raison de droit, en formulant ainsi diverses ordonnances approbatives de refus d'autorisation : « Considérant, y est-il dit, que l'action que la commune demande à intenter n'offre pas des éléments de succès suffisants pour qu'il y ait lieu de l'autoriser à courir les chances et à s'exposer aux frais d'un procès. » (Ordonn. des 26 nov. 1839 [comm. du Syndicat de Saint-Amé], 29 janv. 1840 [comm. de Saint-Pierre de Sommaire], 20 avril, 12 mai, 18 déc. même année [comm. de Saint-Bernard Ribemont et Bretoncelles], 14 janv. 1841 [comm. de Saint-Waast-Dieppedalle].)

§ 3. — *Recours contre les arrêtés rendus par les conseils de préfecture en matière d'autorisation.*

471. On s'était demandé, sous la législation antérieure à la loi de 1837, si les arrêtés rendus par les conseils de préfecture, en matière d'autorisation de plaider, étaient susceptibles de recours ou d'opposition. Le Conseil d'état, distinguant entre les arrêtés qui refusaient l'autorisation et ceux qui l'accordaient, avait, par une jurisprudence constante, établi en principe que l'arrêté du conseil de préfecture était à l'abri de toute censure, lorsqu'il accordait l'autorisation, et que l'adversaire de la commune était sans qualité pour la critiquer, soit par la voie de l'opposition devant le conseil de préfecture lui-même, soit par la voie de la tierce opposition devant le Conseil d'état, cet arrêté ne pouvant être considéré que comme un simple acte de tutelle, qui ne préjugeait en rien le fond du litige (décr. des 2 juill. 1807, D. A. 3. 16 ; 26 nov. 1808, D. A. 3. 16 ; 24 déc. 1810, D. A. 3. 11 ; 23 déc. 1813, D. A. 3. 16 ; — ordon. des 23 déc. 1815 [comm. de Saint-Gatien] ; 6 nov. 1817, 11 fév. 1820, 22 juin 1825, D. A. 3. 16, nᵒ 1 ; J. P. *Jurispr. adm.* ; 17 janv. 1831, J. P. *Jurisp. adm.* ; D. P. 31. 3. 36 ; 3 fév. 1835, S.-V. 35. 2. 498. — Cormenin, nᵒ 39, vᵒ Communes).

472. La loi du 18 juillet 1837 a consacré cette doctrine en n'accordant le droit de se pourvoir qu'au cas de *refus* de l'autorisation.

473. Elle s'exprime, au surplus, en ces termes, sur les conditions et les règles du pourvoi : « La commune, section de commune, ou le contribuable, auquel l'autori-

sation aura été refusée, pourra se pourvoir devant le roi en Conseil d'état. Le pourvoi sera introduit et jugé dans la forme administrative. Il devra, à peine de déchéance, avoir lieu dans le délai de trois mois à dater de la notification de l'arrêté du conseil de préfecture (Art. 50).— Toute décision du conseil de préfecture, portant refus d'autorisation, devra être motivée. En cas de refus d'autorisation, le maire pourra, en vertu d'une délibération du conseil municipal, se pourvoir devant le roi en son Conseil d'état, conformément à l'art. 50 ci-dessus. Il devra être statué sur le pourvoi dans le délai de deux mois à partir du jour de son enregistrement au secrétariat général du Conseil d'état (Art. 53).—L'action ne pourra être intentée qu'après la décision du conseil de préfecture, et à défaut de décision dans le délai fixé par l'art. 52, qu'après l'expiration de ce délai. En cas de pourvoi contre la décision du conseil de préfecture, l'instance sera suspendue jusqu'à ce qu'il ait été statué sur le pourvoi, et à défaut de décision dans le délai fixé par l'article précédent, jusqu'à l'expiration de ce délai. En aucun cas la commune ne pourra défendre à l'action qu'autant qu'elle y aura été expressément autorisée (Art. 54). »

§ 4. — *Effet obligatoire de l'autorisation pour les tribunaux.*

474. Du principe que l'autorisation de plaider accordée à une commune est un acte de tutelle administrative, il suit que les tribunaux ne peuvent, en aucun cas, ni annuler l'effet de cette autorisation, ni la critiquer. (Cass. 29 juillet 1823, S.-V. 24. 1. 89; D. P. 23. 1. 349.)

475. Toutefois, si, en autorisant une commune à ester en justice, le conseil de préfecture était sorti des limites qui lui sont tracées par la loi; s'il avait, par exemple, autorisé ou obligé la commune à suivre dans l'instance un mode de procéder irrégulier, il est évident que les tribunaux ne sauraient être liés par des dispositions qui excéderaient la mission que le conseil de préfecture était appelé à remplir, et qui seraient, par cela même, illégales. Il a été jugé, d'après ces principes, que l'arrêté d'autorisation qui approuve la nomination d'un syndic chargé de représenter une commune, ne fait pas obstacle à ce que les tribunaux examinent le défaut de qualité opposé à ce syndic (Riom, 1er août

1836, S.-V. 36. 2. 485; D. P. 37. 2. 27); de même, que l'arrêté du conseil de préfecture qui, en autorisant une commune à plaider, l'autorise en même temps à se faire représenter par un autre que par son représentant légal, n'est pas, sous ce dernier rapport. obligatoire pour les tribunaux. (Cass. 16 février 1841, D. P. 41. 1. 118.)

§ 5. — *Nullité résultant du défaut d'autorisation.*

476. Sous l'ancienne législation, c'est-à-dire sous le régime des édits d'avril 1683 et d'août 1764, tout jugement rendu contre une commune, qui n'avait point été légalement autorisée à plaider, était frappé d'une nullité radicale. Il en est de même aujourd'hui. Ce principe s'applique à tous les cas, que la commune soit *demanderesse* ou *défenderesse*, que l'action soit *personnelle* ou *réelle*. L'autorisation est un acte de haute tutelle, une garantie, dont la commune ne peut être privée; sans elle, elle ne peut figurer valablement en justice. Aussi, la nullité résultant du défaut d'autorisation étant absolue, *quant à la commune*, celle-ci ne pourrait pas y renoncer en acquiesçant à la demande ou au jugement rendu contre elle. (Cass. 11 janv. 1809. S.-V. 15. 1. 309; D. P. 1. 683.)

477. Il faut, ainsi que l'établit une jurisprudence constante, considérer cette nullité comme étant d'ordre public et comme pouvant être opposée, *en tout état de cause*, même pour la première fois, devant la Cour de cassation, par la commune qui a perdu son procès. (Cass. 28 brumaire an VI, D. P. 1. 681; —2 mai 1808, D. P. 8. 2. 97;—24 juin 1829. S.-V. 29. 1. 303; D. P. 29. 1. 279;— 17 nov. 1835, S.-V. 36. 1. 254; D. P. 36. 1. 62;—11 janv. 1840, S.-V. 40. 1. 155; D. P. 40. 1. 92.)

478. Mais le défaut d'autorisation peut-il également être opposé par des tiers à la commune? Cette question a été fort controversée. La Cour de cassation a, pendant longtemps, décidé que la nullité résultant du défaut d'autorisation étant *absolue et d'ordre public*, l'adversaire pouvait s'en prévaloir, même pour la première fois, devant la Cour de cassation, comme la commune elle-même. Cette jurisprudence a été combattue par Merlin, Henrion de Pansey et Dalloz, qui ont soutenu que la nullité était relative et ne pouvait être invoquée que par la commune; que cette dernière devait être assimilée à un mineur, à un

interdit ou à une femme mariée, et qu'elle rentrait dès lors sous l'application de l'article 1125 du Code civil, où il est dit que *les personnes capables de s'engager ne peuvent opposer l'incapacité de celui avec qui elles ont contracté.* « Si le mineur dépourvu de tuteur ou de curateur, dit Merlin, obtient gain de cause sans que son adversaire lui ait opposé l'incapacité résultant de sa minorité, le jugement n'en sera pas moins valable, et son adversaire ne pourra pas, pour faire prononcer la nullité de ce jugement, rétorquer contre le mineur une règle qui n'a été introduite que pour son avantage, et pour d'autant mieux assurer la défense de ses droits ... Il doit donc, ce me semble, en être de même d'une commune qui a obtenu un jugement favorable, parce que, comme le mineur, une commune n'est jamais incapable d'améliorer sa condition.... La loi qui impose aux communes l'obligation de se faire autoriser pour plaider devant les tribunaux, n'est pas plus impérative que celle qui veut que le ministère public soit entendu dans toutes les affaires dans lesquelles les communes sont parties. Or, la loi du 4 germinal an II dit encore, article 5 : « qu'il ne peut y avoir lieu à cassation au préjudice des mineurs, des interdits, des absents indéfendus, des femmes mariées, *des communes* ou de la république, sous prétexte que le commissaire national n'aurait pas été entendu dans les affaires qui les intéressent et qui ont été jugées à leur avantage. » C'est bien dire, en d'autres termes, que les communes ne peuvent jamais souffrir de l'inobservation des lois faites en leur faveur; et de là, il paraît résulter assez clairement que le défaut d'autorisation ne peut pas être, après coup, opposé à une commune pour invalider des procédures dont le résultat est à son avantage. C'est aussi la conséquence, dit encore Merlin, qu'en a tirée, sur mes conclusions et d'après les mêmes raisons que je ne fais ici que répéter, un arrêt de la section criminelle, du 27 messidor an VIII, etc. »

Ce système a fini par prévaloir, et il résulte de la dernière jurisprudence de la Cour de cassation que si l'adversaire de la commune est en droit de lui opposer, en première instance et en appel, le défaut d'autorisation, il ne le peut pas faire, *pour la première fois,* devant la Cour de cassation. (Cass. 27 mess. an VIII, S.-V. 1. 2. 259; D. P. 1. 682; — 20 juillet 1828, D. P. 28. 1. 322; — 27 nov. 1828, S.-V. 29. 1. 124; D. P. 29. 1. 39; — 7 mai 1829, D. P. 29. 1. 240; — 14 juin 1832, D. P. 32. 1. 240; — 2 fév. 1833, D. P. 33. 1. 139; — 15 avril 1833, S.-V. 33. 1. 278; D. P. 33. 1. 275; — 27 avril 1835, D. P. 35. 1. 314; — 23 juin 1835, S.-V. 35. 1. 417; D. P. 35. 1. 321; — 4 mai 1836, D. P. 36. 1. 233; — 2 juin 1836, D. P. 36. 1. 382; — 1er août 1837, S.-V. 37. 1. 895; D. P. 38. 1. 15; — 30 mai 1837, S.-V. 37. 1. 1003; D. P. 37. 1. 358; — 17 déc. 1838, D. P. 39. 1. 17; — 7 août 1839, D. P. 39. 1. 355.)

Le principe qu'on ne peut opposer, pour la première fois, devant la Cour de cassation, le défaut d'autorisation, a été appliqué même au cas où c'était une commune légalement autorisée qui plaidait contre une commune non autorisée. (Cass. 15 fév. 1841, S.-V. 41. 1. 121; D. P. 41. 1. 135.)

SECT. 3. — *Actions actives et passives des sections de commune.*

V. Commune (section de).

SECT. 4. — *Actions intentées contre les communes.*

179. Sous la législation antérieure à la loi de 1837, lorsqu'une action judiciaire était formée par un tiers contre une commune, on distinguait la nature de l'action pour savoir si elle était soumise à l'autorisation. Ainsi on considérait si l'action était *civile et mobilière,* ou *réelle et immobilière.*

Dans le premier cas, le créancier ne pouvait intenter son action contre la commune, ou section de commune, qu'après avoir obtenu l'autorisation du conseil de préfecture (édit de 1783; arrêté du 17 vend. an X; avis du Conseil d'état, des 3 juill. 1806, 12 août 1807, 26 mai 1813; circ. du min. de l'int. du 12 juill. 1808; ord. des 4 juin, 6 nov. 1819; — Cass. 16 mess. an X, J. P. 3e édit.; D. A. 3. 16; — ord. 4 juin 1816, 23 janv., 23 fév., 12 mai 18.0 [Jousselin, Postel, Perdry, Dieres]; — 10 août 1825 [Porchies]). Ainsi il fallait se pourvoir d'une autorisation avant de former, contre une commune, une demande en paiement de fournitures.

Lorsque l'action était *réelle et immobilière,* celui qui voulait attaquer la commune était dispensé de recourir à l'autorisation préalable. (Toulouse, 29 avril 1833, S.-V. 34. 2. 32; D. P. 33. 2. 315; — ord. 21 avril 1842 [Chavagnac], D. P. 34. 3. 75). La commune seule devait se faire autoriser à défendre à l'action.

Voici comment on justifiait la distinction admise entre les actions *mobilières* et les actions *réelles et immobilières :* les communes ne pouvant faire aucune dépense sans y être autorisées par l'administration, elles n'ont la faculté de disposer que des fonds qui leur sont attribués par le budget. Il suit de là, disait-on, que le créancier qui aurait obtenu gain de cause contre la commune, après avoir saisi directement et sans autorisation le tribunal civil, serait obligé, en définitive, de recourir à l'administration pour obtenir le paiement des condamnations prononcées à son profit. Il était préférable, ajoutait-on, que le créancier exerçât ce recours *avant toute action judiciaire*, afin que l'administration pût autoriser, s'il y avait lieu, la commune à plaider, ou qu'elle prévînt un procès fâcheux en ordonnant le paiement d'une créance qui lui aurait paru justifiée. Quant aux actions *réelles et immobilières*, on pouvait se dispenser de l'autorisation, puisque l'administration était impuissante à entraver l'exécution des décisions judiciaires auxquelles elles pouvaient donner lieu.

Du reste, la jurisprudence avait établi avec raison qu'à la différence des demandes formées par les communes, les demandes d'autorisation formées par les particuliers ne pouvaient, en aucun cas, leur être refusées, puisque, par un refus de cette sorte, le conseil de préfecture se serait érigé en juge du procès, et aurait ainsi usurpé le pouvoir des tribunaux.

480. La loi de 1837 a mis fin sur ce point à toutes difficultés, de même qu'elle a fait disparaître les distinctions que la jurisprudence avait consacrées.

Voici comment s'exprime cette loi, art. 51 : « Quiconque voudra intenter une action contre une commune sera tenu d'adresser préalablement au préfet un mémoire exposant les motifs de sa réclamation. Il lui en sera donné récépissé. La présentation du mémoire interrompra la prescription et toutes déchéances. Le préfet transmettra le mémoire au maire, avec l'autorisation de convoquer immédiatement le conseil municipal pour en délibérer. »

Les art. 52 et suivants fixent ensuite les délais dans lesquels le conseil de préfecture, sur la délibération du conseil municipal, devra accorder ou refuser à la commune l'autorisation de défendre à la demande, ainsi que ceux du pourvoi qui pourrait par suite être formé.

Ainsi que le fait remarquer M. de Cormenin (v° Communes, p. 410, en note, édition de 1840), cette formalité préalable a pour but d'amener la commune à transiger ou à payer, en substituant l'intermédiaire du préfet à celui du conseil de préfecture, qui, dans la réalité, ne peut qu'accorder ou refuser l'autorisation de plaider, si la commune n'accède pas à la demande en conciliation. La plupart du temps, ajoute-t-il, le préfet s'interpose entre le créancier et la commune, et l'affaire se termine à l'amiable : c'est tout ce qu'on a voulu. La loi exige donc avec raison qu'on s'adresse toujours au préfet.

481. La question s'est élevée de savoir si le mémoire préalable au préfet doit être nécessairement produit au cas de demande intentée contre une commune par la voie correctionnelle, ou par la voie criminelle. Avant la loi de 1837, on décidait que la condition d'autorisation n'était pas applicable aux poursuites d'ordre public et de police, et l'on étendait même cette exception aux actions dirigées contre les communes en vertu de la loi du 10 vendém. an IV (Cass. 17 juin 1817, Devillen. et Car. 5. 1. 31 : — 19 nov. 1821, S.-V. 22. 1. 50 ; D. A. 3. 152 ; — 28 janv. 1826, S.-V. 26. 1. 292 ; D. P. 26. 1. 116 ; — 24 juill. 1837, S.-V. 37. 1. 657. — Cormenin. v° Commune, n° 43, en note). Mais un arrêt de la cour de Rennes du 29 mai 1839 (S.-V. 39. 2. 482 ; D. P. 39. 2. 230) s'est prononcé depuis dans un sens contraire, par cette considération que la loi n'a pas distingué, en imposant l'obligation dont il s'agit, la nature des actions formées contre les communes. Ce motif nous paraît d'autant plus péremptoire, qu'il ne s'agit, après tout, que d'une formalité préalable qui ne peut arrêter le cours de la justice.